策 划 树

——以重庆两江新区工业开发区为例

主 编 李 谨 陈 曦 蒋兴益 刘 风 丁登奎

况勋华 唐 峻 张利志 杨云峰 段 虹

重庆大学出版社

内容提要

重庆两江新区作为国家级新区及重庆市新发展理念示范区，有着先进制造业和现代服务业的坚实基础，承担着统筹城乡改革先行区、内陆对外开放重要门户、长江上游地区金融中心和创业中心的重要职责及使命。为了应对重庆两江新区在建设、管理过程中遇到的复杂问题，更加有效、高效地推动新区建设和发展，特提出重庆两江新区策划理论创新的构想，形象地将城市发展的管理建设比作"策划树"。这一创新可总结成"策划树"理论体系：即通过创新策划树的"根""干""叶""花""果"体系，来实现策划的整体框架设计，明确各类策划的边界及目标要求，厘定各类策划的搭接与逻辑关系，同时配套评估方法与反馈机制等，从而指导两江新区建设、管理工作的有序进行。

重庆两江新区体制集成下的变迁脉络、开发经验、运作机制对重庆乃至国家发展有着特殊与典型的意义。本书基于两江新区发展进程中的开发项目选择及实际建成案例等的回顾与总结，阐述、归纳了两江新区一系列相关策划开发建设内容的"策划树"体系，且进一步对其内涵、构成进行了深入的认知及剖析，从产、城、景三个维度切入将两江新区建成项目全面地融合其中，通过"有主有次、有轻有重，更有先后之分"的"枝、叶、花、果"框架形式，整合梳理出两江新区发展建设的清晰类目及各层级内容，最后结合"策划树"理论内涵的运作理念，提出了相应动态化、系统化运作实施的保障管理机制。本书适合城市建设管理相关的企业人员和研究人员以及工商管理学、区域经济学、社会学、城乡规划学、建筑学等专业领域的师生阅读。

图书在版编目（CIP）数据

策划树：以重庆两江新区工业开发区为例 / 李谨等主编. —重庆：重庆大学出版社，2021.9
ISBN 978-7-5689-2149-7

Ⅰ.①策… Ⅱ.①李… Ⅲ.①城乡建设—研究—两江新区 Ⅳ.①F299.277.193

中国版本图书馆CIP数据核字（2020）第087386号

策划树：以重庆两江新区工业开发区为例
CEHUASHU：YI CHONGQING LIANGJIANG XINQU GONGYE KAIFAQU WEILI

主　编　李　谨　陈　曦　蒋兴益　刘　风　丁登奎
　　　　况勋华　唐　峻　张利志　杨云峰　段　虹
策划编辑：张　婷
责任编辑：文　鹏　　版式设计：张　婷
责任校对：万清菊　　责任印制：赵　晟

*

重庆大学出版社出版发行
出版人：饶帮华
社址：重庆市沙坪坝区大学城西路21号
邮编：401331
电话：（023）88617190　88617185（中小学）
传真：（023）88617186　88617166
网址：http://www.cqup.com.cn
邮箱：fxk@cqup.com.cn（营销中心）
全国新华书店经销
重庆长虹印务有限公司印刷

*

开本：787mm×1092mm　1/16　印张：14.25　字数：354千
2021年9月第1版　　2021年9月第1次印刷
ISBN 978-7-5689-2149-7　　定价：98.00元

| 编辑委员会 |

主　编

李　谨　陈　曦　蒋兴益　刘　风
丁登奎　况勋华　唐　峻　张利志
杨云峰　段　虹

编　委

唐　瑞　唐劲峰　陈　渝　田　飞
万晓迪　尧伟华　郭宝征　周建国
李　红　沈　希　舒小华　陈　聪
刘　苗　范国强　聂　艳　易晋生
胡　伟

前　言 | PREFACE

　　古人云："凡事预则立，不预则废"，说明了策划工作的重要性。现代社会，人们工作中往往需要应对更为复杂的系统，同时还要求系统运转效率更高，出现误差的可能性更低。对于这样极为复杂的系统的管理、建设，策划、谋划工作的系统组织、统筹工作就显得极为重要。

　　国家级新区就是这样的复杂巨系统。作为中国深化改革的试验田，国家级新区承担着国家重大发展和改革开放的战略任务，是国家引领经济转型升级、优化区域开发格局、推动新型城镇化发展、培育新的经济增长极的战略平台和载体，是国家重点支持发展的政策性区域。和以往传统的开发区、经开区等不同的是，国家级新区设立之初就立意深远，表现出鲜明的特征：一是国家级新区需要国务院批准，行政级别高；二是国家级新区要承担改革开放实验任务，管理体制和运行机制更有特色；三是国家级新区要承担产业创新和引领发展重任，产业配置更为先进；四是国家级新区规划面积大、建设任务重。因此，贯彻"改革创新、先行先试"是国家级新区的重要责任和必由之路。《关于促进国家级新区健康发展的指导意见》（发地区〔2015〕778号）指出，建立高效运行的行政管理机制，构建现代社会治理体系，营造良好营商环境，建立鼓励改革创新的机制，在符合中央全面深化改革部署要求的前提下，鼓励先行先试，创造可复制、可推广的经验，赋予新区更大自主发展权、自主改革权、自主创新权。

　　截至2016年6月，中国已经设立了18个国家级新区。其中，重庆两江新区（2010年）是继上海浦东新区（1992年）和天津滨海新区（2005年）之后的第三个国家级新区。两江新区和上海浦东新区、天津滨海新区同属在直辖市统一领导下，行政级别为副省级，但与之有区别的是，重庆两江新区在设立之初放弃了行政合并的方案，仍沿用管委会模式，即由重庆市在市级层面成立两江新区开发建设领导小组，领导小组下设两江新区管理委员会（党工委）。两江新区通过高配领导的方式实现与"国家级新区"相匹配的领导权限。与之对应的是，重庆两江新区在建设、管理过程中会遇到更为复杂的问题，为了更加有效、高效地推动新区建设和发展，特提出重庆两江新区策划理论创新的构想。这一创新可总结成"策划树"理论体系：即通过创新策划树的"根""干""叶""花""果"体系，来实现策划的整体框架设计，明确各类策划的边界及目标要求，厘定各类策划的相互搭接与逻辑关系，同时配套评估方法与反馈机制等，从而指导两江新区建设、管理工作的有序进行。

　　"策划树"理论在重庆两江新区实施以来，使管理过程中繁复的策划工作体系化、责权明确化、风险可控化，实现了新区建设管理过程中的决策科学化，具有较高的适用性和推广性。

目 录 | CONTENTS

前 言

第一章　发展的选择——两江新区策划的意义及内涵转变
第一节　两江新区工业开发区发展的背景及趋势 / 001
第二节　两江新区工业开发区的战略对接 / 010
第三节　两江新区工业开发区的建设进程 / 011
第四节　策划工作——新区发展的主动选择 / 014
第五节　两江新区策划体系的运作基础 / 018

第二章　策划的基础——两江新区相关策划案例的回顾及经验总结
第一节　新区建设的工作脉络及指导开发的工作抓手 / 027
第二节　两江新区发展的相关策划 / 033
第三节　发展策划的经验规律总结 / 034

第三章　策划树的提出——两江新区工业开发区策划树体系构建
第一节　策划树的理论由来 / 043
第二节　策划树的构建原则 / 045
第三节　策划树体系建构的方法 / 046
第四节　两江新区工业开发区策划树结构组成 / 049

第四章 策划树体系运作机制

第一节 以土地和资金为根 / 062

第二节 以战略制定和法定规划为干 / 087

第三节 以产业体系、城市设施和景观环境为枝 / 101

第四节 以项目策划为叶 / 113

第五节 开形象提升之花，结新区建设之果 / 166

第五章 策划树体系运作保障和展望

第一节 策划树对传统策划管理理念及模式的优化 / 182

第二节 两江新区工业开发区策划树的运作流程 / 184

第三节 策划的运作机制 / 190

第四节 新区策划的评价机制 / 205

第五节 策划的主要保障手段 / 211

第六节 重庆两江新区策划实施的主要保障手段 / 213

第七节 两江新区工业开发区策划树的总结与展望 / 215

后 记

第一章　发展的选择

——两江新区策划的意义及内涵转变

建一座城市需要策划，犹如建筑需要设计。随着城市现代建设与管理的发展，参与大规模项目建设的利益主体日益多元化，为了确保其适应市场需求，能更好地沟通开发者与规划设计者、规划管理部门之间的联系，同时也为了提高城市规划实施过程中的可行性、可操作性以及对建设项目的控制能力，需要加强、加深城市大规模开发项目的规划工作。于是在城市规划等技术工程之前，城市的发展目标首先需要论证和策划；城市建设要体现城市经济、社会的发展需求，与它们协调发展，也需要策划。另一方面，在市场经济和城市化进程的背景下，政府职能也随之改变，从建设城市到管理城市，再到经营城市，成为政府管理城市的必然之路。如何运作城市的土地产品，做到既增加城市运营的收入，又要降低城市的经济成本，在经济全球化、区域一体化的背景下，产业结构如何实现与周边城市的差异化与互补性发展，如何体现城市文化、打造城市精神等的问题，都是城市发展过程中迫切需要回答的。由此新区城市发展建设中的"策划"应运而生。

城市策划是一个新鲜的发展理念，但对于两江新区的城市开发建设则是举足轻重、动关大局。要求其分别从土地使用、城市空间、城市环境的实体建造等的物质层面及城市精神、城市文化、城市运营管理等的精神层面入手，寻求城市建设与城市社会、经济可持续发展的协调统筹。

第一节　两江新区工业开发区发展的背景及趋势

1. 两江新区及其工业开发区概况

（1）重庆两江新区

重庆两江新区于2010年6月18日挂牌成立，是我国第三个国家级开发开放新区，也是中国内陆第一个国家级开发开放新区、中国（重庆）自由贸易试验区核心区、中新项目核心区；是重庆作为"一带一路"与长江经济带连接点、西部大开发战略支点的枢纽和中心，正深入建设内陆国际物流枢纽、口岸高地和内陆开放高地。新区位于重庆主城区长江以北、嘉陵江以东，包括江北区、北碚区、渝北区3个行政区部分区域，规划总面积1 200 km²，可开发面积550 km²，常住人口240万。（图1-1）

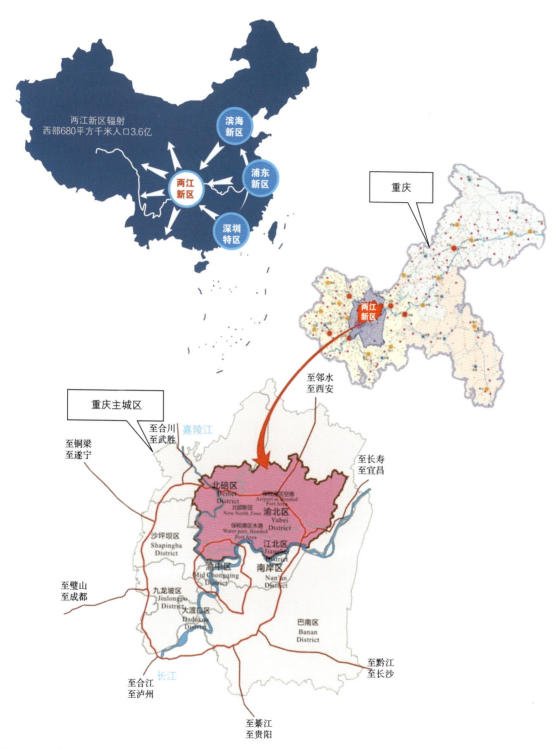

图1-1 两江新区区位及国家定位

来源：中新两江工业开发区战略性互联互通示范项目推介书

（中国地图资料来源：国家地理信息公共服务平台）

（2）重庆两江新区工业开发区

本书中"策划树"所研究的对象主要为两江新区工业开发区（图1-2），两江新区工业开发区是两江新区的直管区，于2010年7月18日挂牌成立，位于两江新区东部及北部，即两大片区三个工业园——龙盛片区和水土片区，龙盛片区包括龙兴工业园和鱼复工业园，水土片区包括水土高新园。

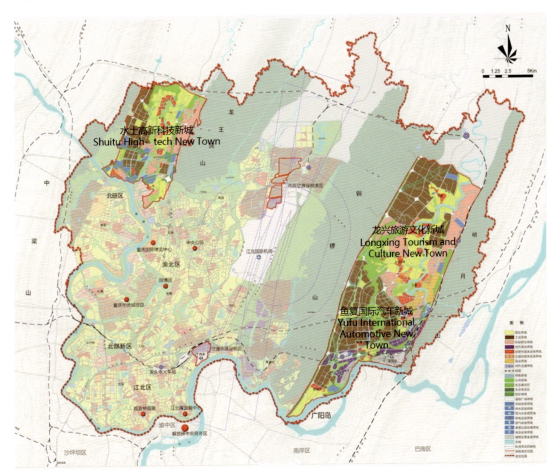

图1-2　两江新区行政管理体制模式
来源：中新两江工业开发区战略性互联互通示范项目推介书

①龙盛片区

龙盛片区位于两江新区东部明月山、铜锣山之间的缓丘地带，南侧紧邻长江黄金水道，距离市中心约25 km，距离江北国际机场约15 km，建设面积178 km²。主要发展汽车产业、通用航空产业、高端装备产业、现代物流产业、文化创意产业、休闲旅游产业、现代服务业（图1-3）。

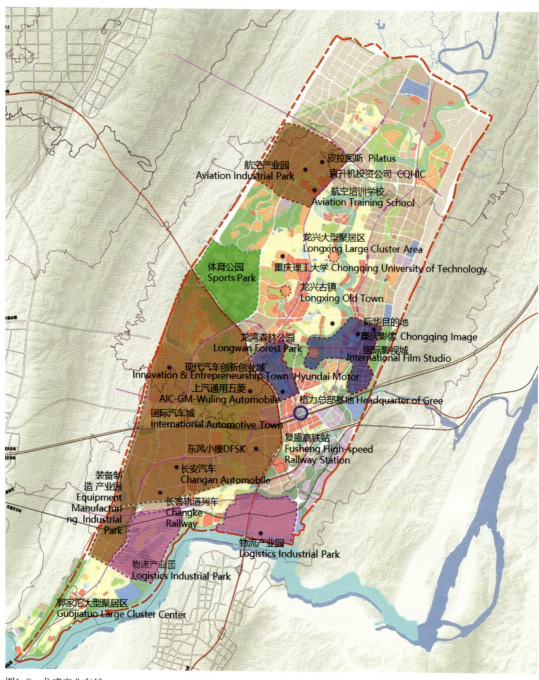

图1-3 龙盛产业布局
来源：中新两江工业开发区战略性互联互通示范项目推介书

龙盛片区包括龙兴工业园和鱼复工业园。两江新区龙兴工业园建设面积111 km²，位于两江新区东北部，地处铜锣山、明月山间的缓丘地带，内有长江一级支流御临河，以汽车（整车、关键零部件）、通用航空、高端装备、现代服务业为主要产业。两江新区鱼复工业园建设面积67 km²，位于两江新区东南部，滨临长江黄金水道，地处铜锣山、明月山间的缓丘地带，主要以汽车产业、装备制造产业、现代物流产业为产业定位。

②水土片区

水土片区位于两江新区西北部、嘉陵江畔，与悦来重庆国际博览中心相邻，距离江北国际机场10 km、两路寸滩保税港区20 km、解放碑中央商务区30 km，建设面积60 km²。水土片区包括水土高新园，主要发展大数据及云计算服务产业、电子信息产业、健康产业、机器人产业、生物医药产业（图1-4）。

重庆两江新区工业开发区开工暨挂牌仪式举行，这标志着重庆正式拉开建设国家级万亿级先进制造业基地的序幕。两江新区工业园区已启动轨道交通、风电装备和新能源汽车三大产业，重庆长客城市轨道列车交通车辆公司已落户并建成投产；长安汽车微车和发动机部分项目已建成投产，还有近40家配套企业即将入驻。按照规划，计划到2020年，将长安集团打造成中国乘用车第一自主品牌，形成500万千瓦的风电生产能力，形成400万千瓦的薄膜光伏产业生产能力，将果园港打造成为区域货运周转中心，形成年吞吐量1 000万吨。

2. 两江新区及其工业开发区发展基础

两江新区交通方式上多元化便利，是集水、陆、空交通资源为一体的特大型城市。拥有全国内陆地区最大复合型枢纽机场，现有18条国际客运航线和20条国际货运航线；2015年高速公路通车里程达到3 200 km，与欧洲发达国家的路网密度相当，基本建成"三环十射三联线"高速公路骨架网络。实现"4小时重庆、8小时周边"；"十二五"建成"一枢纽十一干线"铁路网，2015年铁路达到2 300 km，全面实现电气化，干线铁路复线率达到70%，实现铁路"4小时周边、8小时出海"。重庆是中国西部唯一通江达海之地，有中国内陆航运最大的内贸港、外贸港，万吨级船队、5 000吨单船可直抵重庆，为产业发展提供了极大的便利条件。两江新区是功能要素集聚的新区，未来重庆城市经济发展的核心区。其发展基础条件如下：

①战略定位准确

《关于同意设立重庆两江新区的批复》明确了两江新区的五大定位：作为统筹城乡综合配套改革试验的先行区，要着力发展内陆开放型经济，构建现代产业体系，推进自主创新，加强资源节约和环境保护，大力发展社会事业，逐步建设成为我国内陆重要的先进制造业和现代服务业基地、长江上游地区的金融中心和创新中心、内陆地区对外开放的重要门户、科学发展的示范窗口，为两江新区的发展起了一个清晰明确的指导作用。

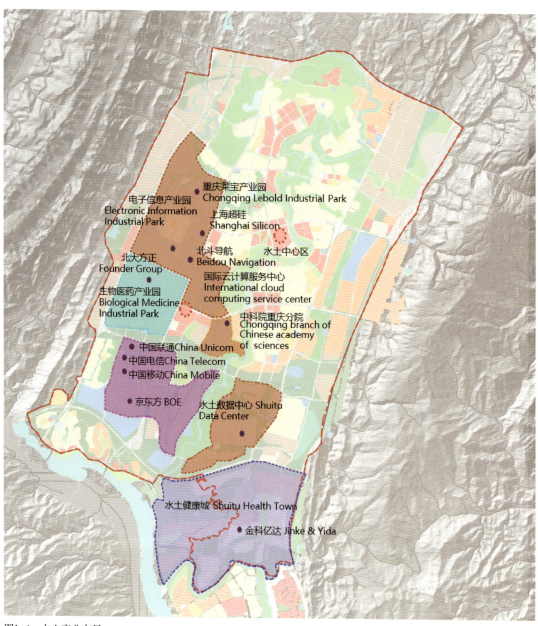

图1-4 水土产业布局
来源：中新两江工业开发区战略性互联互通示范项目推介书

②区位优势明显

重庆地处我国中部和西部地区的结合部，丝绸之路经济带、中国—中南半岛经济走廊（海上丝绸之路）与长江经济带"Y"字形空间节点上，位于中国几何中心，具有承东启西，连接南北、通江达海的区位优势。重庆铁路、水路、公路、航空、管道运输等运输方式发展很快，有着优越的地理优势。

③聚辐功能完善

两江新区地处内陆腹地，辐射范围广，市场潜力大，所处的"西三角"地区面积达40万 km²，人口1.5亿，还可以进一步辐射680万 km²、4亿多人口的西部地区。据初步预算：两江新区将拉动"成渝经济带"制造业年均增长提高10个百分点，云南和贵州水电、矿产等能源产业增速提高5个百分点，湖南、湖北、陕西、广西制造业和交通运输业增速提高5个百分点。两江新区通过各种要素资源的发酵、增值，在西部地区产生裂变、聚变和几何乘数效应，从而改变西部在中国经济版图上的地位。

④景观生态优越

浦东新区和滨海新区是在滩涂甚至盐碱地上建设的，而两江新区具有四山相夹、两水环抱、江山入城的独特地貌（图1-5），是塑造宜居环境和独特魅力的优质天然本底。整个新区被铜锣山、龙王洞山分为三个各具特色的自然地理区。西部地区以滨水景观为主，嘉陵江蜿蜒穿过区域，形成以黑水滩河为主的多条支流；中部槽谷山地城市的分层地理特征突出，以龙王洞山余脉为基础，形成高、中、低三个标高的台地；东部槽谷夹于两山之间，形成高低起伏的丘陵地形，御临河纵贯区域北部，山水景观相映成趣。

⑤经济基础雄厚

两江新区重点发展汽车、电子信息、高端装备、生物医疗、新材料等五大先进制造业，金融、物流、会展、电子商务、保税贸易等五大现代服务业（图1-6）。产业现状板块搭配合理，结构布局有序，产业集聚化，设施配套齐全。

2016年两江新区规模以上工业总产值4 892亿元，增长6.7%，现已有129家世界五百强企业入驻，占全市的50%以上，对其他产业的入驻具有一定的吸引力。经济实力雄厚，是两江新区发展的命脉。

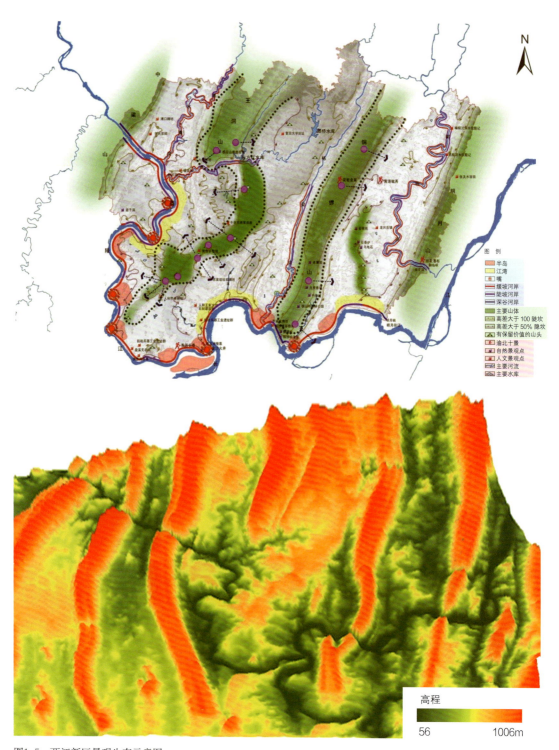

图1-5　两江新区景观生态示意图
来源：重庆两江新区总体规划（2010—2020年）

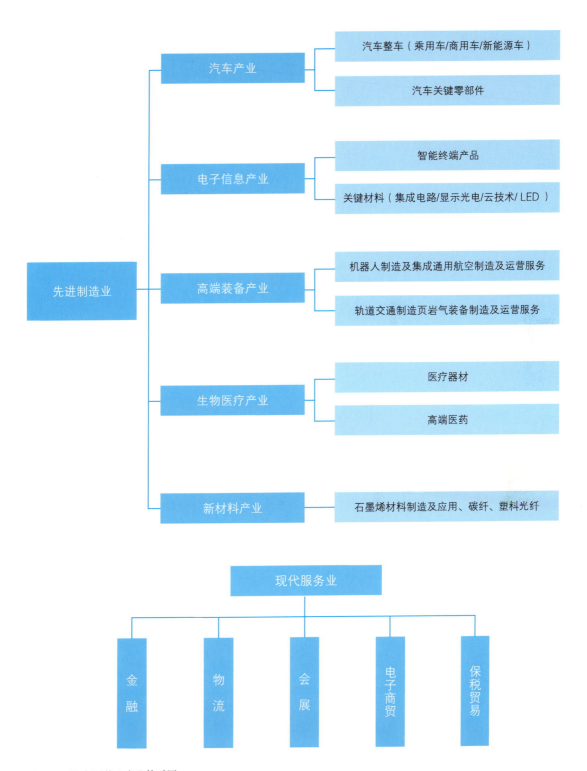

图1-6　两江新区核心产业体系图

第二节　两江新区工业开发区的战略对接

1.国家级新区的战略使命

"国家级新区"是由国务院直接批复建设的超大规模城市新区，在国家发展全局中承担重大战略使命。重庆两江新区是我国内陆地区第一个国家级开发开放新区，也是继上海浦东新区、天津滨海新区后，由国务院直接批复的第三个国家级开发开放新区。其总体发展目标、发展定位等由国务院统一进行规划和审核，开发建设都上升到国家战略的高度，相关特殊优惠政策和权限等由国务院直接批复，在辖区内实行更加开放和优惠的特殊政策，鼓励新区进行各项制度改革与创新的探索工作。

国家级新区是我国参与经济全球化、参与国际竞争的一种空间决策，是国家核心增长极和区域战略发展支点。它承载着服务国家战略、协调区域发展和政策先行先试的重要功能，其发展历程在某种程度上可以说是中国改革开放进程的缩影。国家将大量政策资源、项目和资本集中投入到新区建设中，赋予新区以体制、模式、职能、产业等方面的试验与创新使命，致力于打造新区以形成超常规的发展态势。国家级新区的设立，反映了国家试图通过高层级、大范围、宽领域的集中性政策制度供给强化区域发展的驱动力，从而实现驱动经济、引领改革的战略思路。为推进区域发展扣行政改革的重要举措，国家级新区被赋予经济发展新引擎、体制机制创新综合平台以及对外开放新窗口等发展使命。

两江新区是中国内陆首个国家级开发开放新区，是党中央应对全球金融危机，深化内陆开放，扩大内需市场，推动发展战略转型的改革试验田，肩负着探索中国内陆改革开放发展新路径的重大使命。两江新区的设立，标志着中国起步于沿海的改革开放深入推进到内陆腹心地带，是中国从沿海开放到内陆开放的标志和窗口。国务院亦赋予了两江新区五大定位，即统筹城乡综合配套改革试验的先行区、内陆重要的先进制造业和现代服务业基地、长江上游地区的金融中心和创新中心、内陆地区对外开放的重要门户和科学发展的示范窗口。

2."两点""两地""两高"

两江新区工业开发区将立足"两点"，建设"两地"，实现"两高"。其未来发展需围绕两点两地，迎接传统产业转型升级、新兴产业快速增长、新经济加速成长，推进两江新区高质量发展。

"两点"是战略定位，既立足重庆又跳出重庆，站在全球与全国的视角看重庆。重庆作为西部地区唯一的直辖市，作为西部大开发的桥头堡，通江达海、连接亚欧，战略支点作用独具；作为"一带一路"和长江经济带的连接点，承东启西、连接南北，战略辐射作用独特。两江新区的区位地位作为其中的核心组成，则更需承接两点定位，站得高更要看得远。

"两地"是战略路径，与习近平新时代中国特色社会主义思想的内涵要求是贯通的，蕴含着形成全面开放新格局和走向生态文明新时代两方面重要内容；与全国发展大局是贯通的，把重庆乃至两江新区在西部大开发中的功能和在"一带一路"、长江经济带中的作用突显出来；与重庆的地位优势是贯通的，有助于发挥重庆独特的区位优势与潜力。

"两高"是战略目标，充分贯通了习近平新时代中国特色社会主义思想中关于高质量发展和坚持以人民为中心的发展思想："两高"是内在联系的，两江新区需要通过推动高质量发展为人民群众创造高品质生活，通过创造高品质生活来激发高质量发展的动力活力。

两江新区要将"两点"战略定位、"两地"战略路径、"两高"战略目标兑现，关键要抓好战略组织实施。必须处理好当前与长远、尽力而为与量力而行、全面部署与突出重点的关系，在执行坚决、创造性开展工作和监督有力上用力。一要执行坚决。要提高政治站位，时刻对标对表，以"力争上游"的上游精神，全力以赴抓好项目化政策化事项化分解落实，列出时间表、任务书、路线图、责任人、计分牌，倒排工期、顺排工序，全力推进。二要创造性开展工作。要按照总书记提出的"正确处理保证中央政令畅通和立足实际创造性开展工作的关系，任何具有地方特点的工作部署都必须以贯彻中央精神为前提"要求，真正在"三个确保"的前提下，结合重庆实际，创造性地落实好"两点""两地""两高"要求。三要监督有力。既要挑选政治过硬、本领高强的人来抓落实，又要建立一级抓一级、层层抓落实的责任传导机制，还要建立上下贯通、横向联动的督察工作格局。要拓展督察工作广度和深度，点面结合，多管齐下，提高发现问题、解决问题的实效，坚决破解"中梗阻"，切实打通规划的"最先一公里"和落实的"最后一公里"。

贯彻落实习近平总书记视察重庆时提出的"两点""两地"定位和"四个扎实"要求的集中体现，其内涵主要表现在：现代化经济体系、新发展理念、高质量发展、供给侧改革、智能化引领、"三个变革"（质量变革、效率变革、动力变革）、"四个协同"（建设实体经济、科技创新、现代金融、人力资源协同发展的产业体系）、"三个有"（构建市场机制有效、微观主体有活力、宏观调控有度的经济体制）、"党的领导"等这些关键词上。其中：建设现代化经济体系是战略目标，新发展理念是指挥棒，高质量发展是核心，供给侧改革、智能化引领是手段；"三个变革"是必然要求；"四个协同"是重要支撑；"三个有"是制度保障，党的领导是根本保证。这为之后的工作指明了方向，要在战略部署上"扣扣子"，在责任履行上"担担子"，在任务落实上"钉钉子"，始终保持一股干劲、发扬一股拼劲、展现一股闯劲，不断将开发开放向纵深推进。

第三节　两江新区工业开发区的建设进程

1. 两江新区工业开发区各阶段发展的核心目标及任务

"十三五"期间，两江新区按照构建"3331"产业体系的思路，优化发展汽车、电子、装备制造三大制造业，培育发展大数据、大健康、绿色环保三大特色产业，提升发展金融、贸易、国际物流三大优势服务业，集聚发展显示面板、集成电路、新能源及智能汽车、机器人及智能装备、通用航空、云计算及物联网、节能环保、新材料、生物医药及医疗器械、能源装备等十大战略性新兴产业。

按照"转方式、调结构"的基本思路，两江新区将优化功能布局，提升资源配置效率。优化"一心四带"发展布局，在更大范围内优化资源和要素配置，重点建设"六城八园"，促进人口、产业集聚。加快龙盛产业新城、水土高新城、礼嘉商务旅游城、悦来会展城、照母山科技创新城以及江北嘴金融城等六大城市功能组团开发建设，建成面积超过330 km²，聚集人口超过200万人。打造产业集聚平台，加快推进保税加工贸易产业园、智能制造产业园、汽车产业园、电子信息产业园、通用航空产业园、生物医药产业园、互联网产业园、服务贸易产业园等"八园"建设，建成区面积达到300 km²左右，常住人口达到290万人左右。

在开发建设进程中，两江新区将进一步激发开发主体活力，拓展发展新优势。统筹江北、北碚、渝北三个行政区协同发力，组织好保税港区集团、江北嘴投资集团、悦来投资集团、港务物流集团、两江投资集团以及两江产业集团六大开发集团同步发力，实施好鱼复、龙兴、水土三个工业园区的同步开发。

到2020年，构建好现代产业体系，初步建成产业高端、功能完善、总部集聚、生态宜居、民生和谐的国内一流现代生态新城。如何打造、构建，则需在规划的引领下，进一步策划加以深化，以四点要求为导则——高端、智能、生态、国际。其中，高端包括产业高端、居住高端、功能高端（教育、体育、文体、文旅、商业配套），皆需要有科学的布局、一整套完整的体系支撑。

到2025年，实现地区生产总值翻3番，达到6 400亿元，工业总产值10 000亿元，常住人口规模500万人左右，两江新区将基本实现"再造一个重庆经济，再造一个重庆工业，再造一个重庆主城"的宏伟目标，成为功能现代、产业高端、总部集聚、生态宜居，具有国际影响力和我国内陆开放示范效应的新区。

2. 两江新区工业开发区发展的新形势、新定位

（1）改革红利释放区

两江新区作为国家层面改革探索和试验性政策的首选区域之一，在改革开放中将有比较优势的政策落位于国家级新区进行先行先试。这些政策优势主要集中在财政和税收、海关、土地管理、金融、体制机制、项目建设、对外开放等方面，未来发展中会向更广泛、更特色的方面扩展。依托国家给予的优势政策，国家级新区会发展迅速。

（2）改革探索试验区

两江新区不仅具有一般城市新区完整的城市功能，还关注特色经济与发展领域，成为改革创新先行先试的前沿阵地。如自贸区是应对全球经济格局及参与国际竞争合作的重要窗口，也被看作未来十年中国走向全面国际化的重要举措。两江新区通过发展高端、战略性功能来发挥区域辐射带动作用，通过创新、示范来发挥区域引领作用。可以预见，其改革创新将不局限于城乡统筹、新型城镇化、智慧生态、金融创新、自由贸易等方面，还将随着时代的发展向更广阔、更具特色、更前沿

的方向探索和发展。在全国一盘棋的统筹战略中，两江新区及其他国家级新区会逐渐覆盖全国主要的经济区，通过更多的国家级新区布局、更具特色的改革试验，使改革的红利持续显现。

（3）区域核心增长极

改革开放以来，我国空间发展战略从"东部沿海优先发展"向"东西并重的多元化城镇空间格局"转变，从开放城市向发展城镇群和经济区转变，在国土层面逐渐形成若干城镇群核心区和增长极。国家新型城镇化规划构建以城镇群为核心的"两横三纵"的战略格局。在城镇群发展中，上海浦东、天津滨海等一系列国家级新区脱颖而出，成为城镇群和区域的引擎和核心增长极。浦东奠定了上海在长三角乃至全国经济发展中的龙头作用，经济发展的排头兵功能已十分明显。天津滨海新区近十年的经济增长速度远高于所在的城市和区域，在京津冀地区发展中成为崭露头角的增长极。两江新区是中国内陆地区第一个国家级开发开放新区、中新（重庆）项目核心区，是新一轮全球产业大转移的热点区域，内陆新兴大市场的重点区域，全球资本投资内陆的重要投资目的地，也是中国经济增长最快的增长极之一。

（4）产城融合典范区

从"经济特区"到"国家级新区"的转变，意味着空间战略从以经济建设为中心向综合全面发展的转变。相比建设初期的经济特区，国家级新区不仅是经济发展的主战场，更是宜居宜业的新城市地区，因此两江新区需从建设伊始就注重产城融合和均衡发展。从空间特征来看，国家级新区尺度大、范围广，具有多中心多组团的空间发展模式。因此，应进一步整合和理顺两江新区产业功能区与城区的关系，合理划分"产城单元"。构建组团之间完善的公共交通、轨道交通，便捷出行。在组团层面，完善公共配套服务设施，设施布局均衡化、普惠化、层次化，设施类型多元化、特色化，营造良好的人居和创业环境，实现职住平衡。

（5）绿色生态宜居地

绿色、循环、低碳发展已成为目前城市发展的新方向和主题之一。良好的城市生活与生态环境成为城市间竞争的重要筹码，特别是吸引高素质人才的重要条件。一方面，两江新区的规划建设，在实现经济快速发展的条件下，也承担着保护生态环境，探索低碳发展的重要使命，特别是避免以往大城市发展经济特区与国家级新区产城模式演变特征经历的以资源环境为代价的路径。因此，两江新区建设应按照科学可持续的方法，走绿色智慧人文之路。如浦东新区建立了较为完整的生态城区指标体系，加强生态经济建设规划。两江新区依托现状生态条件把"江山叠翠、绿网融城"的理念贯穿于总体规划中。舟山新区立足独特的海洋生态系统，优化一体、两翼、三圈布局，推进海岛花园城市建设，构建生态功能网络。南沙新区发展高端产业，打造低碳宜居的滨海新城。天府新区生态建设先于城市建设，总用地60%作为各类生态绿地，构建以生态纽带、天然屏障和楔形绿地为骨架的生态格局。另一方面，作为新型城镇化建设的典范，两江新区的生态建设更应将先进和探索创新做法予以推广，起到示范作用。如天津滨海新区的中新生态城，是在生态脆弱地区探索生态城市建设较为成功的典范，目前已将一些做法在天津市进行推广，中新生态城建设国家绿色发展示范区的实施方案也获国务院批复。

第四节　策划工作——新区发展的主动选择

为什么我们始终坚持新区的"策划先行"？国家赋予两江新区五大功能定位，先行、先进、开放、创新、引领是关键，作为第三个国家新区，在我国实现第一个100年奋斗目标的决胜期，在"两地""两高"目标指引下，两江新区任重道远，不仅要科学谨慎、有序推进建设，还要引领后来者，由此"策划"必不可少，策划更是需基于"规划"且大于"计划"。

1. 策划的价值内涵认知

在经历了一系列新区工作的开展，两江新区工业开发区未来走向何去何从，必须及时做出明确而理智的选择、决策，于是"策划"工作的产生在这一阶段显得至关重要。

策划工作，特别是大规模开发项目的规划策划工作，由于其落实规划设计思想、沟通规划实施与管理的纽带作用而突显出重要性。策划强调的是通过创造性思维，找出资源与市场间的核心关系，建构可采取的最优途径，形成可实施的明确方案，并对近期的行动进行系统安排。

根据美国哈佛企业管理丛书编委会的定义："策划是一种程序，其本质是一种运用脑的理性行为，是找出事物的因果关系、衡度未来可采取之途径，作为目前决策之依据，即策划是预先决定做什么、何时做、如何做、谁来做。"可以看出"策划"其实是指人们为了达成某种特定的目标，借助一定的科学方法和艺术，为决策、计划而构思、设计、制作策划方案的过程。

我们对策划的定义：为实现某一活动的特定目标，根据已获得的信息，通过概念和理念创新，利用整合各种资源，对事物发展方向进行判断，并设计、选择合理可行的活动方案，达到实现预期利益目标的过程。策划是顺应激烈的竞争环境而产生的。由于市场资源的有限性和发展机会的稍纵即逝，策划工作者除了继续加强过去注重的物质性规划、设计外，还需要特别重视对宏观经济、市场供求、规划实施以及项目建设的研究。策划工作涉及的相关理论包括了城市经济学（含城市土地经济学、城市房地产经济学等）、市场营销理论（含市场调查理论、项目评估理论、产品设计理论等）、有关实施的理论（含行政管理理论、项目管理理论、项目融资理论、公司合作理论等）。

策划，从现代意义上来讲，是一个综合性的系统工程。由于策划以智慧为灵魂、以解惑为生命、以创新为精神、以应变为策略，新区策划项目的每一个环节都不是完全独立的，环节与环节之间有着密切的相互关联，因此，在操作中，所有环节的操作节奏都应该有一个统一的、协调的安排。这种全局性的安排往往是环环相扣的，任何一个环节的超前和脱节都有可能带来不必要的损失。因此，对行动方法的策划的一般要求：符合开发建设及市场运作的客观规律；与城市总体开发策略相吻合；选择合理可行的开发成本。在这种要求下，策划一般主要包括以下几个方面的内容，为了叙述简明，可以根据系统分析的基本步骤，将策划工作划分为图1-7所示的几个基本程序。

2. "策划"与"规划""计划"的关系

"规划"是城市建设的必经步骤，而"策划"是对"规划"的完善补充，当有了一定的"规

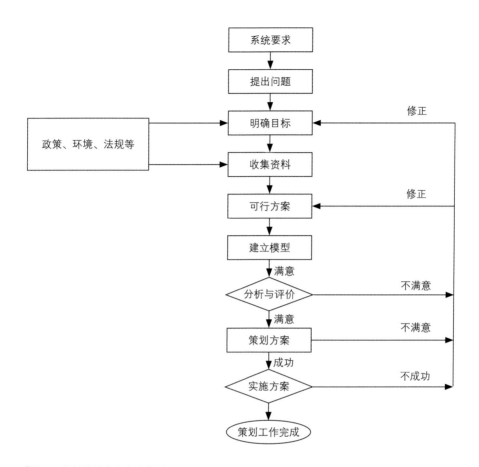

图1-7　策划的基本程序示意图

划"基础："策划"对于这个城市的后续发展至关重要。

"规划"具有长远性、全局性、方向性、概括性等方面的战略性特征。"规划"应该是一个宏观、全面的研究过程。而"策划"更多的是针对具体的目标采取具体行动计划的过程，更多地体现了战术特征。从战略和战术的关系上看，规划层面应该高于策划层面："规划"确定实现目标和对全面做出统筹安排，而"策划"是实现总目标下各个分目标所做的具体行动，应具有可操作性、可落实性。"规划"是一套法定的规范程序，是对目的地或景区长期发展的综合平衡、战略指引与保护控制，从而使其实现有序发展的目标。

"策划"比"计划"更具前瞻性："计划"一般是在决策之后，是决策的细化和实现决策的保证。"计划"强调具体、明确和控制，即重在围绕决策目标和优先方案对工作进行分解、对资源进行细致安排，这些分解和部署都应是明确的，以便在实现过程中进行控制和评估。"策划"更加具有层级性，也是从创造性思维的角度出发，以资源与市场对接为目标，用独特的方法解决问题："策划"必须具有创新性、可操作性。

（1）"策划"与"规划"

①目的任务的关联

规划的目的任务主要是通过确定城市发展目标，提高城市综合竞争力，全面部署城市资源，优化城市各项体系，改善城市各项功能结构，并在城市空间里进行统筹安排，保证城市可持续、健康、和谐发展。

策划的目的任务主要是针对具体的目标，通过各种创造性思维和操作性安排，形成独特的策划产品，全面提升和延续城市的生命力，并构建有效的营销促销方案，使建设项目在近期内获得良好的经济效益和社会效益。

规划和策划所针对的目标是全面和局部的关系，规划所确定的目标是整体性宏观目标，策划针对的目标是规划目标的一个分目标或者是一个细化的目标。由此可以看出，策划的目的任务可以理解为是为了完成规划总目的任务而做的细化工作，是规划工作的另一种形式的具体落实和延续。

②作用效力的关联

规划涉及城市建设的方方面面，对城市未来发展具有举足轻重的作用，对社会、经济和生态环境等方面都将产生深远的影响。正因为规划对城市发展是一种综合性的部署，涉及各方面的综合利益，因此规划多是由政府来组织编制、审查和管理，从而由政府平衡各方利益，进行统筹协调安排。

而策划由于其任务目的的单一性，往往针对市场需求和项目可行性而做，根据策划对象的差异，部分策划由于具有更多的商业行为特征通常由企业进行委托编制，其主要体现企业自身的利益追求，而另外部分涉及城市功能形成的策划由于缺乏盈利属性而通常由政府或政府旗下的国有企业委托进行编制。

规划与策划出发点以及编制主体有可能不同，但却可以在作用效力上形成有效配合。规划从城市方方面面入手，构建起整个城市建设的总体框架，主要针对用地、建筑等硬件设施进行设计。而策划更多的是围绕这些硬件，进行软件包装，提升其档次、水平以及大众的认知度。硬件建设和软件设计相辅相成，互为补充。软件效力作用的体现需要硬件的支撑，而硬件的效力作用则需要软件来体现。

③编制过程的关联

在城市建设领域中，虽然规划起到主导作用，策划作为延续和补充，但是两者在编制过程中却不存在谁前谁后的必然划分。因为从规划来看，有宏观战略规划、总体规划、详细规划等一系列规划类型，而策划也有从整体到项目的策划体系。无论规划还是策划，都不可能只编制一种类型就能解决从宏观到微观所涉及的所有问题，因此规划和策划的编制都是层层递进的。从规划和策划的目的、作用来看，两者也不能截然分开，而应是相互穿插、相互融合，也只有这样才能做到规划和策划协调统一。

规划前可以做一些策划，做一些市场研究，准确定位市场、定位主题、定位形象、确立核心吸引力，为规划的总体目标确定提供充分的依据。规划在编制过程中应充分考虑策划提出的思路和建议，使规划不仅满足政府要求，也符合市场经济发展的要求，便于规划的落实和效力的体现。规划后编制策划，必须遵从规划确定的各项控制要求，在规划的整体理念的基础上，通过创意思考，转变为产品、项目或行动计划，进行具体的建设实施。

④任务差异

规划的基本任务是：通过确定发展目标提高吸引力，综合平衡各体系的关系，拓展规划对象内容的广度与深度，优化结构，促进地方社会经济的发展。

策划的基本任务则是：针对明确而具体的目标，通过各种创造性思维和操作性安排，全面提升和延续策划对象生命力。

（2）"策划"与"计划"

策划与计划的联系非常紧密，主要表现在：

策划是制订计划的重要依据。策划不仅提供了计划制订和实施所应围绕的中心即目标，还提供了目标实现的最优方案，这些都应是计划制订时所必须加以考虑的。

计划是策划实施的重要保证。计划是策划和实施之间的桥梁。因为策划是事先谋划，所以侧重于目标和较为粗略的实施方案，其通过决策后要进行细化才能组织、控制实施行为；而计划即是策划的细化。

正是因为策划和计划的紧密联系，所以，在现实生活中，策划文案和计划文案也并没有明确的分界线。当策划书对具体实施方案制订得比较详细时，一旦获得决策通过往往不用再制订计划书，而直接成为实施的依据。而很多计划都深深地根植了策划的思想，如对背景的分析、目标的解释、方案的评估和论证等。很多策划文案往往以"计划书"为名，而很多计划文案又自称"策划书"。

3. 策划对于新区发展的必然性

（1）新区发展中的策划

新区策划，不同于土地利用规划的明确与理性的特征，也不同于城市艺术设计的模糊非理性的艺术特性，策划工作者需在社会、经济、政治、技术的环境中，通过对资源的把控，平衡各方利益，达到新区利益最大化的目标，因此策划工作必不可少。

策划的思想虽然一直存在于我国城市的规划与建设的过程中，然而真正显现其重要性的却是在迈向社会主义市场经济体制的转折时期，对新区发展的策划也是随着社会发展逐渐被人们所注意到（需求）。由于规划工作者的工作已经不仅仅是在已制定的国民经济发展计划指导下编制相应的规划方案，规划行政管理部门的工作除了核定红线、核发项目建设许可证以及建筑方案审批的日常性管理工作之外，还承担着组织编制新区规划工作以确定城市布局、发展方向以及行动纲领的重要任务，承担着落实政府促进产业发展、改善新区环境、提升新区竞争力的重要职能。因此，策划工作，特别是大规模开发项目的规划策划工作，由于其落实规划设计思想、沟通规划实施与管理的纽带作用而突显出重要性。

另一方面，城市大规模开发建设由于涉及面广，需要强大的经济与技术力量支撑，因此对建设的资金筹备、建设成效等更为关注。面对现实，我们需要深入调查研究，借鉴相关领域的理论和方法，对具有代表性的案例进行深入的剖析和论证。同时，还要认真借鉴国内外的先进经验，以科学的态度和实事求是的精神揭示城市大规模开发活动的复杂内涵与客观规律，并建立能够有效地指导建设实践的理论和方法，为促进新区建设的迅速发展，繁荣新区规划策划事业，做出积极贡献。

（2）策划对于两江新区的重要性

两江新区的规划体系需进一步深化落实，策划成为其完善的有力手段。

2015年起，按照重庆市统一部署大力推进法定城乡规划全覆盖工作，在建成区补短板、提品质，在新建区梳结构、建体系，形成一大批规划成果并法定化，新区空间规划体系初步完善，基本实现"全域空间资源有规划管控、所有建设项目有规划遵循"的目标。策划则有助于城市功能体系、基础支撑体系、公共服务体系、特色环境风貌体系等的完善，例如对于定制美丽家园，需深入贯彻五大发展理念，创新探索"定制建筑"开发模式。贯彻规划建设"五先五后"原则（即先策划后规划，先基础后开发，先环境后建设，先公建后住宅，先地下后地上），以"环境要定制、户型可定制"为核心理念，环境定制充分尊重生态，社区开放共享，社区环境与城市大环境共通互融，形成"城市是大花园、建筑有小花园"的美好城市风貌。在土地出让前，划定建筑基地、公共环境位置，将开发建设要求纳入土地出让条件；户型定制满足人们个性化、多元化的需求，落实房屋供给侧改革和"房子是用来住的"美好愿景。"定制建筑"开发模式推广生态绿色建筑，鼓励增加建筑内公共活动区域及绿化平台的面积，建设"低碳海绵、绿色生态、开放智能"的社区。实施中，还利用3D打印技术形成建筑方案模型，辅助规划设计和审查。下一步，还将推广到产业园区开发建设中，大力推广装配式建筑，促进建筑产业转型升级。

第五节　两江新区策划体系的运作基础

1. 两江新区组织架构

两江新区的权力主体，是重庆市政府主导下成立的两江新区开发建设领导小组，下设两江新区党工委、管委会，负责两江新区经济发展和组织协调工作（图1-8）。两江新区管委会作为市政府的派出机构主要负责两江新区开发开放建设的规划、组织、协调等工作。两江新区由市政府委托代管两路寸滩保税港区、北部新区，直管两江工业开发区，同时统筹江北区、渝北区和北碚区的部分区域。两江新区内各政府、功能区各司其职，配合两江新区的指导、协调。

（1）管理主体

2010年6月重庆市政府印发《关于成立重庆两江新区开发建设领导小组的通知》（渝办发

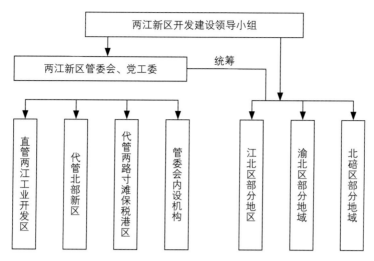

图1-8 两江新区组织架构图
来源：两江新区政府网

〔2010〕172号），市委副书记、市长黄奇帆任组长，市委常委、两江新区党工委书记、管委会主任翁杰明，副市长童小平，市政协副主席吴家农任副组长。领导小组下设办公室，办公室设在重庆两江新区管理委员会。

优化调整两江新区管理体制是重庆落实中央全面深化改革战略部署的重要举措，是全市开放发展的大局所需，也是两江新区自身发展的迫切需要。根据《中共重庆市委、重庆市人民政府关于调整优化两江新区管理体制的决定》（以下简称《决定》），撤销中共重庆北部新区工作委员会、重庆北部新区管理委员会，其职能职责分别划归中共重庆两江新区工作委员会、重庆两江新区管理委员会（以下简称两江新区党工委、两江新区管委会）。两江新区党工委与两江新区管委会分别为重庆市委、市政府的派出机构，实行合署办公。两江新区管理体制调整优化是构建完善重庆内陆开放型体制的重大部署，将进一步释放改革红利，优化资源配置、提高行政效率。

（2）管理职责

根据《决定》，两江新区党工委、两江新区管委会对鸳鸯、人和、天宫殿、翠云、大竹林、礼嘉、金山、康美等8个街道的党务、行政管理工作和经济社会发展事务进行领导和管理。疾病防控、征兵等工作仍由渝北区人民政府负责。

两江新区管委会负责鱼嘴镇、复盛镇、郭家沱街道、龙兴镇、石船镇、水土镇、复兴镇等7个建制镇街、重庆市委、市政府委托管理的重庆保税港区集团、市江北嘴投资集团、重庆悦来投资集团在两江新区范围内开发管理区域，以及重庆港务物流集团的果园港、寸滩港区的经济发展、开发建设等行政管理工作。江北区、北碚区、渝北区政府负责该区域的社会事务和其他行政管理工作。

两江新区规划范围内的人大、政协、人民法院、人民检察院、人民武装等工作，按重庆市人大常委会、市政协、市高法院、市检察院、重庆警备区明确的管理体制和相关规定执行。

两江新区党工委、两江新区管委会及其职能部门，以及重庆市级部门在两江新区设立的直属机构或者派出机构，依法在规定区域行使市区两级行政管理权限。

（3）管理部门

两江新区党工委管委会按照重庆市委市政府的决策部署，将原有部门按照大部门制和精简高效的原则，重新整合资源形成新的管理格局。

①办公室

办公室是处理两江新区党工委、管委会日常政务和党务的综合部门。主要负责协助党工委管委会抓好党的路线、方针、政策和重大决策、工作部署的贯彻落实；负责公文处理和重要文稿起草及档案管理；负责工作议会、公务接待等组织协调工作，以及党工委、管委会机关财务和固定资产工作。办公室内设综合科、秘书一科、秘书二科、秘书三科（督查室）、财务科等五个科室。

②组织部（人力资源局）

组织部是组织、干部、机构编制以及人事人才工作的职能部门。主要是对党工委、管委会相关机构编制的机构设置、人员编制、领导职数，以及干部培养、人才引进等方面进行管理。

③宣传部

宣传部是负责形象推广、新闻宣传、舆论引导以及精神文明建设的职能部门。

④政策法规室

政策法规室是负责发展战略规划、政策法规研究、机制体制创新以及法律事务的职能部门。负责制定和规划重大战略发展战略，研究制定重大政策并进行评估，积极推进体制机制创新。为新区领导提供法律咨询，办理重大合同法律审核等行政法律事务；集国内外专家、资源优势，发挥智囊团的作用。

⑤财务局（金融办）

财务局是负责财务财政、金融服务、投资、融资管理等工作的职能部门。主要负责统筹协调新区财政事务、汇总编制财政收支预算、优化金融环境等工作。

⑥经济发展局（计划统计局）

经济发展局是负责综合经济管理以及计划统计工作的职能部门。

⑦建设管理局

建设管理局是负责建设领域监督管理工作的职能部门，主要负责统筹新区基础设施建设、实施并指导新区交通建设和监管工作，同时对市政设施、城市环卫、园林生态等市容环境进行综合整治和维护。

⑧工业促进局

工业促进局是负责工业领域投资、促进和统筹协调工作的职能部门。

⑨服务业促进局

服务业促进局是负责服务业领域投资、促进和统筹协调工作的职能部门。

2. 两江新区的空间架构

（1）行政区域

两江新区包括主要包括江北区、渝北区、北碚区三个行政区的部分区域（图1-9）。其中：

江北区是重庆市主城核心区之一，位于重庆市西南部，长江、嘉陵江交汇处北岸，江岸线长103 km，面积221 km²，涉及街镇为：石马河、大石坝、观音桥、华新街、五里店、江北城、寸滩、铁山坪、郭家沱、复盛、鱼嘴镇。

渝北区位于重庆主城东北部，全区面积1 452 km²，涉及街镇为：龙溪、龙山、龙塔、双凤桥、双龙湖、回兴、悦来、人和、鸳鸯、天宫殿、翠云、大竹林、木耳、礼嘉、龙兴、石船、古路、玉峰山镇。

北碚区是重庆主城九区之一，背靠缙云山，面临嘉陵江，是重庆市著名的风景旅游区和文化区，享有"嘉陵江畔的一颗明珠"之美誉。全区面积755 km²，涉及街镇为：水土、复兴、蔡家岗、施家梁镇。

（2）功能区域

功能区域主要包括重庆北部新区、两路寸滩保税港区、两江工业园区等功能区。

图1-9　两江新区规划控制区域图

①重庆北部新区（图1-10）

重庆北部新区于2000年12月18日设立，是两江新区重要的都市功能区，面积130 km²，总人口约60万，包括了两江新区金融商务贸易、高档居民聚集区、商业娱乐休闲聚集区、高新技术产业聚集区、服务贸易聚集区，是国家新型工业化示范基地和国际汽车城主要组成部分，是重庆重要的服务业高地、高新技术产业聚集区。

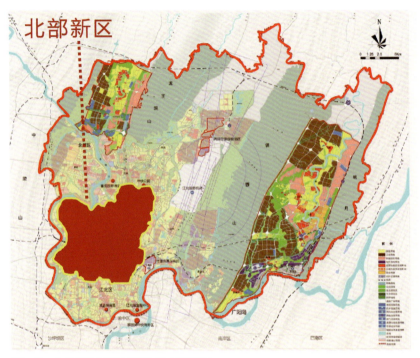

图1-10　北部新区在两江新区位置（示意图）
来源：重庆两江新区总体规划（2010—2020年）

②两路寸滩保税港区——中国内陆唯一的保税港区（图1-11）

重庆两路寸滩保税港区2008年11月12日经国务院批准设立，是我国内陆首个保税港区，也是中国目前唯一拥有"水港+空港"一区双核模式的保税港区。

重庆保税港区海关特殊监管区域内面积8.37 km²，分为水港和空港两个部分。其中水港部分2.43 km²，空港部分5.94 km²，两个功能区由17 km的高速专用通道连接。网外面积26.7 km²。

③两江工业园区（图1-12）

两江新区建设面积238 km²，是两江新区的主要工业载体和产业新城，包含鱼复工业园、龙兴工业园和水土高新园。其中：

两江新区鱼复工业园建设面积67 km²，位于两江新区东南部，滨临长江黄金水道，地处铜锣山、明月山间的缓丘地带。主要以汽车产业、装备制造产业、现代物流产业为产业定位。

图1-11　两路寸滩保税港区在两江新区位置（示意图）
来源：重庆两江新区总体规划（2010—2020年）

图1-12　两江工业园区在两江新区位置（示意图）
来源：重庆两江新区总体规划（2010—2020年）

两江新区龙兴工业园建设面积111 km^2，位于两江新区东北部，地处铜锣山、明月山间的缓丘地带，内有长江一级支流御临河。以汽车（整车、关键零部件）、通用航空、高端装备、现代服务业为主要产业。

两江新区水土高新园建设面积60 km^2，位于两江新区西北部、嘉陵江畔，与悦来国际会展中心相邻，以大数据及云计算服务、电子信息（光电显示、半导体照明）、机器人、生物医药及医疗器械为区域内主打产业。

3. 两江新区管理模式

（1）"1+3" "3拖1" 管理模式

两江新区成立初期在行政体制上采取"1+3" "3拖1"的管理模式。"1+3"模式即在开发模式上，由两江新区管委会及江北、渝北、北碚3个行政区分别作为开发主体，平行推进、联合作战。两江新区的社会管理事务仍由3个行政区进行管辖。"3拖1"模式即在开发平台上，北部新区和两路寸滩保税港区管委会作为市政府直属派出机构，由两江新区管委会代为管理，再加上负责两江工业园区的开发建设的两江新区开发投资集团有限公司，由管委会直接管理。三个平台共同拉动两江新区的经济发展。"1"能精简机构和人员的数量，竭力避免了公共资源的浪费。"3"则让这充满活力的三个平台共处于两江新区管委会的统一管理之下，最大限度地发挥了它们的潜力为新区的建设服务。这种地位平等、利益均沾的创新开发模式，可以充分调动它们的积极性，同时能够引起江北、渝北、北碚三个行政区的共鸣，协同推进两江新区的开发开放。

在两江新区成立伊始，这种体制模式能使两江新区专注于经济发展这个首要任务，一门心思在较短的时间内将"蛋糕做大"，而复杂的社会管理事务则交给已经形成相对完善的行政体制的原有的江北区、渝北区和北碚区这三个行政区。这种模式很好地将中央的要求和本地的需求结合起来，形成合力，这种运行机制"起步力矩最大，摩擦系数最小"。

然而，由于三个行政区经济管理和社会管理步调的不统一，要做好原来几个行政区与现在两江新区在规划上对接调整的难度系数较大，造成各行政区之间的恶性竞争，阻碍了项目建设与发展。

（2）"1+3+3+3" 管理模式

随着两江新区三年多以来的大力发展，在市委、市政府的领导下，积极探索、努力创新，两江新区行政体制也进行了一系列的创新机制举措，采取"1+3+3+3"管理运行模式（图1-13），即两江新区管委会负责协调统筹江北、渝北区、北碚区等3个行政区的部分区域，北部新区、保税港区、两江新区等3个功能区，江北嘴、悦来、果园港等3个开发主体。新区管委会分别与三个行政区共同出资组建联合开发公司，在土地增值收益、新增税收分配等方面形成利益共享机制。

这种机制不仅增强了两江新区对开在统筹规划、开发建设方面的自主权，也大大增加了行政区与功能区之间的互动，减少行政活动的中间环节，提升了行政效率。目前，两江新区的管理体制正经历新一轮的改革，过去的行政管理体制模式的经验无疑成为其改革的参考依据，为两江新区的体制创新奠定了基础。

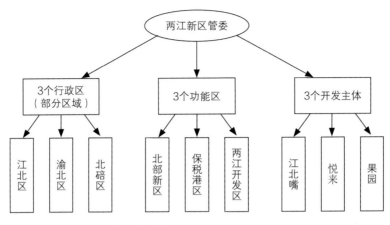

图1-13 两江新区行政管理体制模式

专栏1：国外城市管理模式借鉴

案例1-1：美国"精明增长"模式借鉴

20世纪90年代末，美国人意识到"郊区化"发展带来的问题：低密度的城市无序蔓延，人口涌向郊区建房，"吃"掉大量农田，城市越"跑"越远，导致能耗过多、上班路程太长等城市病接踵而来。美国人因此提出了"精明增长概念"。"精明增长"是一种服务于经济、社区和环境的城市发展模式，更加注重平衡发展和保护的关系，其核心理念是建立高效、有序的城市架构，用足城市存量空间，减少盲目扩张，改善人类居住环境。"精明增长"在城市管理中最直接表现的形式即是"精细化管理"，它是一种理念，一种文化，是社会分工、服务质量精细化对城市现代管理的必然要求，是一种以最大限度地减少城市管理所占用的资源和降低管理成本为主要目标的管理方式。

（1）精明增长策略在美国运用

联邦政府的行动计划、州和城市地方政府的行动、多数的金融问题采用精明融资方式解决。

（2）借鉴意义：政策层面、技术层面、制度层面

政策层面：加强各级政府对于城市管理的导向作用，建立健全相关职能机构，为地方政府、开发商和市民收集和发布信息、提供政策和技术支持。通过财政扶持和税收等经济杠杆，引导和协调各地实践，做到决策可预见、公正以及财政上可行。

技术层面：重视定量评估，增加成长管理实践的科学性。要基于不同地域、城市的特征，合理选择实施工具，引导有效的资源利用方式，积极借鉴设置成长边界、交通导向性开发、多样性的邻里社区和对绿地、环境敏感区保护等手段，致力于创建紧凑节约的城市发展模式。

制度层面：推进城市成长管理的立法工作，加强规划制定的法律清晰性与完备性，借鉴美国区划的优点，建立合理的相关政府管理和区域合作机制，积极推动各政府部门的各司其职和通力合作。

案例1-2：新加坡精细化管理的先进经验借鉴

（1）新加坡精细化管理的管理机构

新加坡精细化管理的管理机构主要是由国家发展部下的公园及康乐局、市镇理事会、环境部下的环境卫生局，其中：

市镇理事会是管理主体，它负责新加坡城市管理中绝大多数的日常管理工作；公园及康乐局主要负责城市中的园林绿化管理；环境卫生局负责公共卫生。

（2）新加坡精细化管理的先进经验借鉴

规范高效。管理机构设置科学、编制配备合理、层级管理明确、分工具体细致，制度规范严谨，协调配合有力。没有机构重叠和交叉管理基本上是"建管统一，管养分离"。

权责明确。管理人员精心，管理方法精细。

法制沿革完整。政府对城市管理的各个方面都进行全面立法，做到"无事不立法"，使执法人员对每项工作都有法可依。

案例1-3：英国高科技园区的管理模式借鉴

在英国，各个科技园区主要是由地方政府、大学、科研机构及私人投资自发形成并发展起来的。一般来说，它们实行董事会领导下的总经理负责制，进行自主经营。而且，园区的管理机构本身也是作为一个企业来运行，以盈利为主要目标。再加上很多科技园都有大学和政府的投资，因此把科研成果与地方经济和市场紧密地结合起来，形成自己的特色。

一般来讲，在园区成立之初，政府在资金、管理等方面的参与可能比较直接，但当园区的运作步入轨道时政府理应转变角色，由直接参与转变为通过制定相关政策进行间接引导，让市场机制发挥主导作用。

第二章 策划的基础

——两江新区相关策划案例的回顾及经验总结

　　策划不仅展望于未来，也要立足总结于前期大量的积淀与经验。新区成立之初，为保障新区高速开发建设，在一年时间内完成了鱼复、水土、龙兴三个工业开发区的总规、控规及专项规划的编制。经市政府同意，一直按"整体编制、分零报批、同步推进、动态完善"的方式进行管理，2015年以前，工业开发区控规法定化约30%。按照全市规划全覆盖的总体部署，我们深化规划编制工作，截至2017年底，新区全覆盖编制44项专业专项规划，已全部报批，基本实现了全域控规法定化。

　　按照中央城市工作会议和习总书记视察重庆提出"两点""两地"定位和"四个扎实"要求，认真贯彻落实管委会和市局工作部署，立足于两江新区以产兴城实现了产业布局基本到位、城市格局基本形成，亟须完善城市功能、塑造城市形象的现实情况，新区以规划全覆盖为契机，以"产业高端""服务齐全""交通便利""环境优美"四个方面为抓手，着力提升城市品质，坚持把新发展理念融入规划工作的全过程，力争以全球视野、战略眼光推动新区规划发展，从而推动以城促产、以城聚产，实现产城融合。

第一节　新区建设的工作脉络及指导开发的工作抓手

1. 国家新区发展战略指引

　　国务院对两江新区的五大定位是两江新区建设发展的核心引导。2010年5月5日，国务院正式批复重庆两江新区规划。两江新区成为继上海浦东新区和天津滨海新区后由国务院直接批复的中国第三个国家级新区。根据规划，重庆两江新区承载五大功能定位：统筹城乡综合配套改革实验区的先行区；内陆重要的先进制造业和现代服务业的基地；长江上游地区金融中心和创新中心；内陆地区对外开放的重要门户；科学发展的施展窗口。两江新区自成立来，紧紧围绕五大功能定位，积极辐射带动西部地区大发展，探路西部乃至整个内陆地区在新时代背景下的开放高地建设，努力探索建立更具活力、更富效率、更加开放的体制机制，打造内陆开放高地建设的先行范本。

习总书记视察重庆时对重庆提出的"两点""两地"定位为重庆建设发展提供了根本原则，也为两江新区建设发展指引方向。两江新区深入学习贯彻习近平总书记重要讲话精神，将依托作为"一带一路"与长江经济带连接点的国际枢纽优势，以及作为国家级新区、中新（重庆）战略性互联互通示范项目核心区、重庆自贸区核心区、国家自主创新示范区核心区的国家战略叠加优势，充分发挥内陆开放的门户和窗口作用，以及在重庆区域发展的领头羊和排头兵作用。以建设内陆国际物流枢纽和口岸高地为主攻方向，实行开放通道、口岸、平台一体打造，开放主体、环境一体建设。全面建设自贸试验区和中新示范项目核心区，加快形成全面开放新格局。

2. 上位规划区域引导管理

两江新区是重庆市下辖的副省级新区、国家级新区，一张张举足轻重的"名片"彰显了国家和重庆市对两江新区的高度重视，两江新区的发展和重庆市的发展息息相关。

（1）重庆市十三五规划纲要对两江新区发展战略指导

强化重点领域的创新引领带动作用：遵循创新区域高度聚集的规律，加快国家级、市级研发机构集聚，推动优质创新资源集中配置。以两江新区为核心，引导研发机构、创新创业人才、创业投资资本、重大创新成果等创新资源要素集聚发展，积极创建国家自主创新示范区，加快推动创新突破、先行示范，成为西部创新中心的"窗口"地区。

大力拓展发展空间：培育壮大都市功能拓展区重点支撑板块。支持两江新区做大做强，加快发展先进制造业和现代服务业，建设创新创业集聚区，强化开放门户功能，成为全市经济社会发展的领头羊和内陆开放的排头兵。

完善对外开放平台体系：推进开发开放平台优化升级。着力培育两江新区对外开放核心功能，进一步发挥好对外开放示范窗口作用。争取设立中国（重庆）自由贸易试验区，以制度创新为核心，以投资和贸易便利化为重点，着力探索符合国际化要求的跨境投资和贸易规则体系，成为西部内陆地区融入全球经济一体化的重要载体。

加快两江新区开发开放：坚持形态建设与功能开发并进，着力发挥对外开放、深化改革、创新创业、战略性新兴产业和新型服务贸易发展引领带动作用，加快将两江新区建成全市经济社会发展的领头羊和内陆开放的排头兵。到2020年，地区生产总值达到4 000亿元左右，工业总产值超过1万亿元，常住人口达到290万，建成区面积达到300 km²。

加快集聚高端产业高端要素：着力提升整合国际国内高端要素资源的能力和水平，大力引进战略性、引领性、带动性强的龙头项目，努力抢占战略性新兴产业和现代服务业发展的制高点。大力培育新能源及智能汽车、电子核心部件、机器人及智能装备、云计算及物联网、可穿戴硬件及智能终端、通用航空、能源装备、生物医药、节能环保、新材料等战略性新兴产业集群，成为全市战略性新兴产业发展的主战场。发挥开放平台优势，创新发展新型服务贸易，引领全市服务贸易加速发展。增强贸易、物流、技术、资本、人才等要素资源的集聚辐射能力，加快建设国际贸易中心、国际物流中心、先进制造研发转化中心、资本运作和人才集聚高地。

发挥改革开放创新示范功能：围绕扩大开放、创新创业和提升现代化治理能力，积极争取实施国家、市级改革试点，充分发挥国家级新区的示范窗口作用。加强在开放口岸、现代金融、服务贸易、保税物流等领域的功能创新，培育接轨国际的城市环境，增强国际交往功能，提升国际影响力，打造环境优、功能全、开放程度高的内陆开放示范窗口。围绕优势支柱产业和战略性新兴产业，构建国际化、开放型创新体系，加快集聚国际国内高水平研发资源，建设好中国重庆两江新区留学生创业园，打造多层次创新人才集聚高地，建设成为西部创新中心的窗口。进一步优化管理体制，提升行政服务水平，营造良好的创新创业环境。

建设现代都市风貌展示区：推进"海绵城市""生态城市""智慧城市"建设，构建"两江""四山"生态体系，打造"一半山水一半城"的生态宜居城市风貌。加快江北嘴金融城、悦来会展城、礼嘉商务城、照母山科技城、金山商贸城、鱼复汽车城、龙兴文化旅游城、水土高新城、蔡家智慧宜居城、两路寸滩保税城等重点功能组团发展，引导人口、产业向功能组团集聚，实现产城融合发展。加快完善重点区域的基础设施和公共服务设施，加快城市道路、轨道交通及水、电、气、通信、污水垃圾处理等市政设施建设，完善教育、医疗等城市配套公共服务。

（2）重庆市城市提升行动计划对两江新区发展战略指导

①开展工作

着力构建"总体行动计划+专项行动方案+实施项目库+标准导则体系+实施保障措施"的开放型城市提升工作体系。按照"干五年、看十年、谋划三十年"的总体思路和"年年有变化、五年上台阶、十年大变样"的工作要求，科学确定本届政府城市提升工作目标任务。切实加强组织领导，健全体制机制，调动各方力量，把行动计划转化为科学规划、具体项目、改革举措，不断提升城市工作实效。抓实行动计划，突出工作重点，注重功能提升，加大补短板力度，提高城市设施和公共服务水平；注重产业提升，以大数据智能化引领产业转型升级，促进产城景融合发展，增强城市经济活力；注重生态提升，多为城市"种绿"，多给生态"留白"，营造宜居宜业宜游环境；注重人文内涵提升，保护传承好历史文化，彰显城市特色和魅力；注重管理水平提升，让人民群众在城市生活更方便、更舒心。

2018年，出台全市城市提升总体行动计划，各部门、区县政府在此基础上深化细化并出台城市提升专项行动方案，分门别类建立实施项目库，同步启动一批需求急迫、操作简便、易于见效的城市提升项目，解决一批市民反映最集中、最突出、最直接的城市问题。

2019年，各部门、区县政府全面实施城市提升各专项行动方案，按任务分解有序推进城市提升实施项目，着力补短板强弱项，城市提升行动初见成效。

2020年，集中完成一批城市提升实施项目，滚动推进一批在建实施项目，实施保障措施不断完善，标准导则体系日趋成熟，城市提升行动取得较大成效。

2022年，本届政府城市提升工作目标任务全面完成，城市规划建设管理水平明显提升，城市工作体制机制更加完善，公共服务保障能力持续增强，市容市貌明显改善，城市安全管理不断提升，城市文明程度、市民素质明显提高。展望未来，到2035年，西部大开发的重要战略支点、"一带一路"和长江经济带的连接点战略定位得以彰显,内陆开放高地、山清水秀美丽之地基本建成,高质量发展、高品质生活基本实现;到本世纪中叶,全面建成绿色化、人文化、智能化、国际化的现代城市。

②基本原则

a.生态优先,绿色发展。构建蓝绿交织、清新明亮、城景共融、集约紧凑发展的生态城市布局,创造优良人居环境,实现人与自然和谐共生,为市民创造舒心悦心的美好家园。把"绿色+"融入经济社会发展各方面,让绿色成为发展的普遍形态,推动产业生态化、生态产业化。

b.规划引领,建管并重。融会贯通城市哲学、城市美学和城市科学的前沿知识,以科学规划精准描绘城市成长坐标,以工匠精神精心推进城市建设,以绣花功夫抓好精细化城市管理,努力实现城市规划高起点,城市建设高标准,城市管理高效能。以人为本,紧贴民生。坚持人民城市为人民,围绕老百姓最关心、最直接、最现实的城市问题,抓重点补短板,优先实施一批民生实事项目,加快补齐民生缺项,回应社会关切,使城市提升工作得到市民认可,经得起历史检验。

c.尊重规律,提高标准。遵循城市发展规律,注重法治化、规范化、标准化、精细化、人性化,着力提升城市规划、建设、管理标准,强化刚性约束。坚持正确的认识论,坚持科学的方法论,坚持改革创新的实践论,着力创新体制机制,完善有关法规配套政策。统筹城市提升行动计划与全市"三大攻坚战"、八项行动计划及其他行动计划的关系,综合协调各项工作以及项目实施的轻重缓急。

d.城乡统筹,主城率先。统筹抓好乡村振兴、城市提升两大工作面,统筹提升主城区和各区县城市发展水平。本行动计划制定内容以主城为主,要求主城各区在功能提升、产业提升、生态提升、人文内涵提升、管理水平提升等方面率先发力。各区县政府、两江新区管委会参照本行动计划内容,结合自身特色制定本区域城市提升行动计划并加快实施。强化城市提升行动计划的开放性,以需求为导向,实时增补专项,在提升中完善,在完善中提升。

③提升的具体内容

a.提升城市规划水平,科学引领城市发展。全面贯彻落实习近平总书记关于"城市规划在城市发展中起着战略引领和刚性控制的重要作用,做好规划,是任何一个城市发展的首要任务"的重要指示精神,高水平编制和实施重庆新总体规划,全面提升我市规划水平,科学引领城市发展和品质提升。

b.提升城市建设水平,突出立体城市特色。全面贯彻落实习近平总书记关于"要提升城市建设水平""贯彻'适用、经济、绿色、美观'的建筑方针,着力转变城市发展方式,着力塑造城市特色风貌"和"推进城市绿色发展,提高建筑标准和工程质量"等重要指示精神,针对重庆"优势在立体,遗憾在立面"的现实,依托独具特色的山水人文本底资源,系统开展城市设计,优化城市空间层次,提升城市建设实施水平,使城市建筑彰显实用美、个性美、整体美的统一,彰显"站立城市"的优美形态。

c.提升城市管理水平,推进共建共治共享。全面贯彻落实习近平总书记关于"抓城市工作,一定要抓住城市管理和服务这个重点，不断完善城市管理和服务，彻底改变粗放型管理方式，让人民群众在城市生活得更方便、更舒心、更美好"的重要指示精神，下足"绣花"功夫，着力推进大城细管、大城智管、大城众管，让城市更加干净整洁有序、山清水秀城美、宜居宜业宜游，让城市生活更美好。

d.提升城市交通水平，完善综合交通体系。全面贯彻落实习近平总书记关于"要把解决交通拥堵问题放在城市发展的重要位置，加快形成安全、便捷、高效、绿色、经济的综合交通体系"的重要指示精神，按照建设交通强国示范区目标，统筹市域和主城交通、对外与对内交通，加快实施交通建设"三年会战"方案、主城区"缓堵保畅"行动方案，加快完善高品质综合交通体系，为"两点""两地"建设、实现"两高"目标提供坚实支撑。

e.提升基础设施水平，保障城市健康发展。全面贯彻落实习近平总书记关于"要提升城市建设特别是基础设施建设质量，形成适度超前、相互衔接、满足未来需求的功能体系"的重要指示精神，统筹水利、通信、能源、安全等基础设施建设，形成高效、智能、绿色的现代化基础设施支撑体系。

f.提升山城江城魅力，保护自然山水资源。以习近平生态文明思想为指导，全面贯彻落实习近平总书记对长江经济带"共抓大保护、不搞大开发""生态优先、绿色发展"的重要指示精神，以及"加快建设山清水秀美丽之地"的殷殷嘱托，贯彻"绿水青山就是金山银山"的理念，着力保护好"四山"，高标准打造"两江四岸"滨水空间，展现山城、江城魅力，让居民望得见山，看得见水，记得住乡愁。

g.提升城市人文品质，传承巴渝优秀文化。全面贯彻落实习近平总书记关于"文化是城市的灵魂，传承文化不是要简单复古，城市建设会不断融入现代元素，但必须同步保护和弘扬优秀传统文化，延续城市历史文脉"的重要指示精神，深入挖掘重庆地方传统文化内涵，保留城市文化"根脉"和历史发展"年轮"，培育独具特色的城市文化和人文精神，彰显人文之美。

h.提升城市公共服务，优化城市功能布局。全面贯彻落实习近平总书记关于"城市的核心是人，关键是12个字：衣食住行、生老病死、安居乐业"的重要指示精神，优化城市公共服务体系，加快发展教育、医疗卫生、养老、文化体育等社会事业，完善社会保障制度，让老百姓在城市中生活得更方便、更舒心、更美好。

i.提升城市创新能力，增强城市经济活力。全面贯彻落实习近平总书记关于"抓创新就是抓发展、谋创新就是谋未来"的重要指示精神，推进全方位开放式创新，把握城市发展的价值取向，紧跟科技发展的时代潮流，围绕"高质量、供给侧、智能化"方向，聚焦云计算大数据、人工智能、智能制造、集成电路、区块链、生命科学等领域，努力实现关键核心技术自主可控，推动产业链再造和价值链提升，打造有利于创新人才吸引、创新资源要素集聚的空间布局、功能配套和舒适环境，推动高质量发展，增强城市经济活力。到2020年，全社会研发经费支出占比达到全国平均水平，科技对经济增长的贡献率超过57%；"智慧城市"发展指数进入全国前五，智能创新体系初步建立，加快建设成为国家创新型城市。

（3）两江新区十三五规划纲要对两江新区发展战略指导

①坚持创新发展，增强发展动力

深入实施创新驱动发展战略，发挥科技进步和信息化的带动作用，加快构建现代产业体系，深化供给侧及科技、国资国企、投融资等改革，厚植人力资源新优势，建设创新创业集聚区，培育并增强发展新动力，加快建设使两江新区成为西部创新中心的窗口。

②坚持协调发展，建设现代都市新区

加快推进产城融合发展，构建立体基础设施支撑体系，提升城市配套功能，优化"一心四带"发展布局（图2-1），建设现代都市新区。

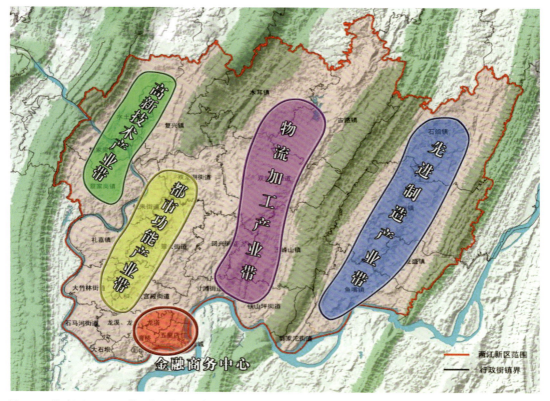

图2-1　两江新区"一心四带"发展格局示意图
来源：重庆两江新区十三五规划纲要

③坚持绿色发展，建设美丽山水新区

坚持生态优先、绿色发展，尊重自然、顺应自然、保护自然，保障生态安全，改善环境质量，提高资源利用效率，推动生产方式、生活方式和消费模式绿色转型，实现碧水青山、绿色低碳、人文厚重、和谐宜居的生态文明建设目标，打造生态宜居的美丽山水新区。

④坚持开放发展，建设内陆开放的重要门户

坚持在国家和全市对外开放发展战略中谋划两江新区发展，积极开展国际国内合作，创新开放体制机制，强化开放门户功能，提升国际化水平，加快建设成为内陆开放的重要门户。

⑤坚持共享发展，建设和谐新区

切实保障和改善民生，加快发展社会事业，扩大公共服务供给，创新公共服务提供方式，完善民生实事实施机制，让两江群众有更多获得感。

第二节　两江新区发展的相关策划

1. 两江新区规划和专项策划

两江新区成立以来，为指导开发工作、科学推进项目落地做了大量的策划工作，在两江新区工业开发区建设过程中起到了极大的作用。

总规和详规方面：完成了238 km²城市总规和控制性详规；开展并完成约100 km²城市设计和修建性详规。

专项规划方面：完成水电气讯基础设施规划、医疗环卫等社会事业布局等近40个专项规划编制工作，在全市率先建立城市色彩概念性规划。

专项策划方面，完成中华五千年文化旅游度假目的地概念策划及总体规划、复盛中新核心示范区品质提升规划、龙兴古镇保护与开发利用、山水绿文系统、近期骨干交通系统等专项策划。

2. 两江新区发展模式研究策划

目前，新区发展模式主要有产业新城模式、副中心模式、休闲旅游模式、房地产模式四种模式。

现阶段两江新区工业开发区处于传统的产业园区发展模式，综合一系列案例借鉴在新区提速发展的目标下，两江新区发展模式研究策划建议两江以产业新城模式为主，叠加副中心模式提速城市功能完善。

3. 两江新区工业开发区功能布局策划

两江新区工业开发区根据功能布局形成的利弊进行研究，制定了功能布局策划，统筹两江新区工业开发区的整体功能布局，对两江新区工业开发区的规划发展有着积极的指导作用。

4. 龙盛水土片区人气指数策划

目前龙盛水土片区面积较大，但是人气明显不足，无法更好带动片区发展，人气指数策划制定对龙盛水土片区吸引外来人口、发展区域经济至关重要。

5. 两江绿茵赛事小镇项目策划

2017年，为进一步落实"产城融合"规划理念，按照"科教文卫体商"六大板块城市功能配套战略目标，新区开展完成了两江龙盛片区体育产业发展咨询策划，统一思想明确提出将龙盛片区打造成为体育高地的发展目标，并制定了重点发展足球、赛马运动、水上运动、极限运动和户外运动、自行车、路跑、赛车、全民健身八大体育类别项目，形成体育+文创旅游、体育+赛事版权、体育+教育培训三大体育产业板块，构建龙兴体育中心周边、际华园周边、御临河周边、鱼嘴汽车城中心绿地周边等四大聚焦展示区域，最终实现将龙盛片区创建成为全国运动健康城市的目标。

项目拟选址于龙盛片区两江大道西侧，规划建设用地约810亩，项目总投资约58亿元，功能业态主要分为四部分：一是国际赛事中心，包括一座3.5万人规模的专业足球体育场，一座8千人规模的大型综合性体育馆，合计总投资约7.5亿元；二是国际青训中心，包括拥有7~11块专业足球（训练）场的国际足球青训基地，以及足球商学院等，总投资约3亿元；三是全民健身中心，包括已投入使用的龙兴体育中心和在建的龙兴体育综合体，总投资约4亿元；四是小镇配套中心，包括配套酒店、体育产业办公基地，以及用地面积约400亩、建筑面积约38万平方米的运动健康社区，总投资约43.5亿。

两江新区绿茵赛事小镇项目不仅起到助推重庆体育产业和体育事业高质量发展的作用，还能够起到提升重庆和新区城市品牌和国际知名度、带动新区人气快速集聚的作用。

第三节　发展策划的经验规律总结

1. 两江新区策划成果

2015年起，两江新区按照全市统一部署大力推进法定城乡规划全覆盖工作，在建成区补短板、提品质，在新建区梳结构、建体系，形成一大批规划成果并法定化，新区空间规划体系初步完善，基本实现"全域空间资源有规划管控、所有建设项目有规划遵循"的目标。

（1）完善城市功能体系

①开展两江新区总体规划实施评估工作

对七年来的规划实施情况进行综合评估，提出新区发展优势明显、产业布局基本形成、综合交通格局初步显现，但也存在城市功能发挥不够、城市风貌彰显不足等问题。近期，正按照中央和市委市政府新政策、新要求，围绕重庆建设"两点""两地"战略定位，配合全市新一轮总体规划编制，启动新区总体规划编制工作，细化调整功能布局，预留预控重大功能空间，进一步增强新区引领发展的地位和作用，推动新区成为重庆战略发展的关键载体。

②开展产业空间和配套服务用地优化研究

优化产业用地空间布局，把数字经济产业、战略新兴产业等高新技术产业作为重点，优化照母山数字经济产业园、悦来智慧城、浪潮等重点项目的规划管控和空间保障。下一步，为现有产业"做长做厚"产业链留足发展空间，为战略性新经济体系预研预留产业空间。推动产城融合，实现城市差异化发展，基础设施和公共设施条件好的区域要"高强度、高集聚、复合化、立体化"发展。

③开展重点地区功能提升策划及规划

在悦来片区重点开展与中央公园中心功能协同研究，预控会展延伸的国际交往功能，突出生态化、品质化，构建文化、音乐等主题的特色街区；在礼嘉片区重点开展新经济功能区策划，构建开放共享、环境融入办公的空间环境，大力引入音乐厅、文化馆、体育场馆等品质服务设施；在照母山片区利用现在未建和已建的国资楼宇，采取"腾笼换鸟"的模式，弥补服务缺失。梳理组织星汇两江、财富中心的人群活动路线，打造一体化的活动空间。在港城片区按照产城融合的思路，整合"多式"联运基地、中新示范区、鱼嘴场镇的功能布局，改善鱼嘴老场镇配套服务功能和环境品质，推动形成"前港后城"的功能格局。下一步还将陆续启动金山出口加工片区、空港中国摩片区等区域功能提升的专项研究及策划。

④开展城市"双修"的试点

对复兴、邢家桥等地的老场镇、旧城区实施更新改造，完善配套服务，改造、新建水电和消防等基础设施、人行步道和公共厕所等公益设施、社区中心和幼儿园等公共设施、公园绿地等游憩设施。通过公共设施优先改造，鼓励居民自发参与，共同提升老场镇、老旧社区活力及环境品质。下一步还将启动石船、御临等老场镇更新规划。

（2）完善基础支撑体系

①大力拓展对外大通道

关注"多式"交通对新区的支撑，完成机场南联络线龙兴隧道预研预控，加强东部槽谷与江北机场交通联系；优化果园港集疏运系统，构建支撑寸滩港功能转型、提档升级的交通体系；优化完善重庆北站、复盛高铁站周边城市交通转换系统。构建"快进快出"的交通格局，研究渝宜、渝蓉、渝广等多条高速公路与新区道路体系的转换衔接。围绕大都市区交通一体化的构思，研究都市快轨、特色公共交通的可行性。

②重视内部路网体系优化

建成区重点是"补短板、破瓶颈"，对接好全市"保畅"规划，新增曾家岩北延伸通道，构建主城区南北向重要骨架通道，缓解新区门户区域拥堵问题；弥补次支路层级，优化瓶颈路段、拥堵节点，完善路网体系。新增跨内环、渝宜、渝武、机场路等次支路通道约35处，优化拥堵节点21处，新建区重点是"理结构、建体系"，根据城市产业功能布局，实行交通线路"客货分离"；划分物流货运区和城市生活区，在物流货运区针对货物进出组织、公水铁衔接、道路设施标准三方面进行交通优化，提高货运效率；在城市生活区推行"窄马路、密路网"，构建"分层分级、独立成网、有序衔接"的路网体系。加强新区路网体系优化:"密"即加密路网,新增道路长度215 km,新增道路用地3.9 km²;"窄"即细化控制交通性、生活性道路功能;"网"即主干路、次支道路分层分级、独立成网,实现城市生活区路网密度达到8 km/km²,龙盛等新区商务商业中心区单个地块面积不超过100亩。

③务实推进一批重点交通项目实施

完成照母山公园便民交通研究、礼嘉儿童医院交通组织研究、华侨城欢乐谷开业交通评估及优化,支撑大型公共设施充分发挥功能。按照步行距离500米到达公交站点的标准,优化各片区公交站点布局,实现公交覆盖率90%以上,生活区达到全覆盖。

(3)完善公共服务体系

①建立城市三级中心结构

遵循"城市宜居度是提升城市核心竞争力"的理念,构建"1个城市中心,2个城市副中心、30个街区中心(含8个组团中心)、206个社区中心(生活中心、邻里中心)"的布局结构。

②建立三级服务结构

按照"品质服务在城区、一般服务在街区、基础服务在社区"的结构,构建城区中心、街区中心、社区中心的服务功能。按照"两圈两中心七设施五叠加"的模式,完善了街区中心和社区中的公共服务、生活服务设施的规划布局。正在探索建立"公共服务+生活服务+社区交往"的邻里中心模式,目前在龙兴、水土、礼嘉、翠云4个地方选址进行方案和建设模式研究。

③推动公共服务设施充分协调发展

强调文、教、体、卫、民生五类公共服务设施全面发展,提升配建标准。通过公共设施和公共空间促进城市品质和城市环境。本轮规划新增公共服务设施用地1.5 km²。

④完善特色环境风貌体系

a.开展"山""水""绿""文"体系构建规划。贯彻生态优先、绿色发展理念,为建设"山清水秀美丽之地"提供规划支撑。按"大山大水划界保护、中山中水成网成系统、小山小水进社区"的思路编制了《山水绿文体系规划》。充分尊重自然山水,利用数字地形、航拍照片、三维模拟等新技术,按等高线保护绿水青山本底,规划控制26处城中山体、44条崖壁线、13条主要水系、60条溪沟、64处水面;蓄水有绿,上游预留绿地补给自然汇水,中游治水建立地表水收集系统,下游整治提高亲水性,建立空间上连续、标高上衔接的生态海绵体系;绿地成网进社区构建开门见山、开门见绿山水融城的城市环境,基本实现"八分钟见绿",规划片区级(千亩以上)公园9个、街道级(百亩以上)公园59个、社区级(2 000 m²以上)绿地206个、各级廊道130条,增加约1.6 km²绿地;公园为公,按公园面积20%的规模预控周边的建设用地优先布局公共服务设施,建立开放共享的公园体系,策划形成综合型公园2个、文化展示型公园10个、专类主题型公园9个、体育健身型公园7个、生态游憩型公园11个、市民休闲型公园29个。

b.塑造美丽新区特色风貌。编制《建筑风貌导则》和《景观风貌导则》,引导一体化、精细化塑造城市风貌。《建筑导则》针对城市建设中容易重视建筑个体、忽视整体风貌的情况,根据城市功能划定了"区、片、带、核"四个层级，按"新区有特征、片上有统一、带上有精品、核上有亮点"的原则，从建筑风格、造型、材质、色彩四个方面实施管控。以新区为基础，划定6个城市片块、30个城市景观展示带、12个核心点。"区"上强调新区特征，进入新区范围就有新区的城市形象；"片"上强调统一，以龙盛、水土、悦来、江北嘴、保税港、原北部新区各板块为片，根据自身特点，分别形成各自的城市底色，并按照"色系调窄、色域调宽"的原则，管控城市色彩。"带"上强调打造精品，注重屋顶造型、墙面划分、外墙材质选用等细节营造，重点打造各主要景观大道、滨水临山的线性展示面的建筑形态；"核"上强调突出标志，重点建筑群邀请大师进行设计，打造城市亮点。《景观导则》为解决城市环境细节不统一协调、精细化不够的问题，采用同样的四级风貌管控结构，按照由区到核越见精细的原则，重点对灯杆、栏杆、指示牌、公交停车岗、边坡等城市景观小品进行统一的引导性方案设计，以确保城市细节的统一和精细化。以上两导则均在新区范围内统一开展了培训，让园区及开发建设单位深入了解新区特色风貌管控要求，形成规划部门、园区、开发单位合力，共同打造新区特色城市风貌。

c.定制美丽家园。深入贯彻五大发展理念，创新探索"定制建筑"开发模式。贯彻规划建设"五先五后"原则（即先策划后规划，先基础后开发，先环境后建设，先公建后住宅，先地下后地上），以"环境要定制、户型可定制"为核心理念，环境定制充分尊重生态，社区开放共享，社区环境与城市大环境共通互融，形成"城市是大花园、建筑有小花园"的美好城市风貌。在土地出让前，划定建筑基地、公共环境位置，将开发建设要求纳入土地出让条件；户型定制满足人们个性化、多元化的需求，落实房屋供给侧改革和"房子是用来住的"美好愿景。"定制建筑"开发模式推广生态绿色建筑，鼓励增加建筑内公共活动区域及绿化平台的面积，建设"低碳海绵、绿色生态、开放智能"的社区。实施中，还利用3D打印技术形成建筑方案模型，辅助规划设计和审查。下一步，还将推广到产业园区开发建设中，大力推广装配式建筑，促进建筑产业转型升级。

2.两江新区发展策划的困境

（1）策划内容繁复多样，科学性有待加强

两江新区现已编制的策划内容较多，但缺乏统一协调和管理，是管理者通过新区建设的一般经验进行的编制决策，在编制前并未通过理论进行编制与否的论证。在新的发展阶段里，要做到理性化管理，就必须精细化、科学化地进行策划编制的论证。

（2）目标体系多元复杂，策划的联系性尚需强化

两江新区的建设目标多元且复杂，囊括了新区的经济、产业、社会、文化等多个方面。这些目标分属不同门类，新区已编制的策划大多也是基于这些建设目标而提出的就事论事的策划。但在新区的建设当中，各门类实际上并不是孤立无关的，而是相互关联、相互成系统的。因此，现有的策划并不能完全指导新区的建设和解决新区出现的问题，应加强策划与策划间的相互联系，系统性地梳理策划间的相互关系。

（3）管理部门各自编写，策划的层次性仍需提升

在两江新区的建设过程中，集团公司、开发分公司到各专项部门基于自身的发展现状，各自作为主体编制了数量繁多的策划。但策划编制的主体选择并未形成有效的规定，一般是各个部门根据自身的发展需求和权限进行编制，易于造成内容重复和管理错位。应加强策划编制的层次性，明确各级部门的管理编制职责，形成良好健康的策划编制主体管理流程。

（4）策划着眼当下问题，前瞻性尚待提高

目前已编制的策划多是着眼于当下新区出现的问题和发展需求，对未来新区的发展预见度还不够。因此，应提升策划编制的前瞻性和预见性，为新区未来可能的发展留有余地，基于两江新区的发展现状，动态科学地编制策划体系。

3. 两江新区发展策划的经验总结

（1）抓好七个关键

①抓规划，着重提升开发品质

坚持高起点、高标准规划，充分发挥规划的前瞻性和带动性。龙盛片区打造盛唐大道产业发展轴、两江大道城市发展轴、御临河生活文旅发展轴，水土片区打造云汉大道高新发展轴、悦复大道创智发展轴，围绕城市轴带功能定位布局产业、商业、住宅项目，实现城市空间骨架与产业空间布局适度隔离。规划建设港城明珠、中新国际新城、文旅度假区、航空产业园、健康城、观音山、思源等城市组团，沿着干道两侧，建设八戒互联网小镇、格力总部小镇、鱼复汽车小镇、龙兴足球小镇、水土农庄小镇等特色小镇，推动产城融合发展。全面完成238 km²城市总规和控制性详规，先后开展并完成约100 km²城市设计和修建性详规，完成水电气讯基础设施规划、医疗环卫等社会事业布局等近40个专项规划编制工作，在全市率先建立城市色彩概念性规划。编制完成现代生态新城建设指标体系，完成中华五千年文化旅游度假目的地概念策划及总体规划、复盛中新核心示范区品质提升规划及2 km²启动区城市设计、龙兴古镇保护与开发利用、山水绿文系统、近期骨干交通系统等专项策划。

②抓投资，加快构建城市骨架

充分发挥投资的引领带动作用，累计完成自有投资1 985亿元，年均投资265亿元，为产业项目落地提供了广阔空间，为加快城市建设打下了坚实基础。开建道路513 km，通车428 km，重点建成两江大道、盛唐大道、一横线、悦复大道等31条主干道，形成四通八达路网体系。累计开建楼宇项目1 400万平方米，累计完成投资440亿元，重点建成和韵家园一期等19个标段安置房、鱼嘴、龙兴、万寿等7个公租房，以及云计算服务中心、两江企业总部大厦等项目。实施要素保障项目200多个，建成水厂2座、污水处理厂3座、变电站31座、气站4座，完成水电气管网迁改超过3 291 km。深入实施"景观升级""河流整治""整形整容"等行动，累计完成干道绿化、边坡整治等绿化景观项目234个、723万平方米，完成御临河、高洞河等河流景观整治21 km；建成公园7个，在建10个；连片整治"小散荒乱"地块，完成平场12万亩，区域开发形象显著改观。

③抓改革，不断激发发展活力

开展售电侧改革，支持长兴电力公司加快建设新增配电网，两江工业开发区新增配电网成为全国试点，企业综合用电成本降幅达15%以上，实现累计供用电签约企业30户、零售电1.44亿千瓦时，代理企业执行电力直接交易电量32.58亿千瓦时，共节约电费1.6亿元。参与推进"四网合一"，组建长电联合公司，推动长兴电力公司与国网重庆市电力公司合资成立售电公司，在120 km²重点区域范围内深入合作，确保重点企业用上低价电，进一步释放改革红利。积极推进供气侧改革，比照长兴电力模式，组建天然气销售公司，加快建设新增天然气管道，接入涪陵优质页岩气源，可大幅降低企业工业用气成本。联合长江电力发起50亿元三峡能源基金，专项服务开发区内的配售电、天然气、分布式能源等项目和新能源产业投资。

④抓招商，加快构建产业体系

围绕传统优势产业，强化集群招商、产业链招商，积极吸引上下游企业落地，构建汽车、装备、电子三大支柱产业。瞄准战略性新兴制造业，深化资本招商、资产招商、资助招商，先后组建机器人融资租赁公司、新能源汽车产业发展公司、新能源汽车融资租赁公司等平台，通过订单拉动、资金撬动、政策带动等方式，支持机器人、新能源汽车产业发展壮大。大力推广智能装备和智能技术应用，依托机器人融资租赁公司，采取政策引导、资金扶持等手段，促进落地企业尤其是汽车企业生产线智能化改造，加快"两江制造"向"两江智造"转型。持续推进"万亩大平场"，实现鱼复、水土、龙兴三大开发区分别储备平场土地1万亩，有力夯实项目承接平台。

⑤抓创新，着力增强发展质量

规划打造两江科技创新城，引进国内外一流大学、学科，建设一批研究院所，与新区产业深度融合发展，打造重庆创新高地、人才聚集高地、科技成果孵化转化高地。围绕产业链布局创新链，依托新区产业优势，借助政策引导、资金支持等方式，积极鼓励新区落地企业设立研发中心和创新中心，打造一批高水平的企业研发机构、创新中心，增强新区企业研发实力。力争到2020年R&D经费支出达到26亿元，占地区生产总值比例提升到3.2%。

⑥抓土地，切实保障开发空间

累计取得征地批文28.19万亩，完成征地30.3万亩，拆迁17.5万余人，保障一批基础设施和招商引资项目用地需求。坚持"三率一力"标准，严控出让时序，优化产业和城市供地结构，累计供地8.59万亩，实现了可持续发展。获批成为国家低丘缓坡综合开发利用试点项目区，享受单列计划指标8万亩，允许开展征转分离、先行实施土地整治等优惠政策。

⑦抓民生，竭力提升幸福指数

全力保障拆迁群众安置，累计开建安置房706万平方米，可安置16.3万人，建成643万平方米，累计完成安置14.5万人，创新"一改六好"定销商品房安置模式，大幅增加安置群众财产性收入，树立全国城乡统筹安置房建设典范。大力推进产业工人安居，开建并建成高品质公租房405万平方米，累计配租2.3万套，累计入住5万人，实现居者有其屋。努力协助农转城人员就业，组建两江人力公司，搭建3个园区培训中心，投入资金1 900万元，免费培训3.4万人，推荐就业1.4万人，基本消除"零就业"家庭。加快发展社会事业，建成小学9所，中学3所，大学1所，安乐堂3个，敬老院4个，社区居委会18个，社区医院6个，派出所3个，消防站3个，市民学校20个，就业服务中心2个，文体中心1个，开通公交线路13条。引进美国IA中学、南开中学、重庆八中、西大附中、人民小学、谢家湾小学等知名中小学落户市九院两江分院、江北区人民医院鱼嘴分院等医院，城市服务功能日益增强。

（2）机制模式的不断创新

战略性新兴产业快速崛起；面向"一带一路"平台不断完善，开放新经济蓬勃发展；营商环境持续优化，创新创业活力十足；"十二五"期间地区生总产值年均增速达17.5%……面对经济新常态，重庆两江新区坚持锻造好创新这把"金钥匙"，以模式和技术创新打造产业新生态，以机制创新拓展开放新格局，以体制创新优化发展环境，为转方式、调结构注入强劲动能。

①产业组织模式创新，先进制造快速崛起

两江水土高新园拥有京东方投资300多亿元打造的高端显示产业群，陆续推出全球首款10K超高清显示屏等前沿产品；由奥特斯公司投资的高端半导体封装载板制造工厂已经投产；在保税港区，以笔记本电脑为主的智能终端产品基地，年产能突破4 000万台件……

由一批全球行业巨头牵引，囊括芯片、显示、核心配套和各类终端的庞大电子信息集群，在两江新区基本形成，去年产值突破800亿元。

电子产业从无到有，持续壮大，关键在于产业组织模式的创新。两江新区根据内陆实际，打破传统的来料加工、"两头在外"模式，探索"整机＋零部件""制造＋研发＋结算"的垂直整合，实现了产业链和价值链双重提升。

②协同合作模式创新，实现互补共赢

两江新区各个片区内按照"目标同向、措施一体、作用互补、利益相连"的原则进行分工合作，坚持优势互补、互利共赢，协同推进各个区域内的"基础设施相连相通、资源要素对接对流、公共服务共建共享、生态环境联防联控"，从产业、基础设施、生态环境治理、政策协调等方面建立两江新区一体化推进实施机制。

③联动机制创新，迈向全球大市场

近年来，两江新区围绕大通道、大通关、大平台，大胆改革创新、积极先行先试，迈上融入全球大市场的"快车道"。

以"合格假定"理念创新跨境电子商务监管，依托中欧班列优势，吸引唯品会、麦乐购等160家龙头企业入驻，成为西部跨境电商聚集地。探索将线上交易和线下体验结合，开创保税商品展示交易新业态，去年交易额突破10亿元。创新构建"港口、口岸、保税"三合一的一类口岸功能，形成重庆服务全球市场的核心口岸体系。

随着"一带一路"倡议和长江经济带建设推进，两江新区加快机制创新步伐，依托东联长江黄金水道、西接丝绸之路经济带的通道优势，积极发挥连接点作用。

通过与中欧班列、东部沿海港口等建立联动机制，两江新区果园港，10多个5 000吨级泊位投用，进港铁路专线运行繁忙。港区负责人介绍，水水中转和铁水联运线路突破10条，今年吞吐量可达1 200万吨。

④创新利益共享合作机制

两江新区承载着再造一个重庆工业的重任，但划入新区的范围又涉及江北、渝北、北碚三区的核心地块，如何实现共同发展的双赢？两江新区创新采用利益共享合作机制，实现"劲往一处使"，避免抢投资。所谓利益共享合作机制，就是采取共同出资、共同盈利的模式，在不动人员编制的情况下，广泛调动各个部门的积极性。采用这一机制后，取得了良好的招商引资情况，已经接待160余家企业，其中世界500强企业有7家。

（3）定位结构的持续优化

在国务院同意设立重庆两江新区的批复中，给予新区五大定位：统筹城乡综合配套改革试验的先行区，中国内陆重要的先进制造业和现代服务业基地，长江上游地区金融中心和创新中心，内陆地区对外开放的重要门户，科学发展的示范窗口。

重庆对两江新区的战略定位是立足重庆市、服务大西南、依托长江经济带、面向国内外，形成"一门户两中心三基地"，即：西部内陆地区对外开放的重要门户、长江上游地区现代商贸物流中心、长江上游地区金融中心、国家重要的现代制造业和国家高新技术产业基地、内陆国际贸易大通道和出口商品加工基地、长江上游的科技创新和科研成果产业化基地。

两江新区建设过程中紧紧围绕五大功能定位，深入实施重庆对两江新区的战略规划，用好用足用活国家级新区、保税港区、水陆空国家级枢纽、中新（重庆）战略性互联互通示范项目等方面的政策优势，充分发挥对外开放、深化改革、创新创造、战略性新兴产业发展、新型服务贸易"五个主战场"的重要作用，在党中央和市委领导下有序推进新区建设。

（4）实施理念的自主创新

①坚持深化改革

"一个印章管审批，一个部门管市场。"新区早在2014年就已明确8方面40项改革措施，重点在金融、科技创新等16个领域推动深化改革。如今新区政务中心审批办理时间较法定时限提速86%以上。改革是开放的保障，是发展的引擎，也只有持续全面推进深化改革，两江新区才能够真正发挥内陆开放的龙头作用，其战略支撑点的意义才能得到诠释。

②着力产业创新

机器人及智能装备被誉为工业4.0"主战场"。在地处两江的中科院重庆研究院，3D打印机器人、手术机器人等多个国内领先的研发成果引来社会资本追捧，迅速迈向产业化。重庆华数机器人公司等一批企业则聚焦多轴多关节工业机器人领域，实现控制器、伺服电机、伺服驱动器等关键部件国产化。在创新引领下，新区战略性新兴产业已拓展到电子核心部件、云计算及物联网、新能源、新材料等十大领域，到2020年将占工业总产值40%。

③践行简政放权

梳理两江新区的"经济账本"，一组数字引人注目：每年新设市场主体近9 000户；129家世界

500强企业入驻，占重庆全市一半；聚集科技型、创新型企业2 000余家……创新、创业活力涌动的背后，是政府大力改革创新、"自我革命"，营造优质的营商环境。

创新推行"大部制"，简政提效：在两江新区，经济运行局统一承担4个部门的职能，建设管理局对应原来的9个部门，工商、质监、食药监等合而为一，同质、交叉事务合并办理。

向市场放权：两江新区规定，不涉及土地、财政补贴政策的社会投资项目，只需备案，不再审批；对符合产业布局要求的外商投资项目，外资主管部门不再前置审批……目前，新区行政审批事项精简为120余项，所有审批事项要素实现上线运行。

大刀阔斧为企业减负：规范涉企收费，两江新区率先实现"清单之外无收费"，并大幅减并收费事项。比如，新设生产性用地项目，从企业注册登记到项目建设完工涉及的34项收费事项，取消、减免或全额抵减11项，余下收费平均调减近一半；清理中介服务62项，其中半数予以取消或大幅降低收费标准。

帮助企业降低要素成本：率先开展"售电侧改革"等一系列降本举措，为中小微企业建立"融资服务直通车"机制，发放各类创业补助资金6 000余万元，累计发展小微企业2万多户。

第三章　策划树的提出

——两江新区工业开发区策划树体系构建

　　策划有主有次、有轻有重，更有先后之分，正如同一棵树；"策划树"来源于实践，又对实践有指导性。"策划树"是策划体系健全构建的呈现，丰富完善工作体系，探索"策划树"理论，主要包括根、干、枝、叶、花、果6要素。"根"为发展之本；"干"即是涉及全局性、系统性、战略性的策划，重在明晰城市未来发展思路和方向；"枝"即是涉及重点区域、重要领域的专项策划和区域策划，重在拆解城市未来发展目标；"叶"即是涉及具体项目的策划，重在落实城市开发建设的具体举措；"花"即是涉及关键性节点、标志性亮点的项目策划，重在凸显城市地标及特色风貌；"果"即是涉及城市建设取得的阶段性成果，重在建立城市发展综合效益测评标准。通过健全干、枝、叶，保障策划之"花"长开、策划之"果"长结、策划之"树"长青。策划树理论的研究，有效解决了策划思路不清、边界不明、运行不畅、品质不佳的问题。

第一节　策划树的理论由来

1. 策划树的溯源及演变

（1）理论动态中对于设计、管理过程的重视

　　在城市设计和规划等领域中，其早期理论侧重于对城市形态、布局模式的总结剖析，但随着时间的推移，城市体系的规模、复杂度不断拓展，人们越来越重视设计、规划这一过程的合理性、高效性，于是就有像《作为公共政策的城市设计》等侧重设计过程的理论出现，其核心思想是认为"设计城市而非设计建筑"，也就是指城市形体必须通过一个"连续决策过程"来塑造；从中我们更可以看出，对于一个城市的建设，其不仅是横向空间上的规划，而且是一个纵向时间维度的过程，既然是一个过程，其产生的影响就需要完善的机制环节予以推进保障，城市设计中的非线性也是当下一种新的思路理念。城市非线性理论源自非线性科学，非线性的建筑设计从20世纪50～60年代的初期探索，到90年代末的数字实践到现在，突变理论，孤立子，混沌理论，分形，模式形成，细胞自动机，复杂系统，耗散结构，自组织，已经成为常用的设计系统，而这些都是对于非线性数

学、物理学理论里系统的直接借用，在建筑设计过程中相较于线性的传统建筑设计方法，提供了更自由、更丰富、更完善、更合理的设计生成和评价系统。

（2）设计、管理过程相关理论的演变——决策树的产生

由此，我们可以看出，对决策过程的管理是一个随时间推移不断探索的重要领域。从分形理论开始，这个领域源于人们对自然界的观察。即看似凌乱的形状与现象虽然从整体看是不规则的，但从不同尺度看它们也是具有一定发展规律的，其整体与局部是具有自相似性，例如连绵的山川、漂浮的云朵以及树木的生长和闪电的延伸。于是基于分形理论的系统可以大大压缩人们对事物认知分析的过程。

在此基础上，树型结构的分析系统也逐步清晰，具有自然界树状特征，类似树形结构，是一种一对多的复杂非线性结构。它的特点与树状类似，起始要素是一个没有前驱、只有后继的结点，称为根结点；终止要素是一个或多个没有后继、只有前驱的结点，称为叶结点，其余中间过程要素则都只有一个直接前驱和多个直接后继。这一结构相比非线性网络结构，虽然没有其灵活、丰富的优势，但胜在结构逻辑清晰，前后因果关系直观，对注重实践效率、关键要素的决策者、管理者来说，是更为合适的形式选择。

于是，借鉴了树形模式，管理学中产生了决策树（Decision Tree）的系统模型。决策树是在已知各种情况发生概率的基础上，通过构成决策树来求取净现值的期望值大于等于零的概率，评价项目风险，判断其可行性的决策分析方法，是直观运用概率分析的一种图解法。决策树是一种树形结构，其中每个内部节点表示一个属性上的测试，每个分支代表一个测试输出，每个叶节点代表一种类别。决策树易于理解和实现，人们在学习过程中不需要使用者了解很多的背景知识，通过解释后都有能力去理解决策树所表达的意义。

2.策划树理论的实践作用

对于城市研究，我们需要理论的支撑；而对于实践，则需要理论的辅助。理论是指导行动的先行基础，同时实践也反过来补充完善理论的构架系统。将理论转化为实践易于运用的方式，则可以运用策划树这样的直观形式将项目选择——呈现出来。有了策划树的梳理比较，更有利于决策者或者执行者在实施过程中高效地操作及正确地选择。

一方面有助于选择——项目横向比较的分类指导。城市的建设涉及众多，且体系庞杂，尤其对于新区来说，还需要承担国家级的战略对接。因此两江新区的城市项目建设更需要进行清晰的筛选和梳理分类，进而对其未来的可能性、风险性进行预期评估、分析。

另一方面有助于推进——项目纵向深入地分期实施。对于建设刚起步的新区来讲，未来的实施及区域的形成是一个漫长的过程，对于有时间属性的树形管理体系，更易推导、明确其发展实施的时序性任务阶段。

第二节 策划树的构建原则

1. 全面性

新区建设是一项涉及面广、制约因素复杂、各个项目规模庞大的系统工程。因此，新区策划树体系的构建必须用系统的方法和手段去分析各个策划之间的矛盾本质，将新区的建设要素视作一个复杂而又相互作用的系统，在构建中涵盖新区建设所涉及的各个方面，并引入适当的控制机制，为以后新区每个领域建设活动的管理提供有效的指导和明确的方向。

2. 科学性

策划树体系的构建必须遵循新区的内在发展规律，采用科学的方法手段以及构建模式来构建策划树体系。策划树体系必须客观真实地反映所研究部分内新区的状态，以及未来的需求，从而科学地把握新区的发展态势，提升新区发展质量和效益。

3. 先见性

策划需将良好的城市生活与生态环境、人文环境作为城市间竞争的重要筹码，综合权衡多方面效益，协调好短期效益和长期效益，以达到可持续发展的目标。新区是具有生产、生活、生态等多种功能的未来城市，对未来城市各方效益的综合评估是否具有先见前瞻性，是发展的重要方向性指标。

4. 层次性

策划树体系本身具有多重层次性，其各个要素相互联系构成一个有机整体。同时，新区建设的目标是多层次、多因素的，因此构建的新区策划树体系应具有层次性，能从不同方面、不同层次反映新区建设的实际情况与未来建设需求。

5. 动态性

新区的开发建设活动是一个连续、漫长的过程，在此过程中，某些潜在因素的变化会对新区的建设造成影响。这就要求新区策划树体系能够针对未来可能出现的情况，建立良好的反馈渠道，面对重大因素能及时调整、修改既定方案。

6. 可推广性

策划需承担探索改革与先行先试做法、辐射带动区域格局发展、提升区域及国家竞争力的重要使命。两江新区的发展具有大胆先行先试的优惠政策，从而可以积累经验，提供示范，成为引领、带动区域经济社会等多方面发展的有效可推广典范。策划树是两江率先提出的理论创新，这一成果应该是可复制推广的，能够为其他新区提供借鉴和指引。

第三节　策划树体系建构的方法

1. 新区开发建设的周期规律

新区的开发建设具有一定的周期规律，可以简化概括为"投入—建设—产出"的过程，策划树体系的基本模型是建立在这一过程基础上的一种策划管理模式。

新区的开发建设在投入阶段，主要包括土地要素和资金要素的投入，建立起新区开发建设的基础；其后在建设阶段，通过发展战略进行新区建设的宏观把控，其后对它的功能进行建设，包括产、城、景——新区的产业体系、城市支撑体系和景观环境体系；产出阶段则是新区的建设所取得的成效和成果，包含了经济、社会、文化等多方面成果。（图3-1）

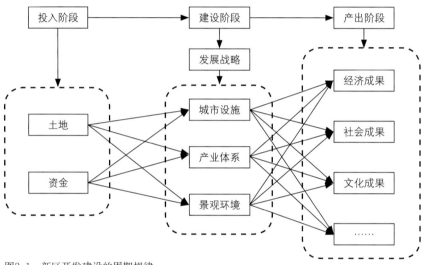

图3-1　新区开发建设的周期规律

2. 基于新区工业开发区开发建设周期规律的策划层次分类

基于新区开发建设的周期规律，可以将两江新区策划树体系的基本模型相似地分为三个层次：基础层次、建设层次和成果层次。

三个策划层次中，基础层次对应新区开发建设过程中的投入阶段，建设层次对应新区建设过程中的建设阶段；成果层次对应的则是新区建设的产出阶段。

在这三个层次中，建设层次是新区开发建设的核心部分，它包含的内容较多，也较为复杂，为了便于实际工作中的管理，又可以按照建设项目的具体内容，分为框架层次、子系统层次和项目层次（图3-2）。

3. 新区工业开发区开发建设基于周期规律的策划功能分类

策划树的策划功能分类可按照新区建设不同发展阶段的需求分为土地类策划、资金类策划、发

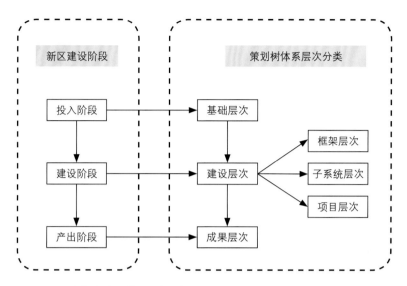

图3-2　基于周期规律的策划层次分类

展战略类策划、产业功能类策划、城市设施类策划、景观环境功能类策划六个功能类别。

　　根据对新区开发建设周期规律的梳理可以看出，新区的开发建设活动涉及多个门类的管理，并且不同开发阶段涉及的门类也有所差别。对应新区不同阶段的建设活动类型，可以得出各个阶段的策划功能分类。

　　在新区开发的基础阶段，主要是土地要素和资金要素的策划与管理；在建设阶段，是新区主要功能的建设控制和管理，要首先通过发展战略策划进行宏观控制，再进行产业体系、城市设施体系和景观环境体系建设的策划与管理；产出阶段则是新区综合效益的提升结果，需要进行策划管理的内容较少，涉及经济、文化、社会多个方面的内容（图3-3）。

4. 策划树体系基本模型的建构结果

　　结合策划的层次分类和功能分类，可以得到策划树体系最终的基本模型。根据新区建设中不同阶段建设活动的需求，将策划的功能类别进行层次化处理，得到最终的策划树体系基本模型。

　　策划树体系的基本模型基于新区开发建设的规律构建，分为三个阶段。投入阶段对应基础层次的策划，包含的策划功能类别为土地类策划、资金类策划；建设阶段包含框架层次、子系统层次和项目层次的策划，包含的策划功能类别为发展战略类策划、产业功能类策划、城市设施类策划和景观环境功能类策划；产出阶段不包含具体的策划内容，是新区建设的成效。

　　根据策划树体系的基本模型，通过树的形式对策划树体系进行表现和展示。将基本模型中各层次的内容分别赋予策划树中的树根、树干、树枝、树叶、花、果要素，以此来构建策划树体系（图3-4）。

　　策划树的树根代表了基础层次的策划，包含土地类策划和资金类策划的内容；策划树的树干对

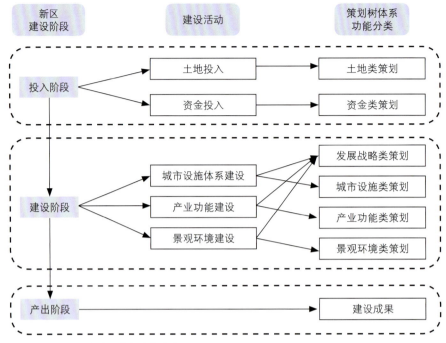

图3-3 基于周期规律的策划功能分类

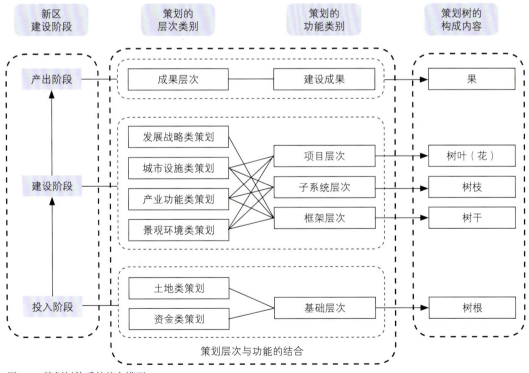

图3-4 策划树体系的基本模型

应基本模型中框架层次的策划，包含战略类策划、产业功能类策划、城市设施类策划和景观环境功能类策划的部分内容；策划树的树枝对应子系统层次的策划，是对框架层次策划的分解；策划树的树叶和花对应的是项目层面的策划，是产业功能类策划、城市设施类策划和景观环境功能类策划中具体项目的策划，花和叶的区别在于它是在关键节点上具有表现度，能够彰显新区形象项目的策划；策划树中的果则是新区的成果层次，代表了新区建设各方面所取得的成效及范式。

第四节　两江新区工业开发区策划树结构组成

1. 策划树体系概览

基于新区发展的周期规律，构建策划树体系的基本模型，再根据这一模型，结合两江新区实际的策划制定以及开发建设状况构建两江新区策划树体系。（图3-5，图3-6）

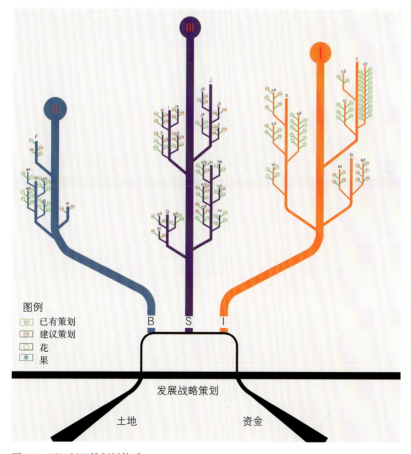

图3-5　两江新区策划树体系

土地类策划	平场方案类		龙盛水土非建设用地管控策划	
			水土园区悦复大道东侧产业用地平场	
			鱼复园区疏港一期北侧地块平场研究	
	土地开发利用类		征地方案策划	
			已征土地管理策划	
发展战略策划			投融平衡策划	
发展战略策划			两江新区发展模式研究	
			龙盛水土片区人气指数策划	
			两江新区工业开发区功能布局策划	

树枝	次枝		树叶		果实
I (Industry)	产业体系策划	a 新区第二产业策划	a1 主导基础产业发展策划	1 全域制造业综合发展战略策划	国家级产城融合示范区（发改委）、旅游休闲示范城市（国家旅游局）、区域产业增长极核
				2 汽车产业发展战略策划	
				3 电子信息产业发展战略策划	
				4 装备制造也发展战略策划	
			a2 战略性新兴产业发展策划	5 新能源及智能汽车产业发展战略策划	
				6 集成电路制造产业发展战略策划	
				7 云计算及物联网发展战略策划	
				8 可穿戴设备及智能终端产业发展战略策划	
				9 通用航空产业发展战略策划	
				10 生物医药及医疗器械产业发展战略策划	
				11 机器人及智能装备产业发展战略策划	
				12 能源装备产业发展战略策划	
				13 节能环保产业发展战略策划	
				14 新材料产业发展战略策划	
			a3 区域第二产业协同发展策划	15 区域产业分工布局策划	
				16 区域产业转移与承接策划	
				17 区域产业链构建策划	
				18 跨行政区产业协调机制策划	
		a 新区第二产业策划	a4 高端制造业提升策划	19 新区产业链优化策划	
				20 新区产城融合策划	
				21 生态产业园策划（花）	
				22 智慧产业园策划（花）	
				23 制造业品牌化策划	
		b 新区第三产业策划	b1 战略性服务业策划	24 国际物流业策划	
				25 大数据及信息服务产业策划	
				26 软件设计及服务外包产业策划	
				27 健康医疗产业策划	
			b2 商贸物流业策划	28 新区与"一带一路"联动策划	
				29 新区与成渝城市群联动策划	
				30 国际多式联运物流体系策划	
				31 国际加工贸易基地策划	
				32 国际服务贸易中心策划	
				33 新型贸易产业发展策划	
		c 重点项目策划	c1 第二产业项目策划	34 845厂搬迁土地开发利用策划	
				35 汽车城策划	
				36 航空产业园策划	
				37 中德（重庆）智能制造产业园	
				38 机器人小镇策划	
				39 航空小镇策划	

（a）

I (Industry)	产业体系策划	c	重点项目策划	c2	第三产业项目策划	40	水土国际健康城策划	I 国家级产城融合示范区（发改委）、旅游休闲示范城市（国家旅游局）、区域产业增长极核
						41	龙盛商圈城市设计	
						42	龙盛商业中心城策划	
						43	龙兴智慧总部城策划	
						44	龙兴科教活力城策划	
						45	两江国际医疗城城市概念规划设计	
						46	龙兴文化创意城开发策划及城市设计	
						47	鱼嘴服务区功能再提升策划	
						48	汽车主题乐园开发策划	
						49	福克斯主题公园策划（花）	
						50	中华五千年旅游景区总体策划	
				c2	第三产业项目策划	51	国际大型综合影视主题公园项目策划	
						52	龙盛片区体育公园暨体育产业发展规划	
						53	龙兴古镇开发策划（花）	
						54	龙兴体育小镇策划	
						55	八戒小镇策划	
						56	电影小镇策划	
						57	农庄小镇策划	
						58	中瑞滨水风情小镇策划	
						59	恭州小镇策划	
						60	VR小镇策划	
						61	乐视小镇策划	
				c3	二三产综合型项目策划	62	中新国际新城策划	
						63	中新（重庆）两江工业开发区战略性互联互通示范项目策划	
B (Basics)	城市设施策划	d	新区交通系统策划	d1	新区近期骨干交通策划	64	机场东南联络线研究	II 全国畅通城市（住建部）、国家卫生城市（卫计委）
						65	龙盛片区至主城中心城快速通道策划	
						66	复盛中心区区域路网研究	
						67	鱼复工业开发区路网研究	
				d2	龙盛水土货运体系策划	68	龙盛片区客货分流落地规划	
						69	水土片区客货分流落地规划	
						70	果园港功能提升策划（花）	
						71	复盛高铁站门户与形象提升策划（花）	
						72	铁路东环线龙盛水土站场策划	
				d3	新区交通细化规划	73	鱼复工业开发区疏唐立交及周边研究	
						74	复盛枢纽交通评估及片区路网优化改善规划	
						75	龙盛片区次支路网连通规划	
						76	水土片区次支路往连通规划	
				d4	道路建设时序策划	77	龙盛片区道路建设时序策划	
						78	水土片区道路建设时序策划	
		e	新区生态环境系统策划	e1	环卫保护策划	79	新区环卫设施专项规划	
				e2	园林绿化策划	80	新区园林绿化设施专项规划	
		f	新区要素保障系统策划	f1	能源供应策划	81	新区能源供应设施改造升级规划	
				f2	邮政通讯策划	82	新区邮政通讯设施改造升级规划	
				f3	给水排水策划	83	新区给水排水设施改造升级规划	
				f4	综合管廊策划	84	龙盛水土综合管廊规划	
S (settlement)	景观环境策划	g	新区居住体系策划	g1	全域居住体系策划	85	水土住区体系策划	III 全国文明城市（中央精神文明建设指导委员会）、海绵城市示范（试点）城市（住建部、财政部、水利部）、建筑节能低碳示范工程（住建部）、国家环境保护模范城市（环保部）、国际大都市
						86	龙盛住区体系策划	
				g2	特色公寓策划	87	万寿蓝领公寓策划	
						88	思源人才公寓策划	
						89	健康城养老公寓策划	
				g3	保障性住区策划	90	水土龙盛公租房选址策划	
						91	水土龙盛公租房需求量测算策划	

（b）

S (settlement)	景观环境策划	h 新区公共服务设施体系规划	h1 龙盛水土公服体系策划	92	龙盛水土医疗卫生设施布点策划	全国文明城市（中央精神文明建设指导委员会）、海绵城市示范（试点）城市（住建部、财政部、水利部）、建筑节能低碳示范工程（住建部）、国家环境保护模范城市（环保部）、国际大都市
				93	龙盛水土教育设施布点策划	
				94	龙盛水土体育设施布点策划	
				95	龙盛水土商业网点设施布点策划	
			h2 镇乡设施更新策划	96	复兴老场镇综合整治更新规划及实施方案	
				97	水土老场镇未来发展模式及嘉陵江岸线策划研究	
				98	龙兴老场镇综合整治更新规划及实施方案	
				99	鱼嘴老场镇综合整治更新规划及实施方案	
				100	公共服务均等化策划	
			h3 智慧基础设施策划	101	城区无线网络覆盖策划	
				102	城区光纤覆盖策划	
				103	智慧静态交通设施策划	
			h3 智慧基础设施策划	104	电子公交站台策划	
				105	云租车系统策划	
			h4 智慧社区策划	106	社区智慧网络搭建策划	
				107	智慧公租房策划	
				108	智慧社区治理模式策划	
			h5 智慧公服策划	109	智慧城市公共信息平台策划	
				110	智慧医疗体系策划	
				111	云教育平台策划	
				112	智慧商圈服务策划	
			h6 智慧项目示范点策划	113	智慧社区示范点策划	
				114	智慧办公示范点策划（花）	
		i 新区生态景观体系规划	i1 新区景观系统策划	115	水土竹溪河流域综合整治及景观设计方案策划（花）	Ⅲ Ⅲ
				116	龙盛御临河流域综合整治及景观设计方案策划（花）	
				117	水土思源变电站高压走廊绿带景观规划	
				118	龙盛水土游憩绿道体系规划	
				119	龙盛水土郊野公园策划	
			i2 海绵城市策划	120	海绵城市实施方案策划	
				121	海绵基础设施提升策划	
				122	绿色建筑提升策划	
				123	新区雨污再利用策划	
				124	新区湿地体系与生态岸线规划	
			i3 低碳产业研究策划	125	低碳产业结构研究策划	
				126	产业园区能源循环系统构建策划	
				127	低碳能源提升策划	
				128	企业智能化能源管理策划	
			i4 低碳交通策划	129	绿色基础设施提升策划	
				130	新区无干扰自行车道规划（花）	
				131	新能源公共交通策划	
		j 新区形象提升策划	j1 新区形象展示策划	132	龙盛水土片区城市形象提升近期策划	
				133	新区景观大道策划（花）	
				134	特色风貌街道策划（花）	
			j2 功能新城策划	135	水土思源乐居城策划	
				136	和合家园片区城市设计	
				137	双溪片区城市设计	
			j3 传统文化弘扬策划	138	传统风貌特色文化区策划	
				139	历史风貌保护区策划	
			j4 国际化设施策划	140	国际化社区建设策划	
				141	国际学校建设策划	
				142	国际医院建设策划	

（c）

图3-6 两江新区策划树索引表

2.六大类别

两江新区策划树的构成内容可以分为六大类。类别分类是从功能门类的角度出发，通过对城市内部资源条件的掌握和外部区域环境的研究，依据新区的规划建设流程逻辑，对应梳理新区的内生发展要素，并以此进行策划的分类。

按照新区开发建设过程中所需的不同功能类别，策划可以分为土地类策划、资金类策划、战略类策划、产业功能类策划、城市设施类策划和景观环境功能类策划六个类别。其中，产业功能类策划、城市设施类策划和景观环境功能类策划，即产、城、景，是新区建设策划的核心部分，这三个功能类别是新区建设的重点。（表3-1）

表3-1　两江新区策划类别分类表

策划类别	类别释义
土地开发利用策划	在土地进行投资、改造和建设过程中进行的策划
投融资策划	对新区资金的来源、利用过程以及资金管理进行的策划
新区发展战略策划	明确新区发展目标、统领新区各方面发展策略的策划
城市设施体系策划	新区设施新建、改造、管理的策划
产业体策划	新区产业策略、产业项目选址、建设、管理方面的策划
景观环境体系策划	新区生活环境相关的策划，包括新区的居住、公共服务、景观配套和新区形象等方面

（1）土地开发利用类策划

土地开发是指为适应新区经济、社会、文化等各方面发展的需要，对土地进行投资、改造和建设，提高土地质量和价值的过程。新区要进行扩张和建设，必须首先对土地进行开发。土地开发是新区经济社会发展的前提和基础，是新区建设的前期工程，新区各项建设事业在此基础上才能顺利发展起来。

（2）投融资策划

①公共服务性项目投融资

在我国市场化进程中，基础设施和公用事业部门是进程最慢、市场化程度最低的部门，相当一部分基础设施和公共服务的价格仍由国家和地方政府定价，相应的财政拨款由行政性安排贷款为主。针对不同性质和特点的新区基础设施和公共服务，应根据项目自身特点，决定其市场化程度，选择不同的投融资方式。

目前采用的融资方式主要有股权融资和债权融资，以及两者相结合的项目融资，一般来说，股权融资和债权融资的区别在于风险配置的方式不同。

②商业性项目投融资（图3-7）

对商业性项目投融资过程有如下表述：

a.开发商与政府签订开发合同，获取地块的开发权。

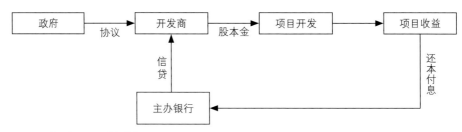

图3-7　商业性项目融资结构图

b.开发商组建项目公司并投入股本金，约占总投入金额的20%~30%，用于项目的启动和前期建设。

c.项目公司向银行融通资金，资金一般占总投入的70%~80%，用于项目阶段的开发。生活区开发完备，贷款清偿结束，项目公司完成使命后，项目改由物业公司进行经营管理。

③资金管理

投融资管理的职责主要包括调控资金供需、合理配置和引导增量资金、监督资金使用、降低系统风险等。

首先要合理配置社会资金，地产开发领域占有了大量的社会资金，尤其是银行资金，因此，根据新区经济和社会发展的实际需求，合理引导资金的投向是资金管理的重要内容。此外，还要防范金融风险。银行业是我国的经济命脉，也是金融体系的核心，应防范各种可能产生的风险。

（3）新区发展战略策划

①新区发展战略的研究重点

新区经济：新区经济是新区发展的核心，是新区战略体系下的重要内容。新区发展战略对新区经济系统的研究，主要包括了新区经济的运行过程、环节和机制，研究新区经济的各种关系、结构、比例及调控方法，发现和利用新区经济规律，实现新区经济的持续增长和提高新区综合效益。

新区社会：新区社会是指在新的空间范围内，以共同物质生产活动为基础而联系起来的人类生活共同体。新区社会发展是新区经济发展的最终目的。经济和社会的概念本来是具有包含关系的，因为任何经济总是在社会之中。若按部门划分，教育部门、文化部门、卫生部门、科研部门、公用事业部门等都属于社会部门。新区社会的内容可以分为五方面：新区社会的构成主体（即人口），新区居民的物质生活和健康水平，新区居民的精神文化生活，新区居民的社会保障生活，新区居民的和谐程度。

新区环境：新区的环境是由新区自然环境、人工自然环境和经济社会环境组成的，它是新区发展的基本条件。新区环境要涉及新的规划设计和建设等方面，关系到新区的空间发展战略，其中新区的住宅环境建设和管理是重点部分，关系到新区的房地产发展战略，此外还涉及新区发展物质条件的充分利用和环境保护等方面。

②新区发展战略的构成内容

战略愿景：战略愿景是一个较为抽象的概念，是指对新区未来发展方向有吸引力的、可信的、作为行动指南的概念性描述，相当于一般的战略指导思想、战略指导方针，也包含描述性的战略目标。战略愿景主要描述的是关于新区的性质、中心地位、形象和特色等方面，它的功能和作用在于它是梦想和行动之间的桥梁，有一种强大的力量召唤和驱使人们努力去实现目标和梦想。

战略目标：战略目标是新区发展战略的核心部分，是新区在较长时间内需要达到的具有定性定量要求的具体目的，一般包括新区发展的规模、速度、效益等方面。新区发展规模包括了人口规模、用地规模和经济规模；发展速度一般指新区人口、土地空间和经济总量的增长速度；发展效益是指新区发展的综合效益，是经济效益、社会效益和环境效益的综合和统一。

战略措施：战略措施是为了实现新区发展的愿景和目标而设计谋划的途径和方法。战略措施和战略目标在新区发展战略中经常具有二重性，是可以相互转化的。例如提高经济效益、调整产业结构、控制运营成本、发展文化教育、扩大投资来源和渠道等，既可以作为战略目标去理解，也可以作为战略措施去把握。一般而言，新区的产业发展措施、资金运作措施和空间发展措施是新区发展战略的重点方面。

（4）产业功能类策划

①产业功能定位

功能定位是选择产业发展模式、战略对策的基础。功能定位准确，就能从区域经济的发展中获得支持。在进行功能定位时，应考虑到外部环境与内部环境的共同作用。

外部环境可以分为国际环境、国内经济形势和新区所处的区域环境。我国新区的产业功能与国际经济形势特别是亚太经济发展趋势相关联。原因有二：一是经济全球化使我国经济开发区面临的国际竞争压力明显增大，随着我国加入世界贸易组织和国际经济一体化程度的不断提高，竞争将从国内市场扩展到国际市场；二是新的科技革命加速了世界产业结构的调整，特别是高新技术和知识经济的快速发展将引发一场新的产业革命。

从国内经济形势来看，我国靠劳动密集型产业大规模扩张带动新区经济增长的时代渐渐落下帷幕，国民经济正在向以买方市场和整体素质提高为特征的新阶段过渡，也就是说，我国经济发展已经进入了必须依靠科技进步和产业结构优化升级才能保持国民经济持续快速健康发展的新阶段。

新区的产业发展应以区域为依托进行开发建设。如何突出区域环境特色，建立相关的主导产业或特色产业对于新区的产业体系具有重要意义。同时，以区域性产业结构为依托，构建参与区域产业的分工协作，实行优势互补、资源共享，也可以使新区的产业得到健康快速的发展。

新区的产业功能定位还要考虑新区的内部环境，包括新区的工业基础、资源禀赋、人口结构等。

②产业目标体系

目标体系的策划是在功能定位完备的基础上，提出并确定目标因素，建立起目标系统，并对系统优化定界。

产业功能的目标按性质可分为战略目标和具体目标两部分。战略目标是从宏观全局出发，全面考虑新区及区域的具体情况，既要使新区的产业发展与国民经济发展规划、国家产业政策及高层次区域发展相协调，也要体现新区的产业特色。

产业功能的具体目标，表现为开发建设过程中的技术目标、经济目标、社会目标和生态目标等详细目标，它们由战略目标体系决定，针对新区的生命期，常常体现在运营阶段上。

③产业分区区位选址

产业分区的区位选址好坏会直接影响到将来开发建设的成败。同时，根据产业类型的不同，产业分区选址也应遵循不同的选址原则。应根据产业特征划分不同的产业分区，并制定不同的选址原则，进行科学选址。根据产业特征，新区产业功能可大体分为传统型产业、高技术型产业和服务型产业。

（5）城市设施类策划

①城市设施概述

城市设施包括基础设施和公共服务设施，是新区物质形式最重要的组成部分。城市设施对新区经济社会环境发展有重要的影响。城市设施是新区综合服务功能的物质载体，是新区经济和社会各项事业发展的重要基础，也是衡量新区现代化水平的重要标志。新区设施建设关系到新区经济、社会、资源环境、人口等众多方面，牵涉到诸多利益协调，对新区保持健康可持续发展具有重大意义。

②城市设施的分类

现代新区中城市设施的构成大同小异，一般包括能源、道路交通、邮电、给排水、环境、防灾六大系统。（表3-2）

表3-2 新区基础设施分类

供水与排水系统	水资源的开发、利用和管理系统；雨水排放系统；自来水生产与供应系统；污水排放及处理系统
能源系统	电力生产与输送系统；人工煤气的生产及煤气、天然气石油液化气的供应系统；
交通系统	道路与停车设施系统；公共交通系统；快速交通系统；对外交通系统
通信系统	邮电设施系统；电信设施系统
环境系统	环境卫生系统；环境保护系统；园林绿化系统
防灾系统	消防系统；防洪系统；抗震及防地沉系统；人防备战系统

（6）景观环境功能类策划

①景观环境的含义

本书所定义的景观环境体系是由各类自然景观资源和人文景观资源所组成的新区空间，包括了新区的居住功能、公共服务和新区生态景观和新区形象提升四部分的内容。

②景观环境的内容

景观环境包含了新区的居住功能、公共服务、新区生态景观和形象提升，是新区居民赖以生存和生活的物质空间和设施。景观环境的开发建设就是在新区居住用地和与该地块密切联系的新区绿化用地、公用设施用地上，依照新区发展的目标和原则，运用城市规划和市场经济的手段，有计划有目的地建设满足居民要求的生活空间。

3. 五大层次

立足两江新区的实际条件，对已编制策划进行梳理和总结，将各策划分为基础层次、框架层次、子系统层次、项目层次四个层次。在这四个策划层次之外，还有成果层次，这个层次不包含具体的策划内容，而是对两江新区建设的成效和荣誉进行展示。（表3-3）

表3-3　两江新区策划树体系层次分类表

层次分类	分类释义
基础层次	新区建设的物质基础，新区发展的基本条件
框架层次	新区建设的战略方向和物质要素框架
子系统层次	框架系统的再分解，是建设策略层面的策划
项目层次	新区具体项目的策划
成果层次	不包含具体的策划内容，是新区建设的成效及荣誉

（1）基础层次

基础层次是新区与生俱来的物质基础，也是新区建设发展的根本条件。土地和资金是这一层次的主要内容。这一层次的内容是整个策划树建立的基础，为策划树的萌芽、生长、结果提供必要的土壤和养分。

（2）框架层次

框架层次是新区建设的战略方向和建设框架。这一层次的策划从宏观上对新区各个方面的开发建设进行把控。具体包括发展战略、基础设施、产业功能和住区功能四方面。

在这四个方面中，发展战略又是引领度较高的研究方面。它对新区建设的各个方面首先起到方向性的指导作用。新区的发展战略确定后，应确定基础支撑、产业功能和住区功能三大框架的发展。

（3）子系统层次

子系统层次是框架层次下的再分解，是框架层次的细化，也是新区建设策略层面的策划。这一层次的策划是为了弥补框架层次与实操层次间的空白，衔接战略和行动两个层级所做的策划。

（4）项目实操层次

项目实操层次是新区中具体项目的策划，是新区建设实施层面的行动策划。包含了新区各类实际项目的策划，是新区策划中内容最多的层次，也是最贴近实际建设活动的层次。这一层次的策划是从规划目标出发，从项目本身的资源条件分析，落实项目的区位选择、市场定位、客群定位、产业定位、设计定位、营销方向和服务方向，为后期项目落地后的规划设计和建设运营提供指导性建议。

这一层次的策划贴近新区的建设实践工作，有利于衔接规划战略和项目的实际建设，促进后期空间形态规划和产业发展、资源要素以及项目运营的融合，使后期进行的规划方案更具有操作性。

（5）成果层次

成果层次不包括具体的策划内容，这一层次的内容是在四个策划层次之外的，是对两江新区可能取得的建设成果和效益进行表现和展示的层次，而非具体的工作内容。

4. 六大要素

两江新区策划树体系若按自身的要素内容进行分类，可分为树根、树干、树枝、叶、花、果六个类型。（图3-8）

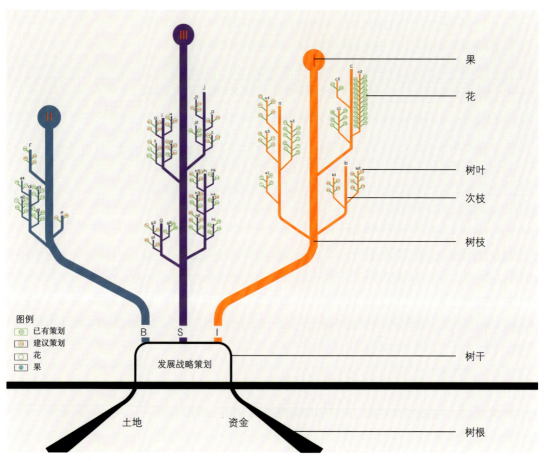

图3-8　策划树及其组成要素

（1）树根

树根对应功能分类的土地开发类策划和资金类策划、对应层次分类的基础层次，是指两江新区与生俱来的建设基础，是两江新区开发建设之本。策划树体系的树根包含土地类策划和资金类策划。

①土地类策划

新区土地的开发关系到新区的城市化发展、新区现代化和社会生活质量提高以及提升新区活力等方面，随着我国经济建设的快速发展，能否合理地利用城市土地已成为经济发展的关键因素，因此能否合理地经营新区的土地也直接关系到新区未来的发展空间、发展潜力以及发展方向。要使新区在有限的空间内发挥最大的效用，就必须对有限的土地资本的经营高度重视，这样才能提高土地资本的利用效率以及地域空间的生态环境效益和社会效益。土地经营是在市场经济体制条件下，管理部门进一步加强对土地资产管理新理念的实施，为实现土地资产最大的价值，通过有效配置有限的城市土地资源使土地资源资产化和土地利用集约化，这种市场运作方式才能满足新区建设资金的循环周转、城市建设再生产的客观要求和城市经济建设的发展需求。

土地开发类策划是针对新区土地开发的全流程做出的策划管理，具体内容包括龙盛水土片区初期的征地安置、平场方案以及中后期已征未利用的土地管理等。

②资金类策划

新区的开发建设离不开资金的支持，投融资关系到新区财政的健康可持续发展。健全新区的投融资机制，针对不同类型的开发项目选择合适的投融资模式，完善投融资的管理制度，都是投融资策划的内容。

两江新区资金类策划是基于投融平衡的要求，对两江新区的开发建设资金进行科学合理的管理资金类策划的具体内容包括了投融资模式、投融平衡以及具体项目的投融资策划等。

（2）树干

树干对应的层次是战略类的策划，是两江新区开发建设阶段的物质内容，构成了新区建设的主要物质空间，即战略策划。

发展战略策划是把握全局的，对城市提出方向性、路径性、控制性的指导方案。首先必须强调，发展战略策划并不完全是预测未来，而是对现有问题的把握，以及对未来可能发生的事情的应对，而不是预言与预测未来发生的事情。发展战略策划是从战略出发，以解决城市问题、把握城市发展方向为目的。

发展战略策划是策划树的重要部分，其任务是通过说明确定战略目标问题，通过资源分析确定城市可取发展策略的边界条件，策划的核心内容是进一步找出合理的策略建议。

（3）树枝

树枝对应的策划层次是系统层次，涉及类型分类中的产业功能类、城市设施类和景观环境类策划；树枝中的产业体系、城市设施体系和景观环境体系建立起了新区策划树体系的大框架，通过对大框架的分解，建立起三大树枝下的子系统体系次枝，即新区发展策略层次的策划，是联系宏观与微观的重要衔接部分。其具体内容如下：

产业体系策划，其子系统包括新区第二产业策划、新区第三产业策划和重点项目策划；城市基础支撑体系策划，其子系统包括新区交通系统策划、新区要素保障系统策划和新区生态环境系统策划；景观环境系统策划，其子系统包括新区居住体系策划、新区公共服务设施体系规划、新区生态景观体系规划和新区形象提升策划。

①产业体系策划

在传统社会主义经济学理论中，产业主要指经济社会的物质生产部门。一般而言，每个部门都专门生产和制造某种独立的产品，某种意义上每个部门也就成为一个相对独立的产业部门，如"农业""工业""交通运输业"等。由此可见："产业"作为经济学概念，其内含与外延的复杂性。

产业是两江新区经济社会文化发展的核心部分，应秉承可持续发展和以人为本的原则进行产业功能的开发。两江新区产业体系策划应包含两大类内容。一是产业的发展策划，包括了新区的主导产业、新兴产业以及未来的产业辐射战略、产业提升方面的策划；二是产业空间也就是产业项目落地的策划，这部分内容主要是结合两江新区当下的现实情况对产业项目进行空间上的布局和落地。

②城市设施策划

城市设施策划主要是针对两江新区城市设施建设所作出的策划。城市设施包括基础设施和公共服务设施，是新区赖以生存和发展的重要前提，城市设施体系策划是新区生产生活的物质基础，是新区物质形式重要的组成部分。

新区城市设施可定义为满足新区物质生产和居民生活需要，向新区居民和各单位提供基本服务的公共物质设施以及相关的产业部门。城市设施支撑体系策划主要包括了新区的交通、支撑要素、生态环境等方面的策划。

③景观环境策划

本书界定的住区是具有社区特征及现代居住生活所需完备设施的新区城市空间。所谓社区，是指以一定的生产关系和社会关系为基础，形成了一定的行为规范和生活方式，在情感和心理上有地方观念的社会单元。新区中的社区是由新区中具体的空间范围内对该地区有一定认同感的居民及他们的生活环境所构成的，在我国一般可以将街道办事处管辖地视作社区。

景观环境体系是新区中与居民结合最为紧密的体系，也是直观上对新区形象展示最为重要直接的物质要素，包括了新区的居住功能、公共服务和新区形象三部分内容，是营造新区良好的居住品质、打造新区形象的重要策划部分。

（4）树叶

树叶对应的层次分类是项目层次的策划，在类型分类中涉及城市设施类、产业功能类和景观环境类策划。它们是新区具体项目的策划。树叶的内容较多，都是两江新区已经编制或者未来将要编制的具体项目的策划，属于同一层次，都是各子系统下的具体策划，是行动层面的策划编制。

（5）花

花和树叶属于同一层次的策划，它们共同组成了新区行动层面的策划。在层次分类和类型分类上，花和树叶基本相同，可以说花是特殊的树叶。花在层次分类上对应项目层次的策划，在类型分类上涉及城市设施类、产业功能类和景观环境类的策划。花的特殊点在于它是使新区具有表现度、能够彰显新区形象的策划。

（6）果

果是策划树编制及实施后，两江新区可能取得的成效与荣誉，是策划树体系建设的成果。

对应三大树干框架，城市设施体系可能取得的成果有全国畅通城市（住建部）、国家卫生城市（卫计委）；产业体系可能取得的成果有国家级产城融合示范区（发改委）、旅游休闲示范城市（国家旅游局）、区域产业增长极核；景观环境体系可能取得的成果有全国文明城市（中央精神文明建设指导委员会）、海绵城市示范（试点）城市（住建部、财政部、水利部）、建筑节能低碳示范工程（住建部）、国家环境保护模范城市（环保部）、国际大都市等。

第四章　策划树体系运作机制

第一节　以土地和资金为根

1.策划树"根"体系

（1）策划树"根"体系构建思路

"根"作为一棵树的"根本"，是树茁壮成长的先决条件，花果可以摘除，枝叶可以修剪，只要不伤及根，树便可以继续茂盛生长："根"在树中的重要地位不言而喻。

土地开发利用策划和投融资策划对新区建设的重要性就如同"根"对树一样。土地开发利用策划和投融资策划本身的内涵和特性决定了"土地开发利用策划和投融资策划"在"策划树"理论体系中将扮演"根"这一重要角色。

①土地开发的内涵和特性

新区要开发，土地开发必须先行。新区的开发建设是城市进一步发展的具体表现之一，客观上要求对原有的经济结构、社会结构和空间结构进行调整，使其布局更趋合理，以便适应现代社会生产力的不断发展和人们生活环境不断改善的要求，因此城市的扩展和改造成为一种必然的趋势。然而，城市的扩展和改造，必须首先对城市土地进行开发，城市土地开发是城市经济、社会发展的基础和前提，是城市建设的前期工程，城市各项建设事业在此基础上才能顺利发展起来。城市土地开发是城市政府在土地出让或划拨前对土地进行整理、投资、开发的过程。

具体来说，此过程是按照国民经济和社会发展规划、城市总体规划、土地利用总体规划和城市土地储备供应计划的要求，将列入城市土地储备开发、土地供应计划的项目，在确定土地开发实施方案后，以政府委托或公开招标的方式确定一级开发主体，获得土地项目一级开发权的开发主体再根据"政府主导、统一规划、市场化运作"的原则，运用现代项目管理的理论、系统和方法，组织实施土地开发项目的征地、拆迁、规划设计、市政基础设施和配套建设、交通建设、环境建设和投融资，并为二级开发商服务，提供土地开发项目完成后的运营管理方案，对土地开发项目实施速度、品质、成本全过程进行把握和控制，达到土地开发项目社会效益、环境效益、经济效益高度统一的动态过程。

土地开发的内涵体现了其在新区开发建设中的基础性与先导性，充分发挥土地资源优势，提高土地开发利用价值无疑是土地开发这一环节的必然要求。城市土地开发利用策划即是为合理引导土地开发利用，提高土地开发利用价值，科学全面地引导土地开发全过程，根据土地利用总体规划、城市总体规划和城市土地储备供应计划，遵循社会效益、经济效益、环境效益相统一的原则，对土地开发项目的基本情况、工作实施方案、开发进度、投资方案等内容制定的综合性方案。方案作为编制土地开发项目招标文件和实施开发的依据，同时也是土地开发企业进行组织与管理的依据。城市土地开发利用策划本身的内涵表明其必须优先于其他策划，也将对其他策划给予支撑并产生约束。

②投融资策划的内涵与特性

新区开发的策划中，区域规划以及控规和详规是新区开发建设的基本规划，新区开发建设主体将根据此规划进行建设规划和商业策划。根据我国大多数开发区的实践经验，新区建设开发有以下两种模式：

a.自筹资金，投资先导模式

这种模式中，开发区垄断一级土地市场，由开发区先自筹资金进行基础设施建设，提高土地地租水平，然后对土地进行出让。这种模式也有两种情况，一种是在土地出让前将开发区土地全面开发，整体招商；另一种是先开发部分区位条件相对更具优势的部分，通过出让这部分土地后，将土地所得收益用于后续的土地征用开发，进行滚动开发。

b.多渠道融资、负债开发模式

我国大部分地区都面临资金紧张的问题，一般都通过多渠道融资，如银行贷款、发行股票、社会融资等方面进行。在土地出让后，再进行还贷。

因此，在新区开发中，连接新区规划和建设开发的，促进土地价值最大化和商业开发最大化的是与新区规划同样重要的新区投融资规划。它以新区规划和工程投资为基础，对长达5～10年的新区开发建设、融资、投资和运营进行系统和全面的规划，涵盖了开发建设时序策划、土地价值提升策划、融资模式策划、投资策划、偿债机制策划和运营管理策划等。

投融资策划的主要目的是运用系统工程的方法，在城市规划和建设之间架起一座桥梁，服务于城市开发。

从政府角度看，在新区建设规划后，政府需要从全局调控的角度制定一个科学可行的投融资实施方案。新区建设投融资策划以城镇规划为依据，通过筛选投资主体明确地方政府的投资范围及投资额度，并结合地区经济、社会等实际情况合理制订开发建设时序，同时根据当地经济及财政状况确定资金来源、融资方式及投资回收方式，从而使得投融资策划成为新区开发建设决策的支持工具，在有效避免投资冲动投资和非理性筹资的同时，使新区开发建设进入更加科学高效的轨道。

城市投融资策划控制和影响新区开发的地点、规模、进度、时序等实施问题，是保障系统策划进入实施阶段的首要条件，是系统策划中最重要的支持性策划。由于新区建设涉及的开发区域广、资金量大、项目复杂，投融资策划有利于统筹资金安排和规避风险，提高资金的使用效率，对投资效率、融资模式的选择以及资金链的合理策划都具有积极影响。

③"策划树"根体系构成（图4-1）

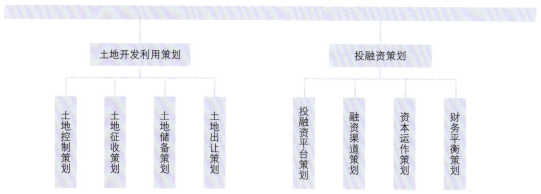

图4-1 策划树"根"体系构成

综上，土地开发利用策划和投融资策划本身具备的先导性、优先性以及对新区开发建设其他方面的支撑和制约等共同决定了土地开发利用策划与投融资策划在"策划树"中扮演"根"的角色。它们是整棵"策划树"的生长载体，也是各项策划落地开花的前提，汲取并为新区建设源源不断地输送各类"养分"。

"策划树"的"根"体系主要由土地开发利用策划和投融资策划两大分支构成，其中，土地开发利用策划按照土地开发利用系统构成，主要分为土地控制策划、土地征收策划、土地储备策划以及土地出让策划等内容；投融资策划按照投融资体系的构成包含投融资平台构建策划、融资渠道策划、资本运作策划以及财务平衡策划几大主要内容。

两大分支相互作用，相互制约，密不可分，共同构成"策划树"的"根"，成为"策划树"生长壮大的根本保障。

（2）土地开发利用策划

土地是民生之本，发展之基，既是城市建设的载体，也是城市建设的重要资源。土地面积的有限性，随着人口增长和经济发展而成为稀缺资源，供需矛盾突出。充分发挥土地资源优势，提高土地开发利用价值，是人类面临的一个重大课题。土地开发利用策划的主要目的即为合理引导土地开发利用，提高土地开发利用价值。为保证土地开发利用策划做到不重不漏，使得土地开发利用各环节科学有序进行，土地开发利用策划体系的构成与土地开发利用系统一致。

①土地开发利用系统

在建立土地开发利用策划体系前，应先明确土地开发利用系统构成。

根据系统控制原理，新区土地开发利用系统应包含四个大的子系统，分别为土地输入系统、土地储备系统、土地输出系统和土地控制系统。其中，土地输入系统解决关于土地来源的全部问题；土地储备系统解决土地保增值和供应问题；土地输出系统解决土地去向全部问题；土地控制系统使政府能够调控整个土地开发利用流程。土地输出系统对土地储备系统和土地输入系统具有反馈效应，及时汇报土地出让情况。

四大子系统管理的具体内容：

a.土地输入系统：土地来源、土地价格、土地性质、储地程序。

b.土地储备系统：土地供应计划、土地开发进度。

c.土地输出系统：出让价格、出让方式、输出数量、土地去向。

d.土地控制系统：政府保持土地市场高效运行。

土地开发利用系统构成，如图4-2所示。

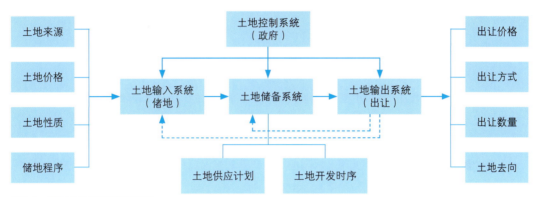

图4-2 新区土地开发利用系统

新区土地开发利用模型中，分为四个子系统：土地控制系统、土地输入系统、土地储备系统和土地输出系统。此模型包括了新区土地开发利用过程中遇到的所有主要问题。此模型是从新区政府的视角出发，审视其主导的土地开发利用整个过程，把土地开发利用分为三大块，分别进行有效和有针对性的运营和管理。从土地开发利用的时间顺序上来看，首先就是土地来源和征地的问题，其中主要包括四部分：土地来源、土地价格、土地性质和储地程序；其次，对征来的土地如何进行有效的管理对新区政府是个很重要的问题，新区政府要建立一个良好的机制使得土地增值和保值，所以新区政府要在土地储备系统下做好土地供应计划和土地开发进度的工作。最后，要通过土地的开发利用来实现土地的价值，这就必须在土地出让方面做出最恰当的选择，使得土地实现其最大的价值，这就需要新区政府在出让价格、出让方式、出让数量和土地去向方面做出最恰当的抉择。另外，土地输出系统对土地储备和土地输入系统具有反馈作用，土地输出的信息能够更好地改善和完善土地储备和土地输出系统，使得新区土地的开发利用更加高效。总之，新区土地开发利用模型就是让新区土地开发利用更加规范和合理，在政府的运营管理下高效率和高价值地完成新区土地开发利用。

②土地开发利用策划

土地开发利用策划即通过概念和理念创新，利用整合各种资源，解决或应对土地开发利用过程中面临的各种问题。

根据土地开发利用系统，土地开发利用策划主要包括以下几个方面的内容：

a.土地控制类相关策划

为保证土地市场的高效运行，对土地开发利用进行全局把控，需要建立土地管控机制，从空间以及时间上对整个区域的土地开发利用有整体规划和开发计划。

主要做的策划工作包括：土地总体利用规划，制定土地开发模式，安排土地开发时序等。

b.土地征收类相关策划

土地征收环节应建立完善征地模式，其中主要包括四部分：土地来源、土地价格、土地性质和储地程序，需要做的策划工作有：对土地来源进行梳理（依法征收、收回、收购、置换等方式），制订土地储备计划；征地平场方案策划；储地成本估算（征地费用，收购费用等）；用地性质规范及完善；建立完备储地程序等，确保土地储备工作有条不紊地进行。

c.土地储备类相关策划

对征来的土地如何进行有效的管理对新区政府是个很重要的问题。新区政府要建立一个良好的机制使得土地增值和保值，所以新区政府要在土地储备系统下做好土地供应计划和土地开发进度的工作。

主要做的策划工作包括：全域以及片区的土地利用及整治策划，主要包括对纳入储备的土地进行前期开发、保护、管理等；制订年度土地供应计划等。

d.土地出让类相关策划

要通过土地的开发利用来实现土地的价值，这就必须在土地出让方面做出最恰当的选择，使得土地实现其最大的价值，这就需要在出让价格、出让方式、出让数量和土地去向方面做出最恰当的抉择。

需要做的策划工作包括：按土地供应计划制作土地出让计划及土地推介手册；土地出让价格及收入测算；土地出让状况动态监管等。

综上，土地储备类策划是土地开发利用的基础；土地管理类策划使得土地价值得到提升，平衡储备和出让，是土地开发利用策划中的重要内容；土地出让类相关策划是土地开发利用策划的最后环节，反映土地管理的成效，也对土地储备和土地管理具有反馈作用，土地出让的信息能够更好地改善和完善土地储备和土地管理工作，使得新区土地的开发利用更加高效。

总之，新区土地开发利用策划的目的就是让新区土地开发利用更加规范和合理，在政府的运营管理下高效率和高价值地完成新区土地开发利用。

（3）投融资策划

①投资及融资

投资指的是特定经济主体为了在未来可预见的时期内获得收益或使资金增值，在一定时期内向一定领域投放足够数额的资金或实物的货币等价物的经济行为，可分为实物投资、资本投资和证券投资。资本投资是以货币投入企业，通过生产经营活动取得一定利润；证券投资是以货币购买企业发行的股票和公司债券，间接参与企业的利润分配。

投资这个名词在金融和经济方面有数个相关的意义。它涉及财产的累积以求在未来得到收益。从技术上来说，这个词意味着"将某物品放入其他地方的行动"（或许最初是与人的服装或"礼服"相关）。从金融学角度来讲，相较于投机而言，投资的时间段更长一些，更趋向于在未来一定时间段内获得某种比较持续稳定的现金流收益，是未来收益的累积。

从狭义上讲，融资（financing）是一个企业的资金筹集的行为与过程，也就是公司根据自身的生产经营状况、资金拥有的状况，以及公司未来经营发展的需要，通过科学预测和决策，采用一定的方式，从一定的渠道向公司的投资者和债权人去筹集资金，组织资金的供应，以保证公司正常生产需要、经营管理活动需要的理财行为。从广义上讲，融资也叫金融，就是货币资金的融通，即当事人通过各种方式到金融市场上筹措或贷放资金的行为。《新帕尔格雷夫经济学大辞典》对融资的解释是：融资是指为支付超过现金的购货款而采取的货币交易手段，或为取得资产所采取的货币手段。

②投融资平台

银监会对地方政府融资平台的界定标准为：

a.由地方政府主导或者绝对控制；

b.主要业务为融入资金；

c.其融资行为由地方政府承担偿债责任或提供担保；

d.所筹集资金主要用于城市设施建设或准公益性项目；

e.地方政府直接作为借款单位的也纳入融资平台范围。

地方政府投融资平台是由当地政府通过土地划拨、财政拨款等多种方式投资设立，通过股权、债券以及财政补贴、政府信用担保作为还款承诺，承担城市建设及投资项目融资的功能，并且拥有独立法人资格的经济实体。

③投融资方式

融资方式即企业融资的渠道。它可以分为两类：债务性融资和权益性融资。前者包括银行贷款、发行债券和应付票据、应付账款等，后者主要指股票融资。债务性融资构成负债，企业要按期偿还约定的本息，债权人一般不参与企业的经营决策，对资金的运用也没有决策权。权益性融资构成企业的自有资金，投资者有权参与企业的经营决策，有权获得企业的红利，但无权撤回资金。

常用的几种融资方式：

a.融资租赁

中小企业融资租赁是指出租方根据承租方对供货商、租赁物的选择，向供货商购买租赁物，提供给承租方使用，承租方在契约或者合同规定的期限内分期支付租金的融资方式。

想要获得中小企业融资租赁，企业本身的项目条件非常重要，因为融资租赁侧重于考察项目未来的现金流量，因此，中小企业融资租赁的成功，主要关心租赁项目自身的效益，而不是企业的综合效益。除此之外，企业的信用也很重要，和银行放贷一样，良好的信用是下一次借贷的基础。

b.银行承兑汇票

中小企业融资双方为了达成交易，可向银行申请签发银行承兑汇票，经银行审核同意后，正式受理银行承兑契约，承兑银行要在承兑汇票上签上表明承兑字样或签章。这样，经银行承兑的汇票就称为银行承兑汇票。银行承兑汇票具体说是银行替买方担保，卖方不必担心收不到货款，因为到期买方的担保银行一定会支付货款。

银行承兑汇票对中小企业融资的好处在于企业可以实现短、频、快融资，可以降低企业财务费用。

c.不动产抵押

不动产抵押是目前市场上运用最多的中小企业融资方式。在进行不动产抵押上，企业一定要关注中国关于不动产抵押的法律规定，如《担保法》《城市房地产管理法》等，避免上当受骗。

d.股权转让

中小企业股权转让融资是指中小企业通过转让公司部分股权而获得资金，从而满足企业的资金需求。中小企业进行股权出让来融资，实际是引入新的合作者，吸引直接投资的过程。因此，股权出让对对象的选择必须十分慎重而周密，否则容易使企业失去控制权而处于被动局面，建议企业家在进行股权转让之前，先咨询公司法专业人士，并谨慎行事。

e.提供担保

提供担保进行中小企业融资的优势主要在于可以把握市场先机，减少企业资金占压，改善现金流量。这种融资方式适用于已在银行开立信用证，进口货物已到港口，但单据未到，急于办理提货的中小企业。进行中小企业提货担保融资的企业一定要注意，一旦办理了担保提货手续，无论收到的单据有无不符点，企业均不能提出拒付和拒绝承兑。

f.国际市场开拓资金

这部分资金主要来源于中央外贸发展基金。要注意，市场开拓资金主要支持的内容是：境外展览会、质量管理体系、环境管理体系、软件出口企业和各类产品认证、国际市场宣传推介、开拓新兴市场、培训与研讨会、境外投标等，对面向拉美、非洲、中东、东欧和东南亚等新兴国际市场的拓展活动，优先支持。

g.互联网金融平台

相比其他投资方式，互联网金融平台对申请融资的企业会进行资质审核、实地考察，筛选出具有投资价值的优质项目并在投融界等投融资信息对接平台网站上向投资者公开；提供在线投资的交易平台，实时为投资者生成具有法律效力的借贷合同；监督企业的项目经营，管理风险保障金，确保投资者资金安全。一方面利用互联网公开、开放的优势，同时结合传统的金融机构在风险控制、信贷审核等方面的专业度。

④投融资渠道

目前，对大多数城市来说，融资渠道依然比较单一，主要集中在财政专项融资、土地财政融资以及政策性银行打包贷款融资三个融资渠道。具体如表4-1所示。

表4-1 地方政府主要融资渠道

融资类型	资金来源	融资工具	融资功能	融资地位
权益融资	政府财政专项资金	政府财政拨款、市政设施配套、增容配套费、水资源费、教育费及附加、城市维护建设税及附加等。	是主要的融资工具，资金来源稳定、可靠，但融资数量有限，不能满足庞大资金的需求。	政府财政专项资金一般能够占同期城市建设总投资的30%左右。
	土地财政	通过国有土地使用权的转让获得的收入。	主要的融资工具，土地财政收入大，融通资金多，俗称第二财政。	土地财政融资数额一般占同期城市建设总投资的30%左右。
债务融资	银行打包贷款	一般通过政策性银行贷款的方式进行融资，以政府信用作为担保，利率低、周期长。	主要的融资工具，融资数量大，但成本相对而言较高，有较大的偿债压力。	一般打包贷款占同期城市建设总额的34%。

除了以上三种基本的融资方式外，融资渠道还包括债券融资、股权融资、项目融资、信托融资等多种融资方式。1994年的《中华人民共和国预算法》对地方政府融资方式进行了诸多限制。时隔20年后，2014年首次修订，并于2015年1月1日实施新的《预算法》。

⑤投融资体系

投融资是投资和融资的总称。投融资体系是指由投融资主体、投融资方式、投融资渠道、投融资工具、投融资平台、投融资制度等要素组成的组织架构有机结合、互相支持、共同作用，在经济增长和经济发展过程中，有效发挥投资的"源动力"、融资的"助动力"功能的推动力统一体。

国或地区经济的发展，如果只有投资，缺乏融资，只能解决起步的问题，将不可持续，无法走完发展的全程，难以最终实现现代化的目标；如果仅靠融资，缺失投资，其发展将会成为无源之水、无本之木，发展的过程将极不稳定，充满动荡，大起大落，随时面临被"釜底抽薪"的风险。因此，一国或地区经济的发展必须依赖投资的"源动力"和融资的"助动力"共同作用，只有二者相辅相成，其增长和发展才是可持续的、健康的。

同样，投融资是一个系统工程，是一个内部要素互相配合的有机体。如果片面地强调一个或几个方面，就会产生"短板效应"，导致投融资资源的浪费和效率的低下，从而无法形成体系的"合力"，对经济的推动作用不够显著。只有科学地对投融资体系内的各要素进行有效配置和集成，方能充分发挥每个要素的积极作用，达到系统整体功能的最佳，形成对经济发展的强大"合力"，推动经济持续、健康增长，实现经济发展和各个阶段的目标。

⑥投融资策划

投融资策划是企业在某方面有充足资金或缺乏发展资金时所做的投资举措，也就是对资金进行管理或为了取得更多的资金来发展某项计划，而预测其风险并制订相应的计划，使所得的资金或向企业和个人筹集的资金，能够有效地投入特定的项目中，从而扩大或巩固企业的实力，增加收益的过程。投融资策划主要包含两方面。

a.投资策划

主要包含：策划人员通过对投资活动的整体战略和策略进行运筹规划，对投资决策、实施投资决策、检验投资决策的全过程作预先考虑和设想，以便充分运用自有资本和社会资本，在资本运动的时间、空间和结构关系中选择最佳结合点（最佳投资时机、最佳投资方式、最佳投资结构），并进行资本重组和资本运作。

b.融资策划

融资是企业发展过程中的关键环节，企业资本运营策略必须放到企业长期发展战略层面考虑，从里到外营造一个资金愿意流入企业的经营格局。多数企业特别是中小企业都是在企业面临资金困难时才想到去融资，不了解资本的本性。资本的本性是逐利，不是救急，更不是慈善。企业在正常经营时就应该考虑融资策略，和资金方建立广泛联系。

对一个完整的项目来说，投融资策划是整个项目的开始和核心，它对项目的实施与否具有决定性的作用。在实际操作中，投资策划和融资策划一般同步进行。

2. 两江新区工业开发区土地开发利用策划

（1）土地控制策划

两江新区工业开发区建设涉及经济社会发展目标定位、产业划分、土地管理、城市开发、环境保护等重大工作，土地资源是工业开发区开发建设的重要载体，土地规划作为空间上安排各项用地的上位规划，能否科学、有效实施，对于两江新区发展大局至关重要。编制土地利用规划，协调土规和其他规划的冲突，项目落地与土地规划的矛盾成为土地控制策划的主要内容。

两江新区在土地控制策划方面成效显著，形成"多规协调衔接，土规龙头管控"的模式。为避免同一空间内多种规划相互冲突，保障快速实施依法征地与和谐拆迁，根据《土地管理法》《城乡规划法》，两江新区始终坚持以土地利用总体规划为核心，各类规划相互衔接的思路，按照"一张图"管理模式，有效整合两江新区经济社会发展规划、功能区规划、城市规划、土地规划、环境保护规划。规划编制时建立多规划融合编制体系，实现"发展规划定目标""土地规划定开发规模边界""城市规划定地块用地性质""环境保护规划定生态保护方案"的协调机制。在实施管理过程中，切实发挥土地规划的统筹管控作用，对于不符合土地规划的项目，积极引导项目调整用地规模与空间布局；对于具有特别重大影响力的项目，其选址确实需要调整土地利用规划的，需依据低丘缓坡试点等专项政策，适度启动土地规划评估与调整。据此，土地利用规划的龙头管控地位逐步确立。

①两江工业开发区土地利用规划

依据相关规划结果，两江新区工业开发区总规划面积约240.82 km²，其中已编控规面积约170 km²，如图4-3所示。

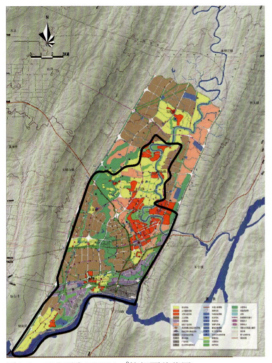

图4-3　工业开发区170 km²控规覆盖范围
来源：重庆两江新区总体规划（2010—2020年）

工业开发区总规划范围内可建设用地规模193.28 km²，出地率为81%。其中包括商住用地（即商业和居住用地）67.07 km²，占比35%；产业用地（即工业和物流用地）59.86 km²，占比31%；公共服务用地（包括公共管理与公共服务设施、道路与交通设施、公用设施以及绿地）66.35 km²，占比34%。工业开发区170 km²，已编控范围内可建设用地规模132 km²，出地率为78%。其中包括商住用地（即商业和居住用地）41.56 km²，占比31%；产业用地（即工业和物流用地）40.75 km²，占比31%；公共服务用地（包括公共管理与公共服务设施、道路与交通设施、公用设施以及绿地）49.78 km²，占比38%。详细用地构成见表4-2，各用地比例见图4-4。

②其他土地控制策划工作

在"以征地定开发""以开发定出让""先产后城"的开发模式指引下，两江新区做了大量的土地控制类策划工作，例如两江新区红线，整合龙盛水土非建设用地管控策划，两江新区工业开发区征而未供土地动态监管机制研究，两江新区工业开发区土地储融动态平衡预警机制研究等。

表4-2　两江新区工业开发区各类规划用地指标

类别	用地性质		用地代码	170 km² 范围（已编控规）		238 km² 范围（控规+总规叠合）	
				指标合计 /km²	所占比例	指标合计/km²	所占比例
	商住用地		R/B	41.56	31.46%	67.07	35%
1	居住用地			20.79	15.74%	29	15%
2	商业服务业设施用地		B	20.77	15.72%	38.07	19.7%
	其中	商业、商务用地	B	9.76	7.39%	12.57	6.51%
		其他商务设施用地（原研发用地）	B29	11.01	8.33%	25.5	13.19%
3	公共管理与公共服务设施用地		A	4.44	3.36%	4.82	2.49%
4	工业用地		M	36.24	27.44%	55.35	28.64%
5	物流仓储用地		W	4.51	3.42%	4.51	2.33%
6	道路与交通设施用地		S	26.7	20.21%	34.98	18.1%
7	公用设施用地		U	3.62	2.74%	5.74	2.97%
8	绿地		G	15.02	11.37%	20.81	10.77%
	建设用地合计			132.1	100%	193.28	100%
9	区域交通设施用地		H2	6.1	15.89%	6.16	12.96%
10	特殊用地		H4	0.66	1.71%	0.66	1.38%
11	水域		E1	5.58	15.54%	7.02	14.76%
12	农林地及其他非建设用地		E2 E9	26.03	67.85%	33.7	70.9%
	非建设用地合计			38.37	100%	47.54	100%
	规划总用地合计			170.46		240.82	

来源：20140220两江新区工业开发区投融资平衡说明书

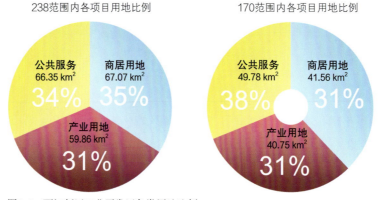

图4-4　两江新区工业开发区各类用地比例
来源：20140220两江新区工业开发区投融资平衡说明书

（2）土地征收策划

由于两江新区处于开发建设初期，土地征收及拆迁工作成了近郊农村、工业开发区和乡镇工业园面临的主要工作。能否科学应对土地征收和拆迁过程中出现的新情况、新问题，事关改革发展稳定大局。两江新区工业开发区由于成立时间短、发展速度快，土地征收工作任务重，在土地征收过程中面临征地补偿、拆迁安置、失地农民就业等一系列问题，矛盾突出。能否处理好开发区内部土地征收各种矛盾，关系到重大项目的落地和新区的开发建设进程与成效。

因此，土地征收的策划工作尤为重要，土地征收策划工作为土地征收"出谋划策"，要解决"何时征，征何处，怎么征"的问题，需要建立完备的征地管控模式；也应确立并规范征地过程中遇到的一系列问题的处置办法，建立征地问题处置模式。征地后失地农民的就业安置问题也是两江新区土地征收工作面临的一大难题，为保障后期安置工作顺利进行，在前期策划阶段应建立失地农民就业安置机制。

两江新区自挂牌成立以来，在重庆市人民政府及市国土房管局的大力支持下，科学推进土地征收工作。2010年6月18日成立至2014年底，共计征地拆迁2 508万亩，涉及119个村、891个社、45 601户、14.42万人。由于在土地征收过程中大力倡导"和谐征地"理念，充分保障了新区项目落地及基础设施建设的用地需求。通过四年时间的不断探索，通过创新征地工作机制，两江新区土地征收工作健康有序开展，并取得了一定成效。

2010年以来，两江新区平稳扎实地推进土地征收工作，成效显著，其重要动因之一就是构建了"1+3"特色征地管控模式。这种征地模式源于两江新区"1+3"管理模式："1+3"模式最上端是两江新区开发建设领导小组，在小组的管理下，两江新区管委会直管两江新区工业开发区，代管北部新区和两路寸滩保税港区三个平台。三个平台分别作为开发主体，协同推动两江开发，以资本和股权为纽带，采用共同参与、共建共享的开发模式，对土地征收实施全生命周期管控，保障了两江新区土地征收工作顺利进行。

纵观两江新区成立之后的土地征收工作历程，在任务重、时间紧、缺乏足够成熟经验借鉴的条件下，能够顺利完成各个阶段的征地工作任务，充分保障项目用地需求，顺利化解土地征收过程中出现的局部矛盾，在很大程度上得益于在土地征收实践工作中逐步总结形成的多元化征地问题处置模式，具体包括四个方面：①征地资金处置：按计划实施，节点式管理；②征地红线外余地处置：尊重意愿，同步实施；③遗留问题处置：因地制宜，逐步解决；④群众实际困难处置：制定标准，强化服务。两江新区土地征收工作实践表明，多元化征地问题处置模式行之有效，在土地征收工作中对征地资金管理、村社征地红外零星土地征收、征地遗留问题解决和群众实际困难解决上都起到了积极的推动作用。

此外，两江新区在征地拆迁及征地补偿的实施过程中，工作方式和流程采取阳光操作模式，力求透明规范，妥善处理征地及补偿过程中的各种矛盾和纠纷，主要表现在：注重发动宣传，坚持文明拆迁；纪检部门和监审机构全程监督；全面摸底调查确保补偿公开，认真及时化解矛盾纠纷等。

（3）土地储备策划

两江新区土地储备整治中心于2013年批准成立，负责两江新区范围内的土地收购、储备、整治及相关管理、服务等工作。在土地收购、储备的实践中，以《重庆市国有土地储备整治管理办法》为指导，不断探索两江新区土地征收、储备的运行模式和管控方式，通过几年的实践，构建了一套与两江新区开发建设实际相适应的土地整治储备综合管控机制，主要内容包括以下方面：

①土地储备基本原则与管理方式

两江新区土地储备整治遵循"集团统一储备，提高利用效率，兼顾各方利益"的原则，在符合土地利用总体规划、城乡总体规划的前提下，按照土地储备整治计划，将尚未出让（划拨）的城市规划建设用地集中储备，统一整治；按照土地供应计划进行出让或开展基础设施建设。其他单位不得储备、整治和开发纳入城市规划范围内的建设用地。

②土地储备政治范围

两江新区管辖范围内，根据土地储备整治相关规定和要求，两江新区储备土地包括：纳入城市规划范围内的新增建设用地、各园区已纳入控规范围内尚未开发的土地、依法行使优先购买的土地、土地使用权人与土地储备机构协议交换或置换的土地、国家及重庆市规定可以储备的土地及其他需要储备的土地等。规划主管部门对纳入两江新区国有土地储备计划范围的土地，及时组织编制控制性详细规划，划定规划红线，按相关程序报审批机构批准后抄送重庆市国土资源和房屋管理局两江新区国土分局（以下简称"两江新区国土分局"），由相应的土地储备整治机构实施土地整治。

③储备地前期开发

两江新区土地整治储备中心根据两江新区土地储备计划、控制性详细规划、地产市场供需状况，组织有关工程施工单位完成场地平整、道路铺设等前期开发工作。对重大土地储备项目，两江新区土地整治储备中心需以招投标方式确定整治工程施工单位。土地储备整治中心与工程施工单位签订整治工程施工书面合同。

④储备地整治工程验收

土地整治工程竣工后，由两江新区国土分局组织验收，经验收合格，按供地计划依法组织出让。土地整治工程，应符合控制性详细规划，达到水、电、气、路畅通和场地平整等要求。土地整治工程验收标准，由市国土房管局会同规划、建设行政主管部门制定。

⑤土地储备整治资金与出让收益管理

两江新区土储中心应当在银行设立土地储备整治资金专户，并报两江新区土地、财政审计部门备案；土地储备政治中心凭土地权属证书及规定的其他要件向银行申请土地储备整治贷款；储备整治的土地，由两江新区国土分局组织出让后所得的综合价金；土地储备整治成本，包括土地储备、整治与管理过程中发生的实际成本（含规划设计费）和贷款利息等。

具体到项目上的土地储备类策划，例如，两江新区商业商务用地细化研究；水土园区悦复大道东侧产业用地平场方案研究；鱼复园区疏港一期北侧地块平场研究；龙兴园区六横线以北产业用地平场方案研究；水土平场地块及周边道路接通研究等。

（4）土地出让策划

两江新区工业开发区贯彻"惜土如金"方略，坚持"三率一力"标准，建立良性运作机制，严把供地关口，依托垂直化团队，实现部门联动管理，加强科学管控，约束用地责任。

①"三率一力"准入机制

两江新区工业开发区各相关部门严格按照"三率一力"（投入率、产值率、税收率和项目影响力）要求招商引资，制定严格标准，严把供地关口，对项目的准入条件进行评审，确定准入产业项目，明确项目选址、供地面积及价格，锁定开工、竣工时间，并签订正式投资协议。在确保招入项目质量的同时，实现土地节约集约利用和产业项目优化集聚的有机统一。

②土地供应良性机制

按照两江新区管委会打造垂直管理团队的工作要求，向招商团队充分放权。供地通道：两江新区五大产业部及各产业办负责以"三率一力"为标准，对拟引进项目进行准入评审，明确项目选址、供地面积及价格等内容，签订正式投资协议，向集团土地储备部提出供地需求，进入供地程序。特殊项目供地通道：未同时满足"三率一力"标准或规划要求但具有其他重大引入意义的项目，由产业部统一提交两江新区管委会议事会审议。通过审议的项目可签订正式投资协议，向集团土地储备部提出供地需求，经土地供应管理工作领导小组审议通过后，进入供地程序。

③动态执行土地最低限价

两江新区工业开发区在土地出让基准地价制定上进行动态管理，根据社会经济发展状态进行城市基准地价的动态评估，严格制定土地出让最低限价。对于不同用途类别土地，依据"三率一力"标准，对其出让价格实行差别化管理。另外，土地出让金返还按照土地等级"就低不就高"的原则进行提留结算，实现土地出让收益最大化。

④各部门联动管理

为科学快速推进土地出让工作，有效缩短土地出让时限，两江新区成立了土地供应管理工作领导小组，并建立了会审机制，由两江新区管委会主要领导担任组长，领导小组由国土、规划、招商、发展改革、环保等相关部门负责人组成。定期召开领导小组会审会，对每一宗拟供地项目进行审查，诊断出让过程中存在的各种问题，落实到各部门限时解决，提升各部门之间的联动管理效率。

⑤用地监管机制

开展项目落地监管，集团土地储备部会同两江新区国土分局定期对已供地项目进行巡查，范围按投资协议约定时间开工或达不到建设进度的项目，提交两江新区管委会督促其履行投资协议。此外，还开展闲置土地查处，加大查处力度，闲置一年以上两年以下的土地，按相关规定收取闲置费，闲置两年以上的，报请土地行政主管部门依法回收土地。

⑥动态用地专项督查

由两江新区纪工委、监察室会同有关部门对已入驻投产部门定期开展的监督检查和分析评估。项目建成投产后，由招商、土地、财税、工商等部门联合对项目"三率一力"执行情况进行审查。

同时，五大产业部门及各产业办应力促投产项目全面落实"三率一力"标准，并定期上报相关情况，全面加强对项目用地效益的无缝监管。

⑦制定严格绩效考核办法

在项目建成投产后，充分运用用地评价体系，根据项目"三率一力"执行情况评估结果，对五大产业部及各产业办的用地绩效进行考核。

专栏2：国内外新区土地开发利用案例

案例2-1：浦东新区的土地开发利用经验

浦东新区位于上海市东部，地处中国沿海开放地带的中点和长江入海口的交汇处。1990年上海浦东掀开了新的篇章。19年的发展历程中，浦东新区以国际化思路结合本地特色探索城市发展新模式，高起点规划建设基础设施，高标准发展高新技术产业和现代化服务业，打造外向型、多功能、现代化新城区，努力建设成为国际区域性经济、金融、贸易、航运中心。2009年，南汇区划入浦东新区。自此，浦东新区区域面积达到1 210 km²，常住人口412万人，均占上海市的五分之一；生产总值3 676亿元，占上海市的26.8%；产业结构初步形成了以现代服务业和高技术产业为主导的发展格局。

浦东是上海重要交通枢纽，拥有洋山深水港、浦东国际机场和外高桥港区等重大功能性枢纽，以及先进的国际物流港口、航空运输、铁路轨道运输。伴随着浦东经济的高速增长，新浦东的生态环境建设得到极大改善。浦东坚持经济、社会、环境协调发展，努力建设成为经济发达、生活富裕、环境良好的生态城区。

浦东正日益成长为一个中外文化交流的舞台，一个彰显海派文化的大市场，一个具有文化发展潜力和前景的新城区。19年来，浦东先后兴建了一批有相当知名度的文化设施和旅游景点，东方明珠电视塔、上海科技馆、上海国际会议中心、海洋水族馆、东方艺术中心、临港滴水湖等正成为丰富上海市民文化生活的重要平台，改善了浦东综合发展环境和生活环境，提高了浦东的城市文明程度，各方宾朋纷至沓来。

浦东新区建设初期，土地开发利用对完善城市功能和提升土地价值的作用，有两方面可以值得借鉴。

（1）交通和基础设施先行策略

交通和基础设施先行，使"生地"变"熟地"，极大地提高浦东土地的自身价值和未来的开发效应。

首先是交通，从1990年初，浦东大力优先发展交通，主要有以下三个方面：

①建立相关职能部门浦东新区交通建设管理办负责交通的规划、设计、施工、运营和管理。而其中交通的概念是指从市内到市外，从客运到货运，从常规到各类轨道。

②超前规划和分流交通。由于浦西缺乏前瞻性宏观指导及对整体交通的系统规划，最终导致随着城市的膨胀，各种车流混行，相互干扰和影响。因此，浦东新区在交通规划中倡导"分流交通、各行其道"，按照土地开发布局和功能的不同，制定相应的交通建设。具体从两大方面实现。从道路系统上看，主要分为四个层次：快速干道（设计车速60～80 km/h）、主要干道（设计车速50～60 km/h）、次要干道（设计车速40～50 km/h）、地方性道路（设计车速30～40 km/h）。四者相互交叉，构成浦东干道网。另外，预测交通需求，为分流交通提供主要信息依据。预测交通需求主要从估算人口出行和机动车出行需求中得出。

③编制多样化、立体化、信息化的现代交通网，加强高架桥、地铁、轻轨、跨江隧道、高速路的硬件交通建设。逐步形成快速干道、主要干道、次要干道、分区支路组成的功能明确、快速便利的高级道路网络。在此基础上，完善更加立体的客运和货运交通体系。

其次，关于基础设施建设配套，从软、硬件两方面来看：一是硬件方面的基础设施建设。"八五"期间浦东将完成包括跨江大桥、道路、港口、水、电、煤气、通信、排污等十大工程，总投资约140亿元。此外，有计划有步骤地建设和改造基础设施。综合交通系统、邮电通信系统、能源供应系统、给排水系统、绿化生态环境系统和防灾系统都按国际级现代化城市的要求建设。前五年投资累计达250亿元，建成以交通、能源和通信项目为主的十大基础设施骨干工程。1995年以后，新区开发转入基础设施开发与功能开发并重阶段，启动了以航空港与信息港为代表的新一轮十大基础建设工程，投资近千亿元资金。这些骨干工程的建设，不仅可满足10年期间重点建设对市政公用设施配套的需求，而且为新区21世纪的腾飞提供条件，并使浦东新区逐步向国际级新都市迈进。二是软件方面的基础设施建设。先是优惠政策和相关条例和法规的制定，完善法律是基础性环节，同时也是吸引外部投资的条件。例如，税收方面，浦东制订了许多优惠措施，最著名的就是外高桥保税区，也是中国第一家保税区。此外，特别是对外资的引入，浦东在金融、商业、房地产领域做了很多探索性建设。例如，在商业方面，八佰伴、上海第一百货、上海浦东商业建设联合发展公司，三家合资兴建大型购物中心；在金融方面，1991年，日本三和银行、法国兴业银行等外资银行在上海创建支行业务。另外，在旧城改造方面，新区政府出台了相关优惠政策。例如，土地出让价格优惠、税费的减免、建筑容量的适当调整。

（2）土地开发的基本模式

浦东开发之初，除东边有部分城市化的地区之外，其他均为农村土地。所以在初始阶段，浦东土地开发条件极其艰苦和薄弱。故浦东新区在初期土地开发利用上，根据自身的特点，放弃了由政府投资主导开发的老模式。根据整体规划划分出四个主要区域，分别为陆家嘴金融区、金桥出口加工区、外高桥保税区、张江高科技园区。在此基础上，分别成立公司独立进行商业运作，在总体上由政府进行宏观调控的新模式。同时，通过几大重点区域的建设来带动浦东新区整体开发，形成"以点带面、面带成片"的开发思路。因此，各重点区域的开发公司成为浦东初期开发建设中的主导力量。浦东新区政府与各开发公司形成两级开发管理机制，即土地开发的两组机制，创新出土地开发两级循环的基本模式。

案例2-2：深圳特区的土地开发利用经验

深圳市地处广东省南部沿海，位于北回归线以南。深圳经济特区是深圳市的一部分。东起大鹏湾背仔角，西连珠江口之安乐村，南与香港新界接壤，是中国主要进出口岸之一。深圳市1 200万人，170万为户籍人口。1980年5月，中国第一个经济特区深圳经济特区正式成立。20多年来，作为中国改革开放的试验区，深圳经济特区带动着中国改革的前进步伐，并以其发展和经验证明了建立经济特区的正确性。1984年1月，改革开放的总设计师邓小平视察深圳特区时，充分肯定了取得的成绩。1986年后，深圳特区逐渐建立起外向型的经济。特别是1992年，邓小平再次来到深圳经济特区视察并发表重要讲话后，深圳特区开始调整产业结构，从初期的劳动密集型企业向技术、资金密集型企业转变，发展第三产业，建立市场经济体系和相应法规。现在，深圳特区已从原先的"优惠型"特区跨向"功能型"特区，并向着多功能、综合发展的自由贸易港迈进。

城市土地市场化运作深圳市土地开发供应计划基本实现了控制城市建设用地增量，平衡城市建设资金等目标。土地作为资源，在配置上实现了市场化；作为资产，已成为政府的重要财源；作为生产要素，已成为政府调控经济的重要手段。土地供应计划做到定性、定量、定位，各类用地的批准不得突破计划规定的指标，全市各区、镇、村及成片开发各类建设用地也必须在全市年度土地供应计划下达的分区指标内统筹安排。土地开发计划在实施中强化规划国土的集中统一管理，坚决收回企业或组织处置土地的权限。取消零星审批及协议出让经营性土地的供地方式，同时限制未办手续的非经营性土地通过改名、延期等手续进入经营性市场。配合新《土地管理法》及深圳市《法定图则》的实施，对协议让土地实行严格的用途管制，受让方不得以任何理由或借口申请改变土地功能及性质。若确因城市规划和公众利益的需要，需改变已出让用地功能的，应由政府依法收回后处理。

土地市场化运作的另一个重要作用是纠正土地市场运行的偏差。开发商对土地需求及开发往往有一定盲目性，开发商的投资信息通过市场调查、同行交流或政府公报而得。在土地市场上，问题不在于土地市场运行是否出现偏差，而在于经济调控力是否能够纠正这些偏差。土地开发供应计划能够使土地市场迅速摆脱调节功能紊乱的境地，并对造成的后果采取必要的补救措施。近年来，深圳市土地开发供应计划的市场指导作用日益增强。暂停供应办公及高层住宅用地，限制合作建房及商品房用地，控制土地出让规模等设想在计划中得到体现。

土地开发供应计划编制以土地利用总体规划和城市规划作为主要依据，城市规划对土地开发供应计划的导向作用表现在土地出让总规模、用地性质、开发强度、空间布局和市政基础设施配套等几个方面。反过来，土地供应计划的实施又可以保证土地利用总体规划和城市规划的实施，具体表现在以下两个方面：

①深圳市年度土地供应计划中出让土地的用地性质是依据城市总体规划、分区规划和法定图则来确定的，由于它是土地供应的执行计划，可操作性较强，直接保证了城市规划的实施。

②通过土地开发供应计划保证重点发展区域的开发。政府通过土地供应计划来合理分配资金投

向，并按照规划的要求组织土地出让，确保重点发展区域的基础设施适度超前建设，以此来引导城市开发方向。

城市总体规划对城市用地做出合理的安排，要靠中长期的土地供应计划进行部署，分区规划、法定图则对城市用地进行具体配置，要靠年度土地供应计划具体落实。城市规划控制城市用地总量、用地结构和用地强度，土地开发供应计划控制土地出让时序，两者相辅相成，缺一不可。

3. 两江新区工业开发区投融资策划

（1）两江新区投融资平台

两江新区批准设立后，为加快两江新区工业开发区的重大基础设施建设、重要区域开发和现代产业体系构建，重庆市政府出资100亿元设立两江新区开发投资集团有限公司（简称"两江集团"）作为新区内最主要的投融资平台，是继重庆市"八大投"（渝富、城投、地产、高发、开投、交旅、水投、水务八大政府性投资集团）之后，又一大型市属国有企业集团，是目前重庆市注册资金最多的市属国有企业集团。两江集团组织构架如图4-5所示。

重庆两江新区开发投资集团有限公司与重庆两江新区工业开发区管理委员会合署办公，实行"两块牌子，一套班子"管理模式。本着"成本除尽、增益共享、锁定政策、联合开发"的合作理念，两江集团坚持以资本为纽带，按照55：45的股权出资比例，分别与江北、渝北、北碚三个行政区组建了鱼复工业开发区、龙兴工业开发区、水土工业开发区三大开发平台。

两江集团下属多个专业子公司，分别负责基础设施建设及融资管理等工作。另外，重庆市政府给予了平台公司很大的支持：不仅赋予了平台公司土地储备权，还在建设用地指标、征地税费减免、财政税收返还等多个方面给予两江集团极大的政策性倾斜。

平台公司除了积极利用政府有关政策支持之外，还努力吸纳银行对新区建设的参与，与国开行签订开发性金融合作协议，承诺在2010到2015年间，国开行将融资600亿元支持重庆两江新区的发展。另外，国开行还以融资顾问的角色为平台公司提供"投、贷、债、租"等全方位金融服务。三峡担保集团公司的成立，进一步促进了重庆市担保体系的建设，提高了新区平台的融资能力。

两江集团主要负责按照重庆两江新区经济和社会发展规划，对重庆两江新区范围内的重大基础设施建设、区域土地开发、房地产开发和现代产业体系构建进行投资、建设管理和资本运作。

两江集团进一步明确"354"战略体系：三大定位主体、五大集团战略和四大业务板块。

三大定位主体包括：两江工业开发区进行"产城融合"式开发建设和经营的城市运营者；构建两江新区"全球领先、时代前沿"的产业体系的产业投资者；实现区域开发盈余和产业资本向金融资本转化和实现国有资产保值增值的资本运营者。

五大集团战略体现为：两江新区区域开发战略、产业发展战略、城市发展战略、资本运营战略和集团扩张战略。

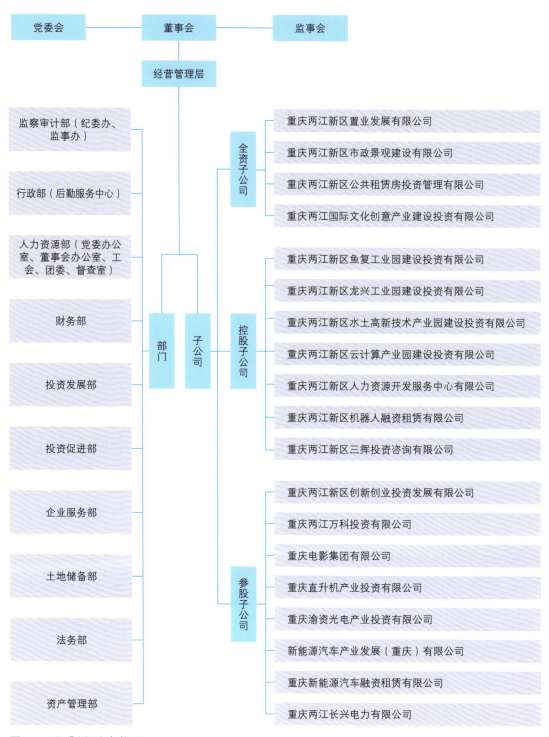

图4-5 两江集团组织架构图
来源：两江新区官网

主营四大业务板块包括:

①核心业务——园区一级开发业务

一级开发业务是两江集团平衡现金流、提升资产的主营业务,是带动集团资本回报率走势的重要业务,同时,该业务还肩负区域产业和城市发展的重任,是履行区域开发职责的重中之重。业务包含征地拆迁、土地出让、开发建设三大主要内容。

②积极平衡业务——园区二级开发业务

两江集团重点发展三大类别的二级开发业务以实现中期资金平衡并在远期形成大量优质经营性资产。三大类别业务:a.收益型业务,体现为住宅(包括公租房、安置房)和总部基地,获得收益较快;b.持续型业务,主要体现为办公、研发楼宇、酒店、旅游和商铺,以集团持有、出租获益的方式,具有稳定现金流,将成为集团永续经营的重点业务,同时也是上市的重要保障;c.使命型业务,主要体现为公共基础建设、标准厂房和仓库物流,不具备优秀的财务回报,但作为集团区域开发的必然使命,将提升区域硬件配套标准,为产业招商、城市功能打造提供保障。

③基础平衡业务——园区运营服务业务

两江集团将建立园区服务生态体系,包括:a.基础运营业务,即园区公共事业业务(供水、供电及通信服务等);b.创新服务,包括创新孵化、融资服务、咨询服务、科研教育以及物业管理等各项服务;c.智力聚集业务,根据园区整体发展需求,组建两江研究院并引入合作方成立两江商学院。

④动态平衡业务——产业投资业务

两江集团重点投资四项全球热点核心突破技术,择机投资生物医药、通信电子、汽车三类共十项推动两江新区主导产业发展的产业引擎技术,助推两江集团平衡发展。投资模式包括两种:a.直投模式(控股建厂),重点领域投资打造产业领军企业,抓住新兴领域发展机遇,投资成立产业新兴企业;b.产业投资基金模式,集团全资成立母基金公司两江产业投资公司,由母基金公司出资成立子行业投资基金,通过母子基金模式放大两江产业投资基金规模,助力于两江新区入驻企业的发展。

(2)两江新区融资渠道

钱从哪儿来是两江集团工业开发区建设推进面临的首要问题,单纯依靠财政资金难以弥补巨大建设资金缺口。两江集团大胆探索创新性融资方式,拓展融资渠道,形成了多元化融资渠道,为两江新区工业开发区项目建设提供充足的资金支持,保障了工业开发区开发和建设顺利进行。

贷款融资是公司成立前三年内最主要的融资渠道,主要采用银行贷款、信托贷款、理财产品委托贷款等多元化的融资方式。两江集团成立以来,获得以国家开发银行为首的银团120亿元首笔融资大单和中国农业发展银行65.8亿元的特大金额贷款,并通过创新信托贷款、理财产品委托贷款分别获40亿元信托贷款和52亿元理财产品委托贷款。

金融市场融资方面,创新运用股权融资、融资租赁、保险资金融资、债券融资等模式。两江集团积极创新运用股权融资,分别与农业银行、建设银行等合作开展结构化股权融资,融资总额达145亿元;两江新区思源、天堡寨两处保障性住房建设采用"预售回租"融资租赁新模式,获得国银租赁24亿元资金支持；与兴业银行合作，引入平安保险资金，融资50亿元；债券融资方面，广泛应用中期票据、企业债、短期融资券、私募债等企业债务融资工具，获得新世纪评级机构AAA最高评级。从2013年起，集团在银行间债券市场已成功注册债务融资工具总额度为197亿元。

此外，集团还在积极探索PPP模式、资产证券化、地方政府债券、上市融资等更多融资方式助力两江发展。

（3）两江新区资本运作

在融资的同时，两江集团也进行了卓有成效的资本运作。股权投资及理财投资运作的不断深入，将为集团带来良好收益。资本运作上，也能实现"资金→资产+资本→资金+△资金"的良性循环，为实现财务平衡和盈利做出贡献。在投资中，两江集团主动参与一系列质量高、前景好的项目，充分调动各方资源，提升其资本运作能力，在分享持续增长成果的同时，抓住资本市场蓬勃发展的机遇，进一步做大做强，与合作企业实现共赢。

截至2014年6月，两江集团累计投资983亿元，其中745亿元用于征地拆迁和工程建设投资，占比达76%。

两江集团积极引入外资，拟引入博瑞的金融有限公司作为重庆两江金融发展有限公司的财务投资人；为推进中日产业园的发展，两江集团组建重庆两江新区工业开发区三挥投资咨询有限公司，以股权转让的方式引入日本三井物产、日挥株式会社共同合作。

两江集团作为京东方项目属地单位，负责推进落实京东方重庆投资平台的组建及融资相关事宜，并为京东方重庆项目公司的资本金注入30亿元。

（4）两江新区财务平衡策划

两江集团紧紧围绕"融资抓创新、投资抓计划、出资抓效益"的思路，借鉴现代大型国有企业成功投资模式，以年度投资计划为依托，以项目投资评审为抓手，以月度资金预算为保障，不断推进投资工作的进行，投融资工作实现了规模与结构并重、质量与效益平衡。

对于一个完整的项目来说，投融资策划是整个项目的开始和核心，它对项目的实施与否具有决定性的作用。对于两江新区而言，投融资策划同样是重中之重。贯穿集团四大业务板块，各板块的财务平衡都离不开策划工作（图4-6）。

①一级开发业务财务平衡策划

一级开发业务投融资平衡策划目标为通过优化出让节奏，提升出让价值，实现两江集团区域开发小平衡。主要包括以下内容：

a.土地出让战略策划

土地出让战略策划内容包括：根据产业周期和产出效率，明确产业用地出让量；基于财务平衡和城镇化发展策划居住用地出让时序；依据配套产业发展和城镇发展需求明确综合用地出让节奏；依据产城融合发展理念，对产城融合体实行成片开发，明确重点开发项目及时序。

土地出让战略策划下可细分为两个方面。一是产城融合发展模式策划：确定高中低价值地块各类型用地比例、特征、开发原则及出让时序；二是用地出让战略策划：基于财务平衡考虑，明确产

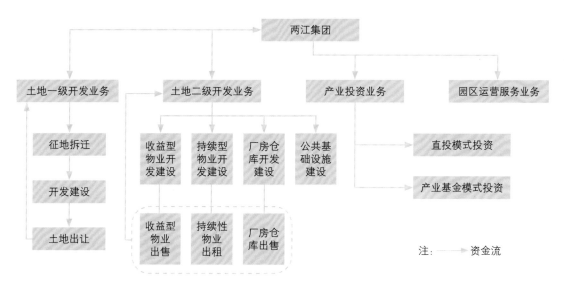

图4-6 两江集团四大业务板块资金流动

业用地、居住用地、综合用地等的出让节奏和出让量等内容。

b.征地拆迁和开发建设节奏策划

征地拆迁和开发建设节奏策划要求按照区域开发使命和土地成本变化原则，明确征地拆迁进程，进行征地拆迁节奏策划，测算开发成本；此外，策划还应明确土地出让前平场及管线铺设节奏以推迟现金流出。

c.经济产值目标策划

经济产值目标策划内容主要包括对新区各阶段实现收入、总资产、区域产值、土地开发量、人口量，本着科学实际的原则进行预判。

d.一级开发业务发展战略策划

为加快一级开发业务开展，保障开发业务科学有效开展，宜对一级开发业务进行发展战略策划，完善用地出让规划，探索建立市场监控体系，优化招商配套举措等。

新区目前已做的一级开发业务投融资平衡策划包括：《20140220两江新区工业开发区投融资平衡说明书》，在两江新区工业开发区的角度，以土地出让收入作为融资渠道，对工业开发区整体进行投融资平衡测算。

②二级开发业务财务平衡策划

二级开发业务财务平衡策划主要目标为明确各类型二级开发业务的发展战略，防范集团在中期可能出现的资金平衡问题，明确二级开发业务持股方式主要内容包括：

a.收益型业务开发战略策划

明确收益型业务开发物业类型，策划各收益型开发物业的开发节奏、开发模式并进行相应的财务测算，对收益型业务进行评估。

b.持续型业务开发战略策划

明确持续型业务开发物业类型，策划各持续型开发物业的开发节奏、开发模式并进行相应的财务测算，对持续型业务进行评估。

c.使命型业务开发战略策划

明确使命型业务开发物业类型，策划各使命型开发物业的开发节奏、开发模式并进行相应的财务测算，对使命型业务进行评估。

d.二级开发业务拿地战略策划

紧密结合产城融合的整体发展思路，两江集团重点开发产城融合体，与一级开发业务相结合，明确二级开发业务拿地战略。

e.经济产值目标策划

经济产值目标策划内容主要包括对二级开发业务实现销售收入、总资产规模、资产收益率、持有型物业面积进行预估测算。

f.二级开发业务发展战略策划

为加快二级开发业务开展进程，保障二级开发业务收益，宜对二级开发业务进行发展战略策划，建立"拿地"流程市场化机制，为拓展综合开发业务，推进合作开发模式进行相应战略策划。

③产业投资财务平衡战略策划

产业投资财务平衡战略策划主要任务为梳理产业投资发展思路，明确产业投资的两种模式，制订产业投资业务发展阶段性目标和战略目标。还可细分为：

a.直投模式发展战略策划

对于投资规模大的产业和中小型项目的不同投资模式，视具体项目进行相应的投资模式策划。

b.基金投资发展战略策划

可进一步明确基金投资模式，明确子基金投资方向、子基金管理模式等。

c.产业投资业务发展目标策划

产业投资业务发展目标策划内容主要包括明确产业投资阶段性业务指标，对产业投资业务实现收入、总资产规模、资产收益率进行预估测算等。

d.产业投资业务发展战略策划

为使直投业务专业化，迅速启动基金投资业务，宜对产业投资业务进行发展战略策划，建立投资分析、投资执行和投资管理的专业运营模式，建立与专业基金投资、管理团队合作模式，探索与科研机构、科学家团队建立战略合作模式以获取资源等。

此外，为确保项目能够落地实施，对每个项目进行投融资方案策划十分必要，因此，新区的每个项目在实施之前都应该做相应的投融资策划，严格按照投融资体系，明确投融资主体、投融资方式、投融资渠道以及投融资工具，厘清每一笔资金的来源和运用，为项目的运作打下良好的资金基础。新区成立至今，投融资硕果累累，与新区投融资策划工作密不可分，在两江集团这一强有力的投融资平台上，结合集团在开发建设以来形成的多元化融资渠道、投资战略，新区将取得更大的投融资成就。

专栏3：国内其他新区投融资平台运作分析

案例3-1：浦东新区投融资平台运作分析

上海浦东新区投融资平台公司主要由包含金桥集团、张江集团、陆家嘴集团、外高桥集团在内的浦东四大国有集团开发公司组成，负责新区内的投资建设以及融资管理。四大平台公司相互联系又彼此各有分工。

（1）金桥集团开发公司

1990年，上海市国资委投入价值2.4亿元的土地成立金桥开发公司，主要承担上海金桥出口加工区27.38 km²内的土地开发及融资管理。经过数次改制，1997年上海市将金桥股份公司中国资委掌握的49.18%国家股折合为3.12亿元人民币，纳入金桥集团公司。至此，金桥集团公司的总注册资本达到8.85亿元，完成了公司注册资本的融资，总体来说，政府对投融资平台属于土地加股权的投资模式。

（2）张江集团开发公司

1992年7月，张江高科技园开发公司挂牌成立，主要负责上海张江高科技园区25 km²内的开发建设，2001年12月，更名为上海张江（集团）有限公司，下辖1家上市公司和12家其他公司。张江集团开发公司同样也是以土地作为突破口"以土地吸附资金，以资金开发提升土地价值，再以土地吸附更多资金并以此推动更大规模的土地开发"，在项目运作过程中，采取开发公司开发建设，建成后政府回租，之后再以国有资产的形式授权给开发公司运营管理，政府只需要每年支付一定的租金，减轻了负担。同时，开发公司也能够从政府获得固定的回报，降低风险，达到双赢的局面。总体来说，该平台公司属于土地加国资运营的运作模式。

（3）陆家嘴集团开发公司

陆家嘴集团开发公司于1997年正式组建，主要负责陆家嘴地区5 km²左右的土地开发管理。公司最初主要实行"土地空转，滚动开发"的投融资模式，政府将土地空转给陆家嘴集团开发公司，公司再以土地作为资产以多种方式在短时间内融入大量资金，迅速形成开发规模。直到2002年《土地法》的出台，要求六类经营性土地必须以"招、拍、挂"的方式取得，这一快速融资模式才被取消，转而以开发二级项目的形式融通资金，同时探索跨区域经营，走上良性发展的道路。总的来说，该投融资平台属于土地加BOT加房地产抵押的运作模式。

（4）外高桥集团开发公司

上海外高桥集团开发公司成立于1999年，注册资本来源同样是上海国资委以土地抵押融资，获得项目建设初始资金。进入良性轨道后，公司开始探索上市融资，并通过"财政返还、银行信贷、短期融资券，建设债券、信托基金"等多种融资渠道融通资金，为上海浦东新区更好的投资建设奠定基础。

上述四个平台以有效的分工方式负责不同片区的新区建设、融资管理工作。共同之处为，都是上海市国资委以土地注资的方式注册成立，并且初始运作均以土地作为突破口，获得公司发展壮大的机会。但在后期的发展过程中，四个平台公司逐渐根据自身特点发展出不同的投融资运作模式，各具特色，共同获得了发展，为浦东新区的建设贡献了各自的一分力量。由此可以看出，作为地方政府投融资平台，其投资主体是政府就决定了最主要的融资方式为土地融资或者是土地次生融资，在此基础上进行投融资渠道的拓展。

案例3-2：天津滨海新区投融资平台运作分析

天津滨海新区投融资平台公司为天津滨海新区建设投资集团有限公司，是由天津市政府出资，新区实施监督管理的国有独资、现金流全覆盖的大型地方政府投融资平台，承担着新区交通管网、基础设施建设及其他重大项目建设的重任。公司注册资本300亿元，拥有总资产1 475亿元，是滨海新区最主要的城市建设及投融资创新平台。资金来源主要有国家开发银行贷款、商业银行贷款、BT项目融资和政府财政资金。

（1）国家开发银行贷款

国家开发银行在新区成立伊始，提供500亿元的专项贷款及期限为10年以上的长期贷款，用于滨海新区城市基础设施建设。而天津市政府将新区2 270 km^{2}范围内可出让土地总收入的20%纳入政府收益，将其中的80%投入平台公司，作为还款来源。

（2）商业银行贷款

除了国家开发银行外，平台公司还与工商银行、建设银行、浦发银行、中国银行、民生银行、中信银行等多家商业银行保持良好的合作关系。其中，与工商银行签订200亿元的全面合作协议；与建设银行签订248亿元的战略合作协议；与浦发银行签订20亿元的综合授信协议等，将平台公司收益以及政府财政拨款作为还款来源。

（3）BT项目融资

为了缓解地方政府投融资平台的局限性，进一步扩大融资渠道，2008年天津市政府批准了平台公司提交的《BT模式建设管理试行办法》，开始对新开工的建设项目采用BT融资模式进行融资，涉及投资规模56亿元。

（4）政府财政资金

作为天津市滨海新区最主要的基础设施建设渠道和融资创新平台，天津市政府通过整合市政资源与注入优质资产等多种方式给予平台公司大力的支持。在融资方面，主要通过土地资产划拨、资本金划拨以及税收优惠三种方式对平台公司进行投资，从而扩充公司资金实力。

总体看来，天津滨海新区建设投资集团有限公司作为新区建设的最主要的投融资创新平台，青岛市及滨海新区政府为公司的快速、稳定发展提供了还款信用担保、土地注资、政府资金拨付、税收优惠政策等一系列支持，从而吸引了众多包含银行在内的金融机构较大数目的项目贷款，为公司项目建设提供了充足的资金保障。另外，采用BT融资方式也成为平台公司别具一格的投融资创新方式。

对比浦东新区和滨海新区，重庆市将政府投融资平台运用得更成功。在两江新区成立之前，便成功运用"八大投"平台公司运作模式获得了城市建设的发展。两江新区成立后，重庆市继承并发扬了这一经验。主要体现在以下几个方面：

一是利用国有资源设立主投融资平台，再在主投融资平台下设多个专业性平台子公司，负责新区内不同领域内的投资建设及融资管理工作，以主带副，统一融资口径。

二是与政策性金融机构保持友好的合作，解决项目建设初期融资、担保、财务等一系列工作，降低了交易成本，提高了工作效率。

三是将土地储备权授予两江集团，再辅以提供用地指标、征地税费减免等有力的政策支持，大大增强了平台公司的竞争力，使其能够在一级市场发挥政府主导作用。

第二节　以战略制定和法定规划为干

1. 发展战略解读

（1）发展战略概述

"战略"一词源于古希腊文"Strategos"，其意为将军指挥军队的科学和艺术。20世纪50年代以来，"战略"开始进入管理领域，用以协助企业审视发展现状，制定发展目标等，并迅速被各行各业所接受运用。

新区发展战略是关注新区中整体和长远发展影响的问题，进行重大、全局、决定性意义的规划。其核心是其战略定位的明确。城市战略定位必须着眼于区域经济发展而不是个别城市的发展，战略定位也不是一成不变的，战略的制定必须注重城市的协调、持续发展。

战略定位是城市发展战略策划的指导思想，也是城市战略管理首要解决的问题。而科学的战略定位源于城市现状、宏观环境和社会变化趋势等，因此在作城市战略定位时，应清楚社会分工与合作趋势日益深化、区域经济与城镇化、城市问题和城市的可持续发展几种变化与现实。

（2）新区战略规划与发展战略策划关系

新区发展战略策划作为策划的一个分支，经过了几十年的发展成为决策的一种工具，是指对新区接下来几十年或者更长远的一个发展计划。

城市发展战略是原则性、纲领性的表述，要把它付诸实施，必须有规划和计划。新区发展战略规划应把目标和实现目标所具备的基本条件作进一步科学的规定，并考虑这些条件之间的协调关系和综合平衡，把规划的目标分解成为具体的实施计划，并明确其行动步骤和保障条件，同时根据实施反馈信息，对战略的可行性作进一步研究和修正，新区的发展战略策划是城市新区发展的关键环节。

2. 两江新区工业开发区发展战略环境的不确定性及决策

（1）新区发展的战略环境

宏观环境能对新区的发展产生重大的影响。环境通常被分为三个层次：区域国际环境、发展运行环境和内部环境三个层次。新区发展的战略环境，应属于前两个层次。

区域国际大环境包括社会、技术、经济、生态和政治等五个方面的内容，城市新区的发展与区域国际大环境息息相关。新区发展运行环境，主要包括生活环境和商务环境。生活环境包括家庭消费、社区服务、公共产品、自然环境，司法环境、制度环境、文化服务、政府服务等方面；商务环境是企业的运营环境，包括以资源与生产要素环境、产业基础与集群、区位与当地需求环境、基础设施等为主的硬环境，以及以基本制度环境、市场开放环境、政府服务环境、政府营销战略等为主的软环境。

（2）新区战略环境的不确定性

新区发展的一个基本原则就是要提高城市新区的竞争力。从城市竞争力要素进行分析，新区发展的不确定因素主要表现在以下几个方面：

区域的产业发展雷同，导致区域之间产业竞争加剧；城市总体发展战略对于新区发展的指引性不强，定位缺乏明显的支撑依据；城市新区发展环境不成熟，缺少支柱型产业，产业发展选择不明确；受产业的生命周期的影响，如何寻找具有替代型产业以及产业的发展方向不明确；国家的宏观政策对于新区发展的影响不明确；区域基础设施建设计划进度的不明确等六方面。

（3）新区战略环境的不确定性与战略决策模式

城市新区发展有许多不确定因素，这是城市扩张中不可避免的。许多城市新区由于战略环境的不明确，无法清晰地预测未来新区发展的前景，新区开发者由于发展战略环境的不确定性，有可能丧失对新区长期规划的努力和信心。

对于新区发展，由于其战略环境的动态性，有必要建立与之适应的战略决策模式。基于新区发展战略环境的不确定性，总的来讲，根据战略环境的明晰程度不同可分为：战略环境高度明确与程式化战略，战略环境中度明确与价值收益战略，战略环境低度明确与渐进式战略。

3. 战略决策模式阐述

（1）战略环境高度明确与程式化战略决策模式
①模式的理论基础

对于战略环境高度明确的城市新区，宜采用一种标准化、程式化的发展战略模式，而综合发展规划正是这种战略的规划决策。综合规划的概念是从总体规划的基础上发展而来的。综合规划包括了城市和区域的社会经济因素，而这些在传统的总体规划中是并不包含的。正如综合规划概念的早期倡导者之一的肯特对综合规划所下的定义为："综合规划是市政立法机构的官方陈述，它确立了与未来想要的物质空间发展相关的主要政策。"

在国家宏观政策的指引下，以及区域与城市总体规划的指导下，由于对未来具有相对明确的目标与定位，综合规划需要对新区的产业发展、功能布局做出程式化的、更加详细的安排。

②模式的基本特征

程式化模式就是在战略决策的过程中，基于理性思维，按照标准的规则和程序，使决策尽量合乎理性，具有系统性。其程序主要表现为：

明确新区开发的战略环境—界定新区开发的主要问题—选择新区发展目标—编制可供选择的新区开发战略决策和开发程序—预测多种新区开发战略的结果—对战略方案进行评估+确定实施方案和备用方案—为实施方案编制详细计划—适时地评估与计划调整。

虽然这些步骤有一定的排序和先后，但往往需要返回和重复执行。比如在第四步或第五步发现无法达到第三步的目标，则需要返回第三步另外选择更合适的目标，甚至在问题逐步深入到后面阶段时，也有可能调整行动目标（图4-7）。

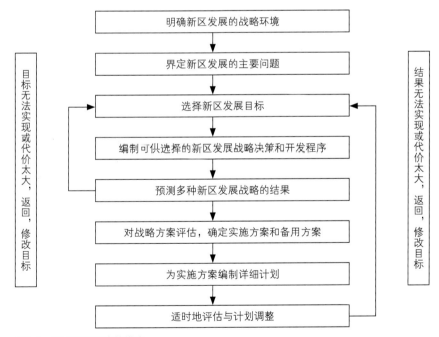

图4-7　程式化战略决策模式

（2）战略环境低度明确与渐进式战略决策模式

①模式的理论基础

对于战略环境不够清晰、发展目标还不明确的城市新区，宜采用一种渐进式的发展战略决策模式。渐进式战略决策模式以渐进式规划为基本方法。

分离渐进规划思想方法的基础是理性主义和实用主义思想的结合。这种方法在日常的决策过程中被广泛运用，尤其适合于规模较小或局部性问题的解答，在针对较大规模或全局性问题时，可将问题分解成若干个小问题甚至将它们分解到不可分解为止，然后进行逐一解决，从而使所有问题都得到解决。

②模式的基本特征

渐进式模式有以下几个特点：

a.由于很难一开始就把预期价值阐明落实，因此，在预期目标方面达成某种妥协，程序安排也不像程式化模式那样标准和包罗万象。

b.注意吸收先前经验，认清先前政策的优势和当前政策所带来的改进和边际变化。对先前的政策略加调整或少量调整，比出台一项全新的、激进改变的政策更容易被接受。

c.建立一个理性的程式化模式，需要收集大量翔实的资料和丰富的理论知识，这需要投入大量的人力和财力。而渐进式模式所需要的知识和理论相对较少，无需投入多大的努力，进行简单调整就可以解决实际问题（图4-8）。

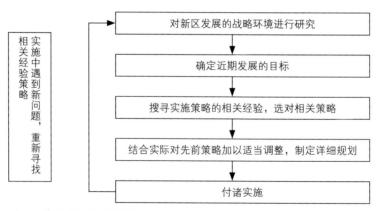

图4-8 渐进式战略决策模式

（3）战略环境低度明确与渐进式战略决策模式

①模式的理论基础

战略环境相对明确的城市新区可采用以价值为基础的决策模式，这种模式的理论基础是价值链分析方法。

价值链方法是对企业发展战略的决策分析，对新区发展战略也有同样的作用，表现为以价值收益为基础的新区发展。

②模式的基本特征

价值观模式通过对区内核心资源能力与外部环境进行整合，来确认获得发展优势的潜在资源，进而进行资源的优化配置。发展模式关键在于差异性与独特性，体现不同于其他发展战略的自身价值观念（图4-9）。

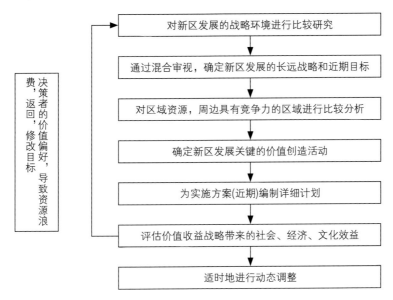

图4-9 价值观战略决策模型

该模式使新区发展过程中，不仅具有物质功能，而且随着新区的发展加强了城市新区的文化，树立了新区的形象，有利于新区获得竞争优势，还可以缓解渐进式战略和程式化战略给新区带来的压力。这种以价值为基础的决策方式是对不断变化的竞争环境的一种战略性反应，不论这种环境是否确定，它弥补了渐进式战略与程式化战略的不足。同时价值不仅体现在经济的发展程度上，还体现在社会、文化的综合发展程度上。这种模式采用的是体现决策者自我价值的方法。它也不像分离渐进规划那样只关注当前面对的问题，单个地予以解决，而是从整体的框架中去寻找解决当前问题的方法，以价值为基础，使对不同问题的解决能够相互协同，共同实现整体的目标。

4. 两江新区工业开发区战略决策模式选择

两江新区战略环境不是一成不变的，不同发展阶段的战略环境不同，战略决策模式选择不同。由于城市发展战略的动态性，随着两江新区战略环境的变化，模式的选择也要做出相应的调整。在两江新区发展过程中，很可能会运用几种战略决策模式，相互配合、相互补充，使战略决策在过程中不断得到完善，达到最佳状态（表4-3）。

表4-3　城市新区发展的战略决策模式比较

战略决策模式	适用情况	应用理论方法	优点	缺点	补救措施
程式化战略	新区战略环境明确	综合规划方法和理性规划方法	标准化程式开发，集中力量，缩短发展所需时间	缺少灵活性，对战略发展缺少新的突破，实践上目标很难达到一致	将程式化模式与渐进式模式联系起来
价值观战略	新区战略环境中度明确	价值链分析方法，混合扫描法	注重新区资源独特性，体现价值所在	决策者的价值偏好有可能导致资源浪费	同渐进式战略与程式化战略联系起来
渐进式战略	新区战略环境低度明确	分离渐进方法	小规模发展，解决当前实际问题	短期行为可能导致长远利益的损失	更加理性地运用渐进式模式

5. 两江新区工业开发区战略策划的主要内容

（1）两江新区发展战略的策划目的

①分析战略环境，明确战略地位

两江新区通过对自身区位、交通、政策等战略环境的分析，了解其自身的优势和劣势，明确新区的性质、职能、定位及发展方向，不断明确发展目标及方向，以更好地迎接未来的挑战。

②选择产业方向，优化城市布局

近年来，两江新区针对内陆市场和新兴产业的特点，积极探索战略性新兴产业发展新路径，通过成立产业引导基金、股权投资、融资租赁等多种方式，优化产业生态，推动了通用航空、机器人、云计算、显示屏等九大战略新兴产业的大发展，并且优化了城市发展空间格局和产业布局。

③制定发展战略，促进城市发展

两江新区在明确战略定位、产业发展方向选择之后，探索适合其开发和运营模式以及分期发展策略，引导与促进两江新区更好地发展。

（2）上位规划对两江新区发展战略指导

①重庆市十三五规划纲要对两江新区发展战略指导

强化两江新区重点领域的创新引领带动作用，培育壮大都市功能拓展区重点支撑板块，完善对外开放平台体系，加快两江新区开发开放：

a.加快集聚高端产业高端要素

着力提升整合国际国内高端要素资源的能力和水平，大力引进战略性、引领性、带动性强的龙头项目，努力抢占战略性新兴产业和现代服务业发展的制高点。大力培育新能源及智能汽车、电子核心部件、机器人及智能装备、云计算及物联网、可穿戴硬件及智能终端、通用航空、能源装备、生物医药、节能环保、新材料等战略性新兴产业集群，使其成为全市战略性新兴产业发展的主战场。发挥开放平台优势，创新发展新型服务贸易，引领全市服务贸易加速发展。增强贸易、物流、技术、资本、人才等要素资源的集聚辐射能力，加快建设国际贸易中心、国际物流中心、先进制造研发转化中心、资本运作和人才集聚高地。

b.发挥改革开放创新示范功能

围绕扩大开放、创新创业和提升现代化治理能力，积极争取实施国家、市级改革试点，充分发挥国家级新区的示范窗口作用。加强在开放口岸、现代金融、服务贸易、保税物流等领域的功能创新，培育接轨国际的城市环境，增强国际交往功能，提升国际影响力，打造环境优、功能全、开放程度高的内陆开放示范窗口。围绕优势支柱产业和战略性新兴产业，构建国际化、开放型创新体系，加快集聚国际国内高水平研发资源，建设好中国重庆两江新区留学生创业园，打造多层次创新人才集聚高地，将其建设成为西部创新中心的窗口。进一步优化管理体制，提升行政服务水平，营造良好的创新创业环境。

c.建设现代都市风貌展示区

推进"海绵城市""生态城市""智慧城市"建设，构建"两江""四山"生态体系，打造"一半山水一半城"的生态宜居城市风貌。加快江北嘴金融城、悦来会展城、礼嘉商务城、照母山科技城、金山商贸城、鱼复汽车城、龙兴文化旅游城、水土高新城、蔡家智慧宜居城、两路寸滩保税城等重点功能组团发展，引导人口、产业向功能组团集聚，实现产城融合发展。加快完善重点区域的基础设施和公共服务设施，加快城市道路、轨道交通及水、电、气、通信、污水垃圾处理等市政设施建设，完善教育、医疗等城市配套公共服务。

②两江新区十三五规划纲要对两江新区发展战略指导

a.坚持创新发展，增强发展动力

深入实施创新驱动发展战略，发挥科技进步和信息化的带动作用，加快构建现代产业体系，深化供给侧及科技、国资国企、投融资等改革，厚植人力资源新优势，建设创新创业集聚区，培育并增强发展新动力，加快建设，使两江新区成为西部创新中心的窗口。

b.坚持协调发展，建设现代都市新区

加快推进产城融合发展，构建立体基础设施支撑体系，提升城市配套功能，优化"一心四带"发展布局（图4-10），建设现代都市新区。

c.坚持绿色发展，建设美丽山水新区

坚持生态优先、绿色发展，尊重自然、顺应自然、保护自然，保障生态安全，改善环境质量，提高资源利用效率，推动生产方式、生活方式和消费模式绿色转型，实现绿水青山、绿色低碳、人文厚重、和谐宜居的生态文明建设目标，打造生态宜居的美丽山水新区。

d.坚持开放发展，建设内陆开放的重要门户

坚持在国家和全市对外开放发展战略中谋划两江新区发展，积极开展国际国内合作，创新开放体制机制，强化开放门户功能，提升国际化水平，加快建设成为内陆开放的重要门户。

e.坚持共享发展，建设和谐新区

切实保障和改善民生，加快发展社会事业，扩大公共服务供给，创新公共服务提供方式，完善民生实事实施机制，让两江群众有更多获得感。

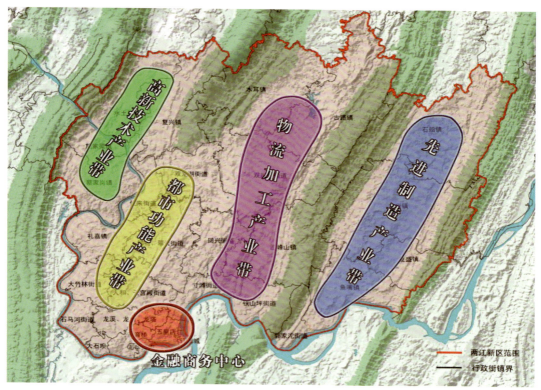

图4-10 两江新区"一心四带"发展格局示意图
来源：重庆两江新区十三五规划纲要

（3）两江新区发展战略策划的内容构成

①两江新区发展模式研究策划

a.新区开发模式

目前，新区开发模式主要有产业新城模式、副中心模式、休闲旅游模式、房地产模式四种模式
（图4-11）。两江新区工业开发区发展历时7年，一直秉持产城融合为新区发展目标。对两江新区
工业开发区发展模式进行研究，以达成产城融合的目标，实现以产促城，以城促产的互动发展。

b.两江新区发展现状

两江新区距离重庆主城20 km，目前两江新区区域骨架基本建成，产业招商基本完成，工业生产
总值逐年稳步上涨，但产业投产数量少，还未实现大规模投产、区域人口增长缓慢，各种配套尚不
完善，公租房入住率不高、区域的陌生感强，认同度低。

c.两江新区发展模式选择

现阶段两江新区工业开发处于传统的产业园区发展模式，综合一系列案例借鉴，在新区提速
发展的目标下，两江新区发展模式研究策划建议两江以产业新城模式为主，叠加副中心模式提速城
市功能完善（图4-12）。

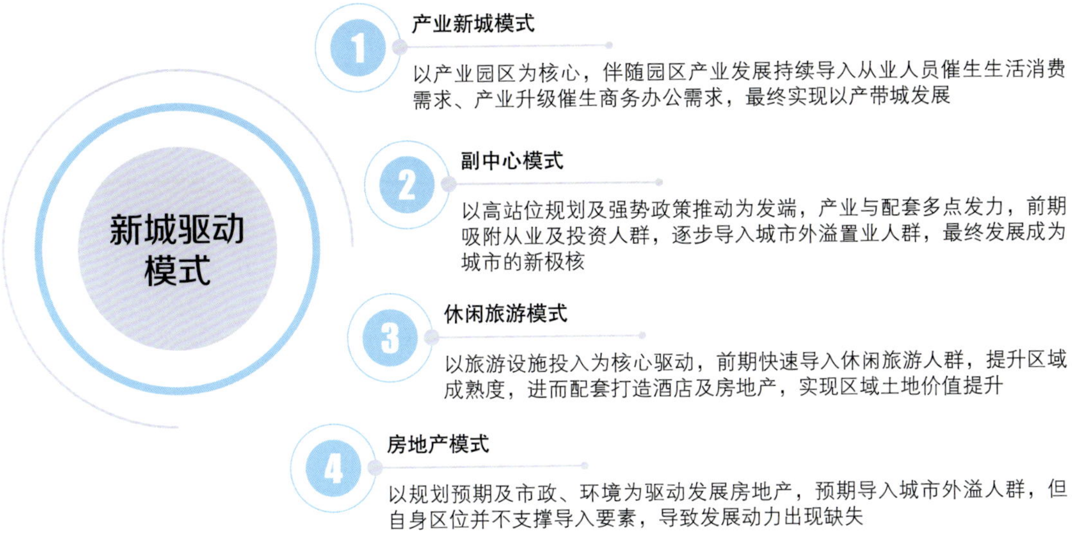

1 产业新城模式

以产业园区为核心，伴随园区产业发展持续导入从业人员催生生活消费需求、产业升级催生商务办公需求，最终实现以产带城发展

2 副中心模式

以高站位规划及强势政策推动为发端，产业与配套多点发力，前期吸附从业及投资人群，逐步导入城市外溢置业人群，最终发展成为城市的新极核

3 休闲旅游模式

以旅游设施投入为核心驱动，前期快速导入休闲旅游人群，提升区域成熟度，进而配套打造酒店及房地产，实现区域土地价值提升

4 房地产模式

以规划预期及市政、环境为驱动发展房地产，预期导入城市外溢人群，但自身区位并不支撑导入要素，导致发展动力出现缺失

图4-11 新城驱动模式示意图
来源：重庆两江新区城市开发模式案例分析研究

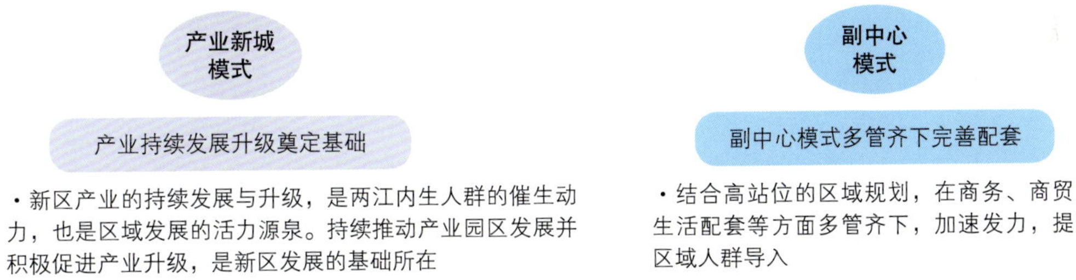

产业新城模式

产业持续发展升级奠定基础

· 新区产业的持续发展与升级，是两江内生人群的催生动力，也是区域发展的活力源泉。持续推动产业园区发展并积极促进产业升级，是新区发展的基础所在

副中心模式

副中心模式多管齐下完善配套

· 结合高站位的区域规划，在商务、商贸、生活配套等方面多管齐下，加速发力，提速区域人群导入

图4-12 两江新区发展模式示意图

②龙盛水土片区人气指数策划

人气与城市的发展成正比，人类活动在一个区域越频繁，那么这个城市的发展进程就越愉快。加快集聚城市人气、带动城市经济做大做强，有利于推进就业、社保、医疗、教育、住房、养老等公共服务体系建设，提升人民群众幸福生活指数。

目前龙盛水土片区面积较大，但是人气明显不足，无法更好地带动片区发展，人气指数策划的制定可以很好地帮助龙盛水土片区吸引外来人口，加快龙盛水土片区的区域发展。

③两江新区工业开发区功能布局策划

城市功能布局就是指城市建成区域的平面形状以及城市内部功能结构与道路系统的结构。它是在历史发展当中形成的或者为自然发展的结果，或为有规划的建设结构。

两江新区工业开发区根据功能布局形成的利弊进行研究，制定了功能布局策划，统筹整个两江新区工业开发区的整体功能布局，对两江新区工业开发区的规划发展有着积极的指导作用。

专栏4：国内外典型新区发展模式借鉴

从新城实际驱动及发展效果来看，选取对两江新区有借鉴意义的产业新城、副中心及房地产三种发展模式3个案例进行重点分析。

案例4-1：裕廊工业园产业新城发展模式借鉴

该模式是政府自上而下大手笔规划，同时借助企业化运作进行强有力推动，堪称亚洲工业园的发展先驱典范。

园区逐步发展形成工业生产区、研发中心区、中央商务区三大核心集群，并逐步扩张到整个新加坡工业版图。

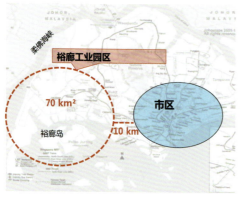

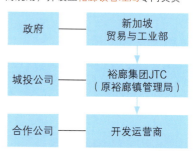

政府为吸引外资，发展经济，改变现状而规划，并设立裕廊镇管理局专门负责

- ■ 裕廊工业区位于新加坡岛西南部的海滨地带，距离市区约10 km，面积约70 km²
- ■ 工业区从1961年10月开始兴建，目前已发展成为新加坡最大的现代化工业基地，工业产值占全国的2/3以上

图4-13　裕廊工业园区位图

发展阶段	起步发展期		全面建设期		平稳发展期	
	1961年	1979年	1980年	1990年	1991年	2014年
发展现状	·建成区面积：101公顷 ·当期政府投资额：1亿新加坡元 ·入驻企业：150多家		·建成区面积：662公顷 ·当期政府投资额：1.61亿新加坡元 ·入住企业：2 000多家		·建成区面积：7 000多公顷 ·当期政府投资额：40亿新加坡元 ·入住企业：8 000多家	
驱动核心	政策 + 基础设施建设		配套 + 科技研发		产城一体化. + 配套服务全面升级	
大 事 件	·组合式标准厂房 ·园区基础设施建设		·新加坡科学园区建立 ·石化生产和配售物流中心		·纬壹科技城 ·裕廊商业园区	
人口特征	以产业人口为主		中高端人口逐渐增加		中高端人口成为主力	

图4-14　裕廊工业园发展阶段

经过起步发展、全面建设和平稳发展三阶段，裕廊工业园建成规模不断扩展，人口结构实现从产业工人到中高端人群的更新迭代。

裕廊通过以港促城、以城促港、港城联动的三阶段发展，以城市配套助推高端人群导入，以产业升级进一步促进产城深度融合，辅以休闲旅游功能，全面构建综合城市服务功能体系。

案例4-2：天府新城副中心发展模式借鉴

天府新城是国家级新区天府新区的城市副中心功能组团，计划打造成为成都的商务商贸区。

政府大力完善基础配套，通过强有力的政策优惠力度，以促进会展、总部经济的发展，从而带动城市建设全面发展。

新区发展前期主要依靠区域规划及政府强力引导，总部经济作为产业核心，得到政府的大力扶持。

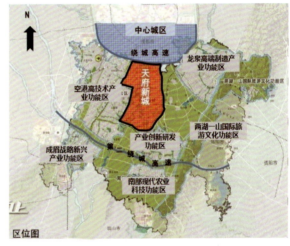

■新城定位：天府新城承担区域性中心、城市中心和新区中心三重职能。承担区域性总部商务、金融、会展博览等中心职能和以服务外包、软件等为主导的现代服务业基地的职能。

□区位：坐落于成都天府新区，距离成都市中心15 km。
□交通：高速公路——绕城高速，地铁——地铁1号线，公路——天府大道。
□规模：规划总面积119 km²，总规划人口196万人。

图4-15　天府新城区位概况

案例4-3：天津中心生态城房地产发展模式借鉴

中新天津生态新城是两国政府继苏州工业园后又一战略性合作项目，是世界第一个国家间合作开发建设的生态城市。园区规划面积30 km²，其中商住用地占比超过50%；产业用地占比6%，发展节能环保、信息技术、新媒体、动漫影视等战略性新兴产业。

区域发展制定"三年起步建设，五年起步完成，十年整体完成"的目标，现阶段处于起步发展期。

前期产业发展遇到一定阻力，主要依靠区域规划及城市配套实现土地及房地产销售，但由于城市距离较远且对外交通不便，常住人口导入规模有限，教育配套投入使用后有一定好转。

□ 区位：坐落于天津滨海新区，距离天津市中心45 km，距北京150 km，距天津滨海国际机场40 km。
□ 交通：铁路——京津城际、津秦高铁；高速公路——海滨大道、津汉快速路、京津二线，地铁——城市轻轨。
□ 规模：占地面积30 km²，启动区占地面积8 km²。

■ 新城定位：世界上第一个国家间合作开发建设的生态城市，为中国乃至世界其他城市可持续发展提供样板；为生态理论创新、节能环保技术使用和展示先进的生态文明提供国际平台；为中国今后开展多种形式的国际合作提供示范。

图4-16　天津生态城区域概况

专栏5：新区人气集聚方式借鉴

案例5-1：集美新城人气集聚与活力提升研究

（1）集美新城概况

集美新城位于厦门城市的几何中心，以"一心四片"为总体发展格局。未来的集美，将以集美新城为中心，依托已经形成的集美、杏林两个老城片区和快速发展的灌口片区、后溪新区，打造一个文化品位高尚、人居环境优美、创业环境优越、功能配套完善的滨海临湾现代新城。

（2）集美新城人气集聚策略

①通过学村高校的交流活动，提升新城人气

制定优惠政策，引进高素质的人力资源和科研教育资源。依托集美学村内的高校，通过高校加强对外交流，联络集美新城与外界的感情，带动城市人气，提升集美新城的名气，如建立世界集美学子联谊会。整合各高校的校园文化活动成集美系列特色活动，如cuba、大学生文化艺术节、世界集美学子联谊会、国际大学生3x3篮球联赛、世界华侨华人龙舟赛、国际风帆赛、国际游艇竞赛、青运会、世界大学生三对三篮球联赛、环湖竞走赛事、划艇对抗赛等加强集美新城与世界各地的相聚交流，集聚人气，提升名气。通过举办国际论坛，如嘉庚论坛、华文教育、经贸发展研讨等论坛，吸引学界、商界精英的目光以带动人气。

②创新旅游产品建设，集聚游客以提升新城人气

以厦门北站为中心，打造厦门游客集散中心、海西高速铁路交通中心枢纽，厦门市现代化综合性交通枢纽、厦门城市门户以及区域性服务业聚集区。如建设旅游行政中心、游客接待中心、游客休闲中心、旅游营销中心、交通集散中心等，整合集美学村、夜景工程，突出集美区"环山绕海"的自然条件，重点推进环境和生态建设，以创建国家森林城市为契机，发展修学游、夜景游，主要发展文化旅游、生态旅游，形成具有特色的城市景观系统，提升文化品位。

③丰富城市娱乐活动，提升市民精神生活层次以集聚人气

文化是城市发展的灵魂，丰富多彩的市民文化活动是城市人气集聚的重要手段。集美新城可通过提供丰富的城市娱乐活动，提升市民精神生活层次，吸引居民入住，增加人气。如通过向全市中小学生轮流开放科技馆等文化场馆，组织全市中小学生参观科技馆等文化场馆，带动人气，促进学生家长对集美新城的了解和提升本区域人气；搭建市民舞台、市民公园，在公园里长期坚持举办各类公益性比赛竞赛娱乐活动；依托高校资源，采取高校轮值制度，集美区内各个高校轮动值班，每月在此举办一场活动，政府出具补贴；组织以社区、街道为单位的大型广场舞比赛，进而使本地成为百姓广场舞运动、学习的中心。

④举办博览会与贸易洽谈会，通过聚集企业来带动人气

以软件研发、商务办公功能为主，建设生活、休闲、培训等配套设施齐全的工业园。利用良好的区位优势和良好的交通运输网络设施，提供优惠的招商政策，建立便捷的信息获取和良好地同异地沟通的信息通道，构建良好高效的法律制度环境，营造多元的文化氛围，打造围绕总部服务的专

业化服务支撑体系：金融、保险、会展、商贸、航运、物流、旅游、法律、教育培训、中介咨询、公关、电子信息网络等。举办大型博览会和贸易洽谈会，策划重大的活动项目，如海峡动漫展、车展、创意产业交易会、cosplay嘉年华、动漫周边产品展销会、旅游博览会等大型展销活动。

6. 实现两江新区发展战略策划具体措施

（1）敢于开展两江新区发展规划的理论创新

"有什么样的理论做指导，将决定走什么样的发展道路"，两江新区应该立足于国家乃至全球视野，剖析产业链条组织、空间集聚等基本市场经济规律，将市场在资源配置中起决定性作用和两江新区政府发挥更好引导作用的双优势结合，促进两江新区产业发展与片区间交通网络的构建、重大项目建设等之间关联机制的新理论发展；打破行业管理和行政管理壁垒，建立两江新区空间、产业和交通三者高度协同、交互融合的新理论方法和发展规划体系。两江新区的发展规划应加强顶层设计，明确新区各片区的功能定位、产业分工、布局、设施配套等重大环节。

（2）善于探索两江新区各个片区发展利益共享的机制创新

利益共享要通过高效协同的产业体系实现，建立有利于两江新区产业体系发展的市场经济新体制，以两江新区发展为载体，以优化片区分工和产业布局为重点，以资源要素空间统筹为主线，理顺产业发展链条，发挥不同片区资源特征和区位优势，形成片区间产业合理分布和上下游联动机制，通过分工协作实现错位发展，使得两江新区产业链辐射作用大、竞争力强。

（3）勇于建立两江新区片区内协同合作的模式创新

两江新区各个片区内按照"目标同向、措施一体、作用互补、利益相连"的原则进行分工合作，坚持优势互补、互利共赢，协同推进各个区域内的"基础设施相连相通、资源要素对接对流、公共服务共建共享、生态环境联防联控"，从产业、基础设施、生态环境治理、政策协调等方面建立两江新区一体化推进实施机制。

（4）认真落实产业定位，优化新区产业结构

在"十三五"期间，两江新区将围绕三大优势支柱产业，构建"311"产业体系，即汽车、电子信息、装备制造三大支柱产业，新能源及智能汽车、电子核心部件等十大战略性新兴制造业，以及十大现代服务业。

仅有产业规划还不够，关键在于认真落实产业定位。打造和培育产业空间载体，是两江新区落实产业定位的必由之路。两江新区也针对性地规划了"一心四带"来打造产业空间载体，重点培育现代服务业空间载体、重点培育现代制造业空间载体以及重点培育现代农业空间载体。

（5）提升自身创新实力，实施自主创新战略

①打造西部自主创新中心，集聚高端创新资源

两江新区应站在战略高度规划西部自主创新中心，加强配套建设，优先发展金融平台、技术服务、信息服务等配套功能，同时要搞好整体规划，落实生态环境和生活配套建设。

②争取国家政策支持，引进国家级创新资源

浦东新区和滨海新区在实施创新型新区战略时，始终把国家级创新资源的引进摆在第一位，联合中央各部委合作建设了大量的创新基地，为两江新区提供了经验和模板。以上海浦东新区的张江高科技园为例，区内建有多个国家级创新试验基地。天津滨海新区内建有中科院工业生物技术研究所和工业酵国家工程实验室等个国家级创新平台，区内集聚了大量国家科研院所和所高校研发创新机构。两江新区要完成创新型新区的建设目标，应积极争取国家政策支持，高度重视与国家有关部委合作共建创新平台，抓紧引进国家级创新资源。

（6）健全区域合作机制，加强区域互动联系

1 210 km² 浦东新区的开发驱动了21万 km² 长三角地区的强劲发展，2 270 km² 滨海新区的开发促进了112万 km² 环渤海地区开放开发，1 200 km² 两江新区如何带动538万 km² 西部地区的经济增长，健全区域合作机制，走区域合作开展是必由之路。

①加强与长江中下游地区的合作，利用长江的航运优势，串联起长江流域的重庆、上海、南京、武汉等城市，共建长江流域经济带。

②加强与四川和陕西的战略合作，共同推进"西三角经济圈"经济发展，打造西部地区核心增长极，立足西三角，辐射整个西部地区。

③加强与四川省的战略合作，四川与重庆同处"成渝经济区"，按照"双核五带"空间布局，增强重庆与成都的双核互动，共同将成渝经济区打造成为国家级增长极。

④加强与重庆"一圈两翼"的经济合作，利用两江新区在资源配置、产业集聚和落地服务方面的优势，辐射重庆市其他区域，形成合作机制。

⑤在两江新区内部，落实"1＋3"管理模式，统一管理新区内的原有三个行政区域，在新区的开发建设上"同下一盘棋"，尽量减少三个行政区域之间的摩擦，形成良性互动的局面。

第三节　以产业体系、城市设施和景观环境为枝

"策划树"的枝主要有三，即产、城、景：产业体系策划、城市设施策划和景观环境策划。

1. 树枝Ⅰ——产业体系策划

重庆两江新区作为国家综合配套改革试验区，抢抓机遇，抢占制高点。总的来说，两江新区产业体系表现为：优势产业集群逐步成型。

汽车、电子信息、装备制造三大优势支柱产业发展壮大，集聚度明显提高，2015年产值分别达到2 547亿元、846亿元和418亿元，占新区工业总产值83.3%。金融、商贸、物流、会展、信息服务等现代服务业快速发展，其中金融业增加值占生产总值比例达11.3%。谋划布局了新能源及智能汽

车、电子核心部件、机器人及智能装备、通用航空、云计算及物联网等一批战略性新兴制造业，延伸产业链条，推动产业聚集，促进优势支柱产业和战略性新兴制造业融合、互动发展。

如何推进新型工业化进程，需要对产业体系有一个全方位的策划，基于两江新区现有的产业基础，结合实际目标，构建了产业体系策划树相关部分。（表4-4）

表4-4　产业体系策划树示意

产业体系策划	a	新区第二产业策划	a1	主导基础产业发展策划	全域制造业综合发展战略策划
					汽车产业发展战略策划
					电子信息产业发展战略策划
					装备制造业发展战略策划
			a2	战略性新兴产业发展策划	新能源及智能汽车产业发展战略策划
					集成电路制造产业发展战略策划
					云计算及物联网发展战略策划
					可穿戴设备及智能终端产业发展战略策划
					通用航空产业发展战略策划
					生物医药及医疗器械产业发展战略策划
					机器人及智能装备产业发展战略策划
					能源装备产业发展战略策划
					节能环保产业发展战略策划
					新材料产业发展战略策划
			a3	区域第二产业协同发展策划	区域产业分工布局策划
					区域产业转移与承接策划
					区域产业链构建策划
					跨行政区产业协调机制策划
			a4	高端制造业提升策划	新区产业链优化策划
					新区产城融合策划
					生态产业园策划（花）
					智慧产业园策划（花）
					制造业品牌化策划
	b	新区第三产业策划	b1	战略性服务业策划	国际物流业策划
					大数据及信息服务产业策划
					软件设计及服务外包产业策划
					健康医疗产业策划
			b2	商贸物流业策划	新区与"一带一路"联动策划
					新区与成渝城市群联动策划
					国际多式联运物流体系策划

产业体系策划	b	新区第三产业策划	b2	商贸物流业策划	国际加工贸易基地策划
					国际服务贸易中心策划
					新型贸易产业发展策划
	c	重点项目策划	c1	第二产业项目策划	845厂搬迁土地开发利用策划
					汽车城策划
					航空产业园策划
					中德（重庆）智能制造产业园
					机器人小镇策划
					航空小镇策划
			c2	第三产业项目策划	水土国际健康城策划
					龙盛商圈城市设计
					龙盛商业中心城策划
					龙兴智慧总部城策划
					龙兴科教活力城策划
					两江国际医疗城城市概念规划设计
					龙兴文化创意城开发策划及城市设计
					鱼嘴服务区功能再提升策划
					汽车主题乐园开发策划
					福克斯主题公园策划（花）
					中华五千年旅游景区总体策划
					国际大型综合影视主题公园项目策划
					龙盛片区体育公园暨体育产业发展规划
					龙兴古镇开发策划（花）
					龙兴体育小镇策划
					八戒小镇策划
					电影小镇策划
					农庄小镇策划
					中瑞滨水风情小镇策划
					恭州小镇策划
					VR小镇策划
					乐视小镇策划
			c3	二、三产业综合型项目策划	中新国际新城策划
					中新（重庆）两江工业开发区战略性互联互通示范项目策划

注：黑色表示两江新区已做项目，红色表示建议项目。

（1）构建原则

①生产性服务业集群化

现代服务业集聚区是指按照现代城市发展理念统一规划设计，依托交通枢纽和信息网络，以商务楼宇为载体，将相关的专业服务配套设施合理有效地集中，形成空间布局合理、功能配套完善、交通组织科学、建筑形态新颖、生态环境协调、充分体现以人为本的、具有较强现代服务产业集群功能的区域。

两江新区除重点发展制造业外，还应实现金融业、商贸服务业、物流业等现代生产服务性行业集聚化发展，既发挥原有产业优势，又不断向新兴产业领域深入探索，提升产业丰富度。生产性服务业集群化有助于推动区域农业现代化、工业化、城镇化发展进程；有助于增加区域就业人数和工资收入，保持社会稳定；有助于改善居民生活质量，提升生活水平。

②产学研互动化

产学研互动化，即产业、学校、科研机构相互配合，发挥各自优势，形成强大的研究、开发、生产一体化的先进系统并在运行过程中体现出综合优势。大力推进产学研合作是当今科技与经济发展的大趋势，也是加快转变经济发展方式、建设创新型城市的重要途径。随着技术发展和创新形态演变，政府在创新平台搭建中的作用进一步凸显。

两江新区正处于在发展高端制造业的同时大力引进创新型企业的时期，应将产学研互动化作为一项发展战略，充分发挥政府在创新平台搭建中的作用，集成创新资源、加强政策支持、加大投入力度、营造发展环境。同时促进企业与高校、科研机构的联合创新，加速科技成果产品化、产业化和市场化，在核心层面全力推进创新性区域的建设，为新区发展注入活力，从而提升两江新区的综合竞争力。

因此，两江新区在引进或创办高校资源与创新型企业资源的同时，应当：①制定产学研发展规划，对产学研合作进行宏观调控引进高校资源，引导企业的投资方向、高等院校与研究机构的研究方向。②在初期设立基金、拨出专款对产学研合作予以支持，已解决产学研合作资金不足的问题。③开辟多种信息渠道，促进产学研合作各方的信息流动和科技人员交流，降低交易成本。④委派或组建专门机构对产学研合作进行组织管理，协调、解决合作发展过程中的矛盾与纠纷。

③发展高端服务业，打造现代化城区经济

20世纪80年代以来，全球经济呈现出从"工业型经济"向"服务型经济"转型的大趋势，现代服务业逐渐成为世界经济增长的重要引擎。在此大背景下，服务业的产出和就业人数在三次产业比例中占据了主导地位，发达国家的大都市产业结构服务化特征尤为明显，如东京、伦敦、香港的第三产业增加值占各自国内生产总值的比例均超过80%，就业人数也占总就业人数达到70%以上。第三产业的发达程度也一定程度上成为评价城市发展水平的重要指标。

从新区的角度来看，作为集中性的生产性空间，产业园区的发展极大地受到产品生命周期、企业生命周期及产业生命周期的影响，表现出明显的周期性和阶段性规律。若保持单一的园区经济，极易造成功能单一、服务配套欠缺、用地资源紧缺等问题。

经过了十数年的基础建设和新区扩张的阶段，两江新区在此阶段的城市功能已十分完善，应符合时代精神和客观发展规律，进行区域性商业中心的开发和高端服务业的发展，以此推动新区的产业结构向现代化城区发展。

（2）构建结果

根据我国常用产业分类划分，体现产业发展的层次，两江新区产业策划这一树枝可以分为新区第二产业策划、新区第三产业策划以及重点项目策划这三个次枝。

结合两江新区的具体情况，再将新区第二产业策划这一树枝分解成主导基础产业发展策划、战略性新兴产业发展策划、区域第二产业协同发展策划和高端制造业提升策划这四个次枝。主导基础产业是第二产业发展的先决条件，战略性新型产业是新区第二产业发展的重要纲领，区域第二产业协同发展将各相关产业有机结合，高端制造业提升是新区第二产业进一步发展的有效途径。类似地，新区第三产业策划也延伸出战略性服务业策划和商贸物流业策划两个次枝。重点项目策划则包括了较为具体的第二产业项目策划、第三产业项目策划以及二三产业综合性项目策划。

顺着次枝的脉络对新区第二产业策划进行下一步的细分，最后形成全域制造业综合发展战略策划、汽车产业发展战略策划、电子信息产业发展战略策划、装备制造业发展战略策划、新能源及智能汽车产业发展战略策划、集成电路制造产业发展战略策划、云计算及物联网发展战略策划、可穿戴设备及智能终端产业发展战略策划、通用航空产业发展战略策划、生物医药及医疗器械产业发展战略策划、机器人及智能装备产业发展战略策划、能源装备产业发展战略策划、节能环保产业发展战略策划、新材料产业发展战略策划、区域产业分工布局策划、区域产业转移与承接策划、区域产业链构建策划、跨行政区产业协调机制策划、新区产业链优化策划、新区产城融合策划、制造业品牌化策划等树叶。

对两江新区第三产业策划进行次枝细分，形成国际物流业策划、大数据及信息服务产业策划、软件设计及服务外包产业策划、健康医疗产业策划、新区与"一带一路"联动策划、新区与成渝城市群联动策划、国际多式联运物流体系策划、国际加工贸易基地策划、国际服务贸易中心策划、新型贸易产业发展策划等树叶。

将两江新区策划项目提取出重点部分按照所属产业分进重点项目策划的次枝之下，形成水土国际健康城策划、龙盛商圈城市设计、龙盛商业中心城策划、龙兴智慧总部城策划、龙兴科教活力城策划、两江国际医疗城城市概念规划设计、龙兴文化创意城开发策划及城市设计、鱼嘴服务区功能再提升策划、汽车主题乐园开发策划、中华五千年旅游景区总体策划、国际大型综合影视主题公园项目策划、龙盛片区体育公园暨体育产业发展规划、龙兴体育小镇策划、八戒小镇策划、电影小镇策划、农庄小镇策划、中瑞滨水风情小镇策划、恭州小镇策划、VR小镇策划、乐视小镇策划、中新国际新城策划、中新（重庆）两江工业开发区战略性互联互通示范项目策划等树叶。

最终，两江新区产业体系建设形成生态产业园、智慧产业园、福克斯主题公园和龙兴古镇开发这四朵"花"，以及建设成为国家级产城融合示范区、旅游休闲示范城市和区域产业增长极核这三个"果实"。

根据各种理论基础和实际内容以及补充，将两江新区的产业体系由大到小层层分解成树枝、次枝、树叶、花和果，最终构建的策划树如图4-17所示。

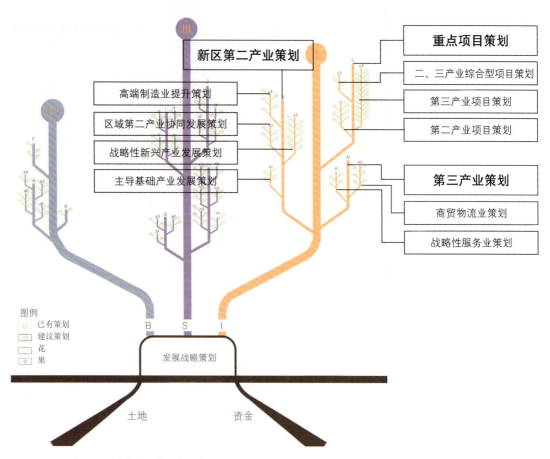

图4-17　两江新区基础支撑体系策划树构建结构图

2. 树枝 II——城市设施策划（表4-5）

根据问题导向与目标导向，两江新区城市设施建设这一树枝可以分为新区交通运输系统策划、新区生态环境系统策划和新区要素保障系统策划这三个次枝。

交通运输是两江新区发展的骨架，生态环境是两江新区发展的屏障，要素保障是两江新区发展的物质基础。

结合两江新区具体情况，再将新区交通运输系统策划这一树枝分解成骨干交通策划、货运体系策划、交通细化策划和道路建设时序策划四大次枝。骨干交通网络是两江新区社会、经济发展的先决条件，货运体系建设为新区的产业发展奠定基础，交通细化策划则可以加密新区骨干道路网络，提高各区域的可达性，道路建设时序可以明确各道路建设的优先等级，实现有限资源下的优化配置，提高效率。另一方面，将新区生态环境系统策划细分为环卫保护策划与园林绿化策划两大次枝。环卫保护是生产生活的必须要求，园林绿化是生态宜居的可靠保障。最后，将新区要素保障系统策划划分为能源供应策划、邮政通信策划、给排水策划和地下综合管廊策划。能源供应是生产生活的来源，邮政通信是交流沟通的媒介，给水排水是循环流动的方式，综合管廊是应对城市用地短缺的途径，可以有效实现设施的综合管理。

表4-5　城市设施策划树构建思路

城市设施策划	d	新区交通系统策划	d1	新区近期骨干交通策划	机场东南联络线研究
				龙盛片区至主城中心城区快速通道策划
				复盛中心区区域路网研究
				鱼复工业开发区路网研究
		d2	龙盛水土货运体系策划	龙盛片区客货分流落地规划
				水土片区客货分流落地规划
				果园港功能提升策划（花）
				复盛高铁站门户与形象提升策划（花）
				铁路东环线龙盛水土站场策划
		d3	新区交通细化规划	鱼复工业开发区疏唐立交及周边研究
				复盛枢纽交通评估及片区路网优化改善规划
				龙盛片区次支路网连通规划
				水土片区次支路往连通规划
		d4	道路建设时序策划	龙盛片区道路建设时序策划
				水土片区道路建设时序策划
	e	新区生态环境系统策划	e1	环卫保护策划	新区环卫设施专项规划
			e2	园林绿化策划	新区园林绿化设施专项策划
	f	新区要素保障系统策划	f1	能源供应策划	新区能源供应设施改造升级策划
			f2	邮政通信策划	新区邮政通信设施改造升级策划
			f3	给水排水策划	新区给水排水设施改造升级策划
			f4	综合管廊策划	龙盛水土综合管廊规划

对新区交通运输系统策划进行次枝细分，最后形成机场东南联络线研究、龙盛片区至主城中心城区快速通道策划、复盛中心区区域路网研究、鱼复工业开发区路网研究、龙盛片区客货分流落地规划、水土片区客货分流落地规划、果园港功能提升策划、复盛高铁站门户与形象提升策划、铁路东环线龙盛水土站场策划、鱼复工业开发区疏唐立交及周边研究、复盛枢纽交通评估及片区路网优化改善规划、龙盛片区次支路网连通规划、水土片区次支路往连通规划、龙盛片区道路建设时序策

划、水土片区道路建设时序策划等树叶。再对两江新区生态环境系统进行次枝细分，形成新区环卫设施专项规划和新区园林绿化设施专项策划。然后，对新区要素保障系统策划进行次枝细分，形成新区能源供应设施改造升级策划、新区邮政通信设施改造升级策划、新区给水排水设施改造升级策划与龙盛水土综合管廊规划。

最终，两江新区城市设施建设形成果园港和复盛高铁站两朵"花"，以及全国畅通城市与全国卫生城市两大"果实"。

按照系统论原理，将两江新区城市设施策划由大到小层层分解成树枝、次枝、树叶、花和果，最终构建的策划树如图4-18所示。

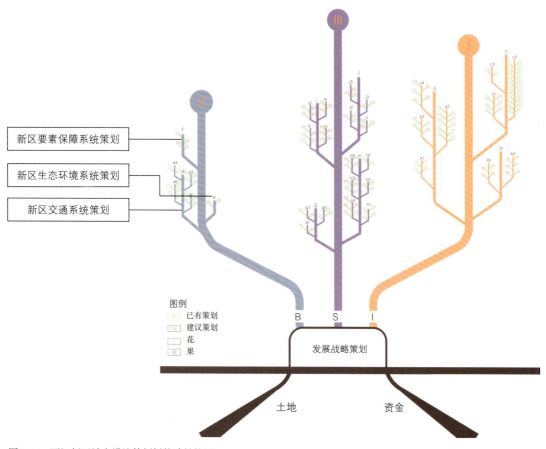

新区要素保障系统策划

新区生态环境系统策划

新区交通系统策划

图例
- 已有策划
- 建议策划
- 花
- 果

发展战略策划

土地　　　资金

图4-18　两江新区城市设施策划树构建结构图

3. 树枝Ⅲ——景观环境策划（表4-6）

城市景观环境策划体系的构建大体可以分为两级，第一级是居住片区的划分，第二级是各片区内社区环境的建设。一个可持续的景观环境体系应当拥有适宜的居住密度、合理的土地利用、良好的环境质量、完善的基础设施和优化的资源配置。

表4-6　景观环境策划树构建思路

景观环境策划	g	新区居住体系策划	g1	全域居住体系策划	水土住区体系策划
					龙盛住区体系策划
			g2	特色公寓策划	万寿蓝领公寓策划
					思源人才公寓策划
					健康城养老公寓策划
			g3	保障性住区策划	水土龙盛公租房选址策划
					水土龙盛公租房需求量测算策划
	h	新区公共服务设施体系规划	h1	龙盛水土公服体系策划	龙盛水土医疗卫生设施布点策划
					龙盛水土教育设施布点策划
					龙盛水土体育设施布点策划
					龙盛水土商业网点设施布点策划
			h2	镇乡设施更新策划	复兴老场镇综合整治更新规划及实施方案
					水土老场镇未来发展模式及嘉陵江岸线策划研究
					龙兴老场镇综合整治更新规划及实施方案
					鱼嘴老场镇综合整治更新规划及实施方案
					公共服务均等化策划
			h3	智慧基础设施策划	城区无线网络覆盖策划
					城区光纤覆盖策划
					智慧静态交通设施策划
					电子公交站台策划
					云租车系统策划
			h4	智慧社区策划	社区智慧网络搭建策划
					智慧公租房策划
					智慧社区治理模式策划
			h5	智慧公服策划	智慧城市公共信息平台策划
					智慧医疗体系策划
					云教育平台策划
					智慧商圈服务策划
			h6	智慧项目示范点策划	智慧社区示范点策划
					智慧办公示范点策划（花）
	i	新区生态景观体系规划	i1	新区景观系统策划	水土竹溪河流域综合整治及景观设计方案策划（花）
					龙盛御临河流域综合整治及景观设计方案策划（花）
					水土思源变电站高压走廊绿带景观规划
					龙盛水土游憩绿道体系策划
					龙盛水土郊野公园策划

续表

景观环境策划	i	新区生态景观体系规划	i2	海绵城市策划	海绵城市实施方案策划
					海绵基础设施提升策划
					绿色建筑提升策划
					新区雨污再利用策划
					新区湿地体系与生态岸线规划
			i3	低碳产业研究策划	低碳产业结构研究策划
					产业园区能源循环系统构建策划
					低碳能源提升策划
					企业智能化能源管理策划
			i4	低碳交通策划	绿色基础设施提升策划
					新区无干扰自行车道规划（花）
					新能源公共交通策划
	j	新区形象提升策划	j1	新区形象展示策划	龙盛水土片区城市形象提升近期策划
					新区景观大道策划（花）
					特色风貌街道策划（花）
			j2	功能新城策划	水土思源乐居城策划
					和合家园片区城市设计
					双溪片区城市设计
			j3	传统文化弘扬策划	传统风貌特色文化区策划
					历史风貌保护区策划
			j4	国际化设施策划	国际化社区建设策划
					国际学校建设策划
					国际医院建设策划

注：黑色表示两江新区已做策划，红色表示建议策划

对两江新区的景观环境而言，存在社区环境建设不完善、自由度更强、开发可能性更多，同时由于量大面广加之资金、开发运营等诸多方面的限制，做到精心营造需要诸多付出，倘若缺乏全面合理的前期策划，容易出现环境构成元素单调、缺乏必要配套设施（小学、幼儿园、休闲健身中心等）等问题。因此，两江新区的良好发展需要以居民对景观环境的安全感和归属感为导向，对住区体系进行合理策划。

（1）构建原则

两江新区景观环境策划始终遵循以下5项原则，以避免出现目前城市景观环境所面临的问题。

①以人为本原则

人类是住区的主题，在规划、设计、建设、管理等各个过程都应树立以人为本的思想，尊重人

的心理要求，对环境合理性、居住性、舒适性、安全性有一个详尽的考虑，增强环境的适宜度和居民对住区的归属感，达到人与人、人与自然的和谐。

②大人居原则

住区不仅只是人们居住的场所，而且也是以其居住场所为中心展开的各类生活序列的综合，包括学习、健身、交流、休闲、购物等。其策划范围主要是核心生活圈和基本生活圈，某些较重要的领域如交通等还涉及城市生活圈。

③生态化原则

回归自然、亲近自然是人的本性，维持住区的生态平衡是居住环境的基本特征之一。在构建中要强调社会、经济、环境的良性运行可持续发展，构建生态安全、生态健康、生态舒适的景观环境。

④前瞻性、高标准原则

前瞻性是任何策划的灵魂。20世纪90年代以来，城镇经济的蓬勃发展奠定了城镇建设发展的基础，其综合实力的不断上升带来城市面貌的日新月异。因此，要以未来人口、环境和经济发展为出发点，高标准地划分住区，避免城市新区无序发展。

⑤特色建设原则

城市特色是城市与城市之间相区别的标志，不同地域的城区，其建设特色不同。两江新区处于山地城市重庆，在住区体系设计中应充分发挥置身两江、依山傍水的自然优势，同时结合山地城市的地形进行因地制宜的特色建设。

（2）构建结果

结合两江新区"智慧、低碳、高端、国际、宜居"的展望，将其景观环境策划这一树枝分为新区居住体系策划、新区公共服务设施体系策划、新区生态景观体系策划和新区形象提升策划四个次枝。将四个次枝所对应的住区体系子系统再划分为以下内容：

新区居住体系策划（住宅系统）：全域居住体系策划、特色公寓策划、保障性住区策划。

新区公共服务设施体系策划（公共服务系统）：龙盛水土公服体系策划、镇乡设施更新策划、智慧基础设施策划、智慧社区策划、智慧公服策划、智慧项目示范点策划。

新区生态景观体系策划（生态景观系统）：新区景观系统策划、海绵城市策划、低碳产业研究策划、低碳交通策划。

新区形象提升策划（风貌系统）：新区形象展示策划、功能新城策划、特色小镇策划、中新（重庆）两江工业开发区战略性互联互通示范项目策划、传统文化弘扬策划、国际化设施策划。

随着我国经济的迅猛发展，人们的物质生活水平得到了前所未有的提高，人们不止要求吃饱穿暖有房住，而且要求吃好穿好居住更舒适，特别是对住房更加追求品位。人们不仅追求住房结构和布局的合理性，还追求房屋内空气温湿环境的舒适性，而且还更加追求住宅环境。

住区体系涵盖范围较广，是我们成为人类之本。住区体系建设需具备五大条件：住区居民适当住房的保证，健康与安全的保障，人与城市住区环境的和谐发展，生态环境建设，住区资源的可持续开发与利用。同时，居住环境建设还应遵循五大理念：正视生态困境，增强生态意识；人居环境建设与经济发展良性互动；发展科学技术，推动经济发展和社会繁荣；关怀广大人民群众，重视社会发展整体利益；科学追求与艺术创造相结合。

住区体系在进行规划与设计中，要求把自然环境和居民居住环境的和谐协调好，以达到居民所要的生活舒适、工作便利、邻里和睦、身心健康、环境美化的目的。要注意建筑地域的生态环境，要遵循地区气候的特点，要努力创造良好的物理环境。同样的建筑不仅只是满足人们物质方面的要求，而且还要满足人们精神方面的要求。建筑不仅是科学，也是艺术。在建筑形式的创作中，要认识到形式要随功能、环境、材料、构造与技术、社会生活方式、社会意识、文化传统等因素而定。除了建筑本身的美观外，对建筑物周围的环境要注意美化，例如种树、植草、开辟人工湖及设置喷泉、假山等。

当前，关注住区及居住环境已经成为国际社会的一个潮流，成为各国政府和全社会共同关注的焦点问题之一。广大开发商越来越认识到，创建一个良好的宜人居住的环境，是崇高的社会责任，是必备的职业道德，同时可以还给人类一个健康、安全、优美的居住空间。

按照系统论原理，将两江新区景观环境策划由大到小，层层分解成树枝、次枝、树叶、花和果，最终构建的策划树如图4-19所示。

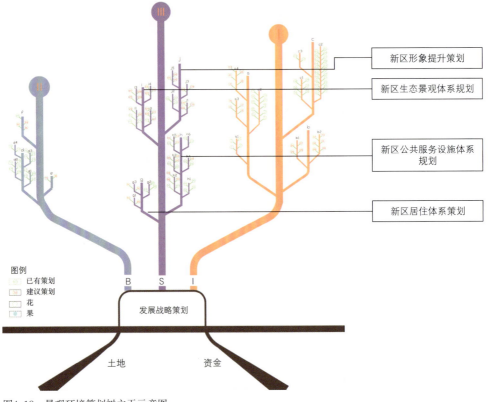

图4-19 景观环境策划树主干示意图

第四节 以项目策划为叶

1. 产业体系策划之叶

（1）新区第二产业策划之叶——主导基础产业发展策划、战略性新兴产业发展策划、区域第二产业协同发展策划、高端制造业提升策划

①主导基础产业发展策划

主导产业是在对产业按其在国民经济产业结构体系中的地位不同进行分类是产生的一个概念。主导产业指的是在产业结构中处于主体性的战略地位并能对其他产业的发展起引导和支撑作用的产业。这些产业部门因其利用新技术方面的特殊能力而具有很高的增长率，而且它们在整个国民经济发展中具有较强的前后向关联性，因此这些产业部门的发展能够波及国民经济的其他产业部门，从而带动整个经济的高速增长。而主导基础产业则是指起主导作用的、在产业结构体系中为其他产业的发展提供基本条件并为大多数产业提供服务的产业。

基于前述次枝划分，新区主导基础产业发展策划这一次枝包含全域制造业综合发展战略策划、汽车产业发展战略策划、电子信息产业发展战略策划、装备制造业发展战略策划等四个具体策划，涉及制造业、汽车产业与电子信息产业三个层面。

a.制造业

制造业是指机械工业时代对制造资源（物料、能源、设备、工具、资金、技术、信息和人力等），按照市场要求，通过制造过程，转化为可供人们使用和利用的大型工具、工业品与生活消费产品的行业。制造业包括产品制造、设计、原料采购、仓储运输、订单处理、批发经营、零售。

两江新区的高端装备制造业是其重点发展的五大现代服务业之一。两江新区的动力系统、输电设备、风电装备、轨道交通、仪器仪表、节能环保六大产业体系已形成较大规模，工程和矿用及页岩气能源装备、航空、机器人及智能化设备、新材料四大领域已全面起步，集聚了上汽菲亚特红岩、嘉陵本田、康明斯、中船重工、皮拉图斯飞机、恩斯特龙直升机等一批龙头企业。

b.汽车产业

汽车工业是生产各种汽车主机及部分零配件或进行装配的工业部门。主要包括生产发动机、底盘和车体等主要部件，并组装成车的主机厂和专门从事各种零、部件生产的配件厂。

两江新区的汽车产业是其重点发展的五大现代服务业之一，具体包括长安汽车、现代、上汽通用五菱等整车厂，以及德尔福、韩泰轮胎、尼玛克、霍尼维尔等200多家知名汽车零部件企业。

c.电子信息产业

电子信息产业是信息技术产业的权威管理部门——信息产业部在统计和分析时通常采用的词，电子信息产业具体细分为投资类产品、消费类产品和元器件产品三个大类。出于部门隶属渊源的原因，电子信息产业有时也被电子工业一词代替。到2009年2月为止，电子信息产业成为中国国民经济重要的支柱产业。

两江新区的电子信息产业是其重点发展的五大现代服务业之一。两江新区已形成了以笔电、显

示光电、高端电子材料、信息家电四大集群为主的电子信息产业。具体包括和硕、仁宝纬创基地、京东方、莱宝、奥特斯、海尔、格力等核心企业。

②战略性新兴产业发展策划

战略性新兴产业是以重大技术突破和重大发展需求为基础，对经济社会全局和长远发展具有重大引领带动作用，知识技术密集、物质资源消耗少、成长潜力大、综合效益好的产业。1992年中国改革开放后正式建立战略性新兴产业，到2002年重组。根据战略性新兴产业的特征，立足我国国情和科技、产业基础，现阶段重点培育和发展节能环保、新一代信息技术、生物、高端装备制造、新能源、新材料、新能源汽车等产业。"十二五"期间，战略性新兴产业发展的一个突出特点就是"快"，产业规模快速壮大，2010—2015年重点行业规模以上企业收入年均增长18%。

新区战略性新兴产业发展策划这一次枝，包括新能源及智能汽车产业发展战略策划、集成电路制造产业发展战略策划、云计算及物联网发展战略策划、可穿戴设备及智能终端产业发展战略策划、通用航空产业发展战略策划、生物医药及医疗器械产业发展战略策划、机器人及智能装备产业发展战略策划、能源装备产业发展战略策划、节能环保产业发展战略策划、新材料产业发展战略策划等几片树叶，主要涉及新能源、智慧、云技术、航空、生物医疗、新材料六个方面的产业发展。

a.新能源产业

新能源产业主要是源于新能源的发现和应用。新能源指刚开始开发利用或正在积极研究、有待推广的能源，如太阳能、地热能、风能、海洋能、生物质能和核聚变能等。因此，这里的开发新能源的单位和企业所从事工作的一系列过程，叫新能源产业。

b.智慧产业

作为智慧经济龙头产业的智慧产业，是人的智慧在生产各要素中占主导地位的产业形态。人的智慧主要表现为创意，所以智慧产业也叫创意产业。智慧产业或创意产业表现为人的创意对资源整合与资源再生起主导作用，也表现为通过创意对传统产业的提升整合作用。智慧产业或创意产业是知识产业的完成，本质上仍然属于知识产业，是继信息产业之后的第五产业。

c.云技术

云技术（Cloud technology）是基于云计算商业模式应用的网络技术、信息技术、整合技术、管理平台技术、应用技术等的总称，可以组成资源池，按需所用，灵活便利。云计算技术将变成未来城市发展重要支撑。技术网络系统的后台服务需要大量的计算、存储资源，如视频网站、图片类网站和更多的门户网站。伴随着物联网行业的高度发展和应用，将来每个物品都有可能存在自己的识别标志，都需要传输到后台系统进行逻辑处理，不同程度级别的数据将会分开处理，各类行业数据皆需要强大的系统后盾支撑，只能通过云计算来实现。

d.航空产业

航空产业是指与航空器研发、制造、维修、运营等活动直接相关的、具有不同分工的、由各个关联行业所组成的业态总称。广义的航空产业还包括为上述产业内容做配套支撑的科研教育、交通运输、公共管理、现代服务等经济活动内容，以及航空产业直接和间接带动的相关农业、制造业和服务业内容。

航空产业体量规模较大，带动效应明显，是世界技术、人才、资本集聚化程度较高的产业，能够有效促进社会经济的快速发展。根据厦门发展实际需求和研究的方向，本规划将主要聚焦于民用航空领域。

e.生物医药产业

生物医药产业由生物技术产业与医药产业共同组成。

生物技术产业主要内容包括酶工程、生物芯片技术、基因测序技术、组织工程技术、生物信息技术等。生物技术产业涉及医药、能源、化工等多个领域。应用生物技术生产出相应的商品，这类商品在市场上形成一定的规模后才能形成产业，因此，生物技术产业的内涵应包括生物技术产品研制、规模化生产和流通服务等。医药产业中制药产业与生物医学工程产业是其两大支柱。

两江新区已形成了高端医疗器械和耗材、高端制剂、高端医疗服务三大集群健康产业。北大医药、复兴药友、华邦制药、智飞生物、莱美药业等企业拥有各种剂型的生产、代工能力；海扶超声、金山内窥镜、山外山血透仪、永仁心辅助人工心脏等企业拥有国内外领先的技术；医药产业产值占全市的1/4，区内医药上市公司占全市上市公司总数的1/4。

f.新材料产业

新材料产业包括新材料及其相关产品和技术装备。具体涵盖：新材料本身形成的产业；新材料技术及其装备制造业；传统材料技术提升的产业等。与传统材料相比，新材料产业具有技术高度密集、研究与开发投入高、产品的附加值高、生产与市场的国际性强以及应用范围广、发展前景好等特点，其研发水平及产业化规模已成为衡量一个国家经济，社会发展，科技进步和国防实力的重要标志，世界各国特别是发达国家都十分重视新材料产业的发展。

③区域第二产业协同发展策划

区域第二产业的协调发展要求正确选择主导产业，对区域产业结构进行合理布局，使区域产业结构适应国内外市场要求，能在比较优势的基础上生产出国内外市场所需求的产品。由于多年的重复投资和建设，形成了各区域几乎完全相同的产业结构，造成了生产力的巨大浪费，使得许多产业缺乏规模效应，延缓了一些部门的生产集中进程。解决这一问题的根本出路是以市场为基础，通过政府的宏观调控，因势导利，确立各区域主导产业、基础产业和关联产业，对各地区重复建设的产业进行跨地区兼并和联合，以发挥其规模经济和范围经济优势。我国已经进入以区域产业结构调整促进区域经济发展的阶段，各地区应采取有效措施，集中有限资金，适时地培养主导产业，压缩调整衰退产业，优化资源配置结构，加速区域产业结构的高度化，在尽可能短的时间内实行跨越式发展。

区域第二产业协同发展策划这一次枝下，包括区域产业分工布局策划、区域产业转移与承接策划、区域产业链构建策划、跨行政区产业协调机制策划四片树叶，主要涉及产业分工、产业转移、产业链、跨行政区产业协调机制四个方面的发展。

a.产业分工

产业分工是指一定的生产经营主体、群体在产业、行业的整个生产过程流中所承担的任务或扮演的角色。决定这种角色定位的因素是：

计划模式——在计划经济条件下，通过计划、行政指令来确定，理论上它应当最优，但出于人所共知的原因，结果却总不尽如人意。

市场模式——在市场经济条件下，通过市场竞争机制来决定。竞争投票式的准一体化生产体系是这种市场决定模式的典型代表。从理论上说，如果市场是完全的，这种产业分工格局应当能够达到资源的最佳配置，从劳动生产率的角度来衡量，也应当是最高的。

混合模式——外部市场实现内部计划化的典型。因为外部市场的不完全，因为信息市场的弱效性，在全部产业或部分产业（即一个以上的生产工艺环节）边界通过市场或非市场化方式已经被划定下来（即企业内部化）的情况下，诸项上下游环节由公司内部通过计划或内部微市场方式将下属企业加以分工定位。现实条件下，至少从静态的角度看，它是一种次优的选择。

b.产业转移

企业将产品生产的部分或全部由原生产地转移到其他地区，这种现象叫做产业转移。产品生命周期理论认为，工业各部门及各种工业产品，都处于生命周期的不同发展阶段，即经历创新、发展、成熟、衰退等四个阶段。此后威尔斯和赫希哲等对该理论进行了验证，并作了充实和发展。区域经济学家将这一理论引入到区域经济学中，便产生了区域经济发展梯度转移理论。

c.产业链构建

产业链是产业经济学中的一个概念，是各个产业部门之间基于一定的技术经济关联，并依据特定的逻辑关系和时空布局关系客观形成的链条式关联关系形态。产业链是一个包含价值链、企业链、供需链和空间链四个维度的概念。这四个维度在相互对接的均衡过程中形成了产业链，这种"对接机制"是产业链形成的内模式，作为一种客观规律，它像一只"无形之手"调控着产业链的形成。

产业链的本质是用于描述一个具有某种内在联系的企业群结构，它是一个相对宏观的概念，存在两维属性：结构属性和价值属性。产业链中大量存在着上下游关系和相互价值的交换，上游环节向下游环节输送产品或服务，下游环节向上游环节反馈信息。

d.跨行政区产业协调机制

加强区域合作是实现区域协调发展的重要途径之一。党中央、国务院高度重视区域合作工作，对促进各地区协调发展、协同发展、共同发展作出重大决策部署、提出明确工作要求。近年来，全国区域合作系统紧紧围绕加强区域合作、促进协调发展，主动适应形势发展变化的需要，切实加大工作力度，不断拓展合作领域，着力完善合作机制，各方面工作取得积极成效。为进一步加强对区域合作工作的指导，提出以下意见：

围绕中心、突出重点——落实区域发展总体战略，围绕加强区域合作、促进协调发展目标，强化规划引领和政策引导，着力推进统一市场建设，加强基础设施、产业发展、科技创新、生态环保、社会事业等领域合作，加大对口支援（协作）工作力度。

加强联动、形成合力——更好发挥政府宏观指导引导作用，加强系统上下联动和部门间协调配合，不断创新完善合作机制。充分发挥区域合作组织、科研机构、社会团体以及市场主体积极作用，形成推动区域合作工作的合力。

统筹内外、完善格局——以"一带一路"建设为引领，充分发挥各地比较优势，统筹推进对内合作与对外开放工作，以开放促合作、以合作促开发，构建内外联动、合作共赢的区域合作格局。

创新方式、丰富手段——尊重基层首创精神，支持各地开展先行先试，积极探索加强区域合作的新路径、新方式，力争在重点领域和关键环节取得突破，丰富区域合作工作的手段。

④高端制造业提升策划

高端制造产业一般是处于制造业价值链的高端环节，具有技术、知识密集、附加值高、成长性好、关键性强、带动性大的特点。发展高端制造产业的目标是通过产业升级，实现核心技术自主化、高端产品国产化、出口产品高附加值化。发展高端制造产业，一方面要瞄准全球生产体系的高端，大力发展具有较高附加值和技术含量高的装备制造产业和战略性新兴产业。另一方面，还要立足制造业的基础，着力推动钢铁、有色、石化、汽车、纺织等有强大基础的基础制造产业，由传统加工制造向价值链的高端来进行延伸。

高端制造业提升策划这一次枝下，包括新区产业链优化策划、新区产城融合策划、生态产业园策划、智慧产业园策划、制造业品牌化策划五片树叶，主要涉及产业链优化、产城融合、生态产业园、品牌化四个方面。

a.产业链优化

产业链优化指产业改革中努力使既有的产业战略联盟关系链的结构更加合理有效，使产业环节之间联系更加紧密协调，进而使得产业链的运行效率和价值事项不断提高的转变过程。

b.产城融合

产城融合是指产业与城市融合发展，以城市为基础，承载产业空间和发展产业经济，以产业为保障，驱动城市更新和完善服务配套，以达到产业、城市、人之间有活力、持续向上发展的模式。

产城融合是在我国转型升级的背景下相对于产城分离提出的一种发展思路。要求产业与城市功能融合、空间整合："以产促城，以城兴产，产城融合"。城市没有产业支撑，即便再漂亮，也就是"空城"；产业没有城市依托，即便再高端，也只能"空转"。城市化与产业化要有对应的匹配度，不能一快一慢，脱节分离。而且产城融合发展并不是一蹴而就，因此全面理解产城融合的内涵，有利于提出更为合理的规划建议。

c.生态产业园

生态产业园是继经济技术开发区、高新技术产业开发区发展的第3代产业园区。生态产业园是包含若干工业企业，也包含农业、居民区等的一个区域系统。它通过工业园区内物流和能量的正确设计模拟自然生态系统，形成企业间共生网络。在生态工业园区内的各企业内部实现清洁生产，做到废物源减少，而在各企业之间实现废物、能量和信息的交换，以达到尽可能完善的资源利用和物质循环以及能量的高效利用，使得区域对外界的废物排放趋于零，达到对环境的友好，所以称为生态工业园区。

d.品牌化

品牌化的根本是创造差别使自己与众不同。所谓品牌，也就是产品的牌子。它是企业给自己的产品规定的商业名称，通常由文字、标记、符号、图案和颜色等要素或这些要素的组合构成，用作一个企业产品或产品系列的标志，以便同竞争者的产品相区别。

（2）新区第三产业策划之叶——战略性服务业策划、商贸物流业策划

①战略性服务业策划

作为现代经济发展先导，战略性新兴的服务业有着良好的市场前景。相对于传统服务业而言，新兴服务业是基于现代化的新技术、新业态而产生的，是一个国家或者城市现代化程度高低的重要标志。早在1996年，美国就提出了"新经济"的概念："新经济"是以现代科学技术为核心，建立在知识和信息的生产、分配和使用之上的经济，美国的信息及网络技术得到了快速发展，同时也影响了美国的电影业，借助于各种科技手段使得好莱坞的大片在世界范围畅销。发展战略性新兴服务业，重庆已然步入快车道。根据《重庆市人民政府办公厅关于加快发展战略性新兴服务业的实施意见》，到2020年，全市战略性新兴服务业增加值占服务业比例将超50%，并形成互联网云计算大数据、电子商务及跨境结算、离岸服务外包等十大战略性新兴服务业体系。

基于前述次枝划分，战略性服务业策划这一次枝下，包含国际物流业策划、大数据及信息服务产业策划、软件设计及服务外包产业策划、健康医疗产业策划四个具体策划，涉及物流业、大数据、软件设计、健康医疗四个层面。

a.物流业

物流是指物品从供应地向接受地的实体流动过程。物流业是将运输、储存、装卸、搬运、包装、流通加工、配送、信息处理等基本功能根据实际需要实施有机结合的活动的集合。

b.大数据

大数据（big data），指无法在一定时间范围内用常规软件工具进行捕捉、管理和处理的数据集合，是需要新处理模式才能具有更强的决策力、洞察发现力和流程优化能力的海量、高增长率和多样化的信息资产。

在维克托·迈尔-舍恩伯格及肯尼斯·库克耶编写的《大数据时代》中，大数据指不用随机分析法（抽样调查）这样捷径，而采用所有数据进行分析处理。大数据的5V特点（IBM提出）：Volume（大量）、Velocity（高速）、Variety（多样）、Value（低价值密度）、Veracity（真实性）。

c.软件设计

软件设计是从软件需求规格说明书出发，根据需求分析阶段确定的功能设计软件系统的整体结构、划分功能模块、确定每个模块的实现算法以及编写具体的代码，形成软件的具体设计方案。

软件设计是把许多事物和问题抽象起来，并且抽象它们不同的层次和角度。将问题或事物分解并模块化使得解决问题变得容易，分解得越细，模块数量也就越多，它的副作用就是使得设计者考

虑更多的模块之间耦合度的情况。

d.服务外包

服务外包是指企业将价值链中原本由自身提供的具有基础性的、共性的、非核心的IT业务和基于IT的业务流程剥离出来后，外包给企业外部专业服务提供商来完成的经济活动。因此，服务外包应该是基于信息网络技术的，其服务性工作（包括业务和业务流程）通过计算机操作完成，并采用现代通信手段进行交付，使企业通过重组价值链、优化资源配置，降低了成本并增强了企业核心竞争力。

②商贸物流业策划

商贸物流是指与批发、零售、住宿、餐饮、居民服务等商贸服务业及进出口贸易相关的物流服务活动，是整个物流过程中对成本影响比较大的环节，新技术应用和商业模式创新最为集中。作为现代物流的重要组成部分，它直接关系到生产资料流通和生活资料流通的顺利运行。促进商贸物流发展，有利于降低物流成本、提高物流效率；有利于货畅其流，繁荣市场；有利于改善交通和环境状况，促进城市化健康发展；有利于提升流通产业竞争力，更好地发挥其在国民经济中的基础性、先导性作用。近年来，在各级商务主管部门的共同努力下，商贸物流体系逐步形成，信息化、现代化水平显著提高，服务功能不断拓展，涌现出一批商业模式先进、供应链整合能力强的商贸物流企业。但从整体上看，商贸物流小、散、乱，专业化、社会化、标准化程度低，运作成本高、效率低等问题没有根本扭转，与国际先进水平还存在较大差距。各级商务主管部门要高度重视商贸物流发展，认真贯彻落实国务院部分城市物流工作座谈会精神，深入扎实开展工作，努力使商贸物流成为内贸工作"上台阶"的突破口。

商贸物流业策划这一次枝下，包括新区与"一带一路"联动策划、新区与成渝城市群联动策划、国际多式联运物流体系策划、国际加工贸易基地策划、国际服务贸易中心策划、新型贸易产业发展策划等几片树叶，主要涉及"一带一路"联动发展、成渝城市群联动发展、国际多式联运物流体系、国际贸易、新型贸易五个方面。

a."一带一路"联动发展

以前的很长一段时间，中国企业在海外都是一种"单打独斗、水土不服"的尴尬处境，但是经过"一带一路"布局后，中国企业和国外各方已经形成了优势互补、合作共赢的新模式。而随着我国"一带一路"倡议的实施，中国企业跨境发展迎来了极好机遇。

两江新区对接"一带一路"设定好了发展方案，即与上海浦东新区、浙江舟山群岛新区、中国（上海）自由贸易试验区等联动发展，逐步建设成为自主创新先导区、新型城镇化示范区、长三角地区现代产业集聚区、长江经济带对外开放合作重要平台，努力走出一条创新驱动、开放合作、绿色发展的现代化建设道路。

b.成渝城市群联动发展

成渝城市群发展将有七个发展趋势：成渝城市群的发展将高度衔接、深度融汇党中央、国务院重大决策，体现政策实施的契合性；成渝城市群的发展将服从整体、合作多赢，吻合战略取向的开放性；成渝城市群的发展将统一布局、分类指导，明晰区域政策的匹配性；成渝城市群的发展将牵引长江经济带三大城市群联动开发；成渝城市群的发展将有利于两江新区、天府新区创新全面深化改革路径；成渝城市群的发展将依托城市群建设的国家战略，以重庆为轴心，成都呼应，统筹谋划愿景。

c.国际多式联运物流体系

根据《联合国国际货物多式联运公约》，国际多式联运是指：按照《多式联运合同》以两种或两种以上（至少两种）不同的运输方式（如海运和陆运，海运和空运，空运和陆运，海运和空运和陆运等）；由多式联运经营人将发货人托运的货物从一个国家境内接管货物的地点运至另一个国家境内指定交付货物的地点。（注意：同一种运输方式的中转运输或联运不应视为多式联运。如天津海运到洛杉矶在釜山中转，虽然集装箱会在釜山从头程船上卸下，换装上另一艘不同的船后再继续运往洛杉矶。因为都是海运，运输方式一样，所以不是多式联运。）

d.国际贸易

国际贸易（International Trade）是指不同国家（和/或地区）之间的商品、服务和生产要素交换的活动。国际贸易是商品、服务和生产要素的国际转移。国际贸易也叫世界贸易。国际贸易是各国之间分工的表现形式，反映了世界各国在经济上的相互共存。从国家的角度可称对外贸易；从国际角度可称国际贸易。国际贸易作为一门学科，它的研究对象是具有各自经济利益的不同关税区，即不同国家或地区之间的商品和服务的交换活动。此学科研究这些商品和服务交换活动的产生、发展过程，以及贸易利益的产生和分配，揭示这种交换活动的特点和规律。

国际贸易由进口贸易（Import Trade）和出口贸易（Export Trade）两部分组成，故有时也称为进出口贸易。

e.新型贸易

2017年两江新区将深入推进服务贸易创新试点发展，大力发展新型服务贸易，争取保税商品展示达到16亿元，跨境电商交易额达到10亿元，实现保税贸易交易额150亿元、总部结算200亿元、融资租赁100亿元，整车进口1 000辆。

（3）重点项目策划之叶——第二产业项目策划、第三产业项目策划、二三产业综合型项目策划

①第二产业项目策划

基于前述次枝划分，第二产业项目策划这一次枝包含845厂搬迁土地开发利用策划、汽车城策划、航空产业园策划、中德（重庆）智能制造产业园、机器人小镇策划、航空小镇策划部分具体策划，涉及土地开发利用、汽车城、航空产业园、中德（重庆）智能制造产业园与机器人小镇、航空小镇六个方面。

a.土地开发利用

土地开发主要是对未利用土地的开发利用，要实现耕地总量动态平衡，未利用土地开发是补充耕地的一种有效途径。由此定义，土地开发是通过各种手段挖掘土地的固有潜力、提高土地的利用

率、扩大土地利用空间与利用深度，充分发挥土地在生产和生活中的作用的过程。

b.汽车城

汽车城集众多的汽车经销商和汽车品牌于同一场地，服务便捷、管理规范，集咨询、选车、贷款、保险、上牌、售后服务于一体。

c.航空产业园

在各地机场内部及其周边地区建设，布置与航空相关产业为主的各类物流园区、科技产业园、商务办公区、航空产业基地等都可作为航空产业园区的研究范畴，如上海临空经济园区、广州国际空港物流园、天津空港经济区研发科技园等。

航空产业园是指各级政府为促进航空产业发展升级，在所辖地特地划出一块行政区域，并利用土地、税收等优惠政策，以吸引大量企业聚集而成的经济体。通用航空产业园重点发展总部基地、贝尔中国汇、通航商旅飞行、通航FBO运营、MRO运营、飞行培训、飞行器展示中心、航空物流、航空展览、航空救援等项目，未来还将引入飞行器组装和改装等业务，努力成为在国内外航空领域具有较大影响力、较强竞争力、集多元化于一体的通用航空产业基地。

d.中德（重庆）智能制造产业园

建设中德（重庆）智能制造产业园，可针对我国在高端装备和制造过程智能化等领域的薄弱环节，在核心基础部件、智能传感器与仪器仪表、嵌入式工业控制芯片等技术方面取得突破，形成智能制造的产业体系。它可聚集国内外优势资源，促进工业互联网、大数据、云计算在企业全流程和全产业链的综合应用，完善研发、检测、服务等平台，提升现代制造服务业水平，促进重庆制造业提档升级。

近年来，随着重庆加大与德国的合作力度，产业园发展所需的支撑平台已初步建设完成。目前，在两江新区的德资企业超过40家，在汽车、装备、电子等领域形成了较为完备的高新技术产业体系。同时，两江新区已形成了"五资"引入方案：通过政府基金介入，解决"资本"；通过融资租赁，解决"资产"，实现企业轻资产运营；通过供给侧改革，解决"资源"；通过财政专项扶持，解决"资助"；通过上述支持，加大项目增信，解决"资金"，有利于协助德国企业在西部地区加大投资。

e.机器人小镇

它通常具有产业、文化、旅游、社区功能，设置机器人展示交易中心、机器人产业制造基地、机器人产业学院、机器人特色超市等特色区块。

f.航空小镇

住宅型航空小镇就是"拥有飞机跑道的住宅小区"。这里首先是一个生活家园。就像普通的住宅区一样，这里的房屋大都是业主们平日居住生活的家，而非用于商业。但不同于传统的住宅区，航空小镇除了要提供日常生活所需的设施外，还必须建有飞行所需的必不可少的设施设备，如机场、跑道、滑行道、停机库、停机坪，甚至飞行俱乐部、餐厅等。让飞行成为这里人们生活不可或缺的一部分，这正是住宅型航空小镇的核心价值。因此航空小镇也被称为"飞行社区"（Flyincommunity）。

②第三产业项目策划

第三产业项目策划这一次枝包括水土国际健康城策划、龙盛商圈城市设计、龙盛商业中心城策划、龙兴智慧总部城策划、龙兴科教活力城策划、两江国际医疗城城市概念规划设计、龙兴文化创意城开发策划及城市设计、鱼嘴服务区功能再提升策划、汽车主题乐园开发策划、福克斯主题公园策划、中华五千年旅游景区总体策划、国际大型综合影视主题公园项目策划、龙盛片区体育公园暨体育产业发展规划、龙兴古镇开发策划、龙兴体育小镇策划、八戒小镇策划、电影小镇策划、农庄小镇策划、中瑞滨水风情小镇策划、恭州小镇策划、VR小镇策划、乐视小镇策划等几片树叶，主要涉及国际健康城、商业中心城、智慧总部城、科教活力城、国际医疗城、文化创意城、主题公园、旅游景区、体育公园、古镇开发、特色小镇十一个方面的发展。

③二三产业综合型项目策划

二三产业综合型项目策划这一次枝包括中新国际新城策划、中新（重庆）两江工业开发区战略性互联互通示范项目策划两片树叶。其中对应有四大具体项目：中新合作现代服务业项目、中新合作医院及学校项目、中新合作文化旅游项目、中新合作城市开发项目。

a.中心合作现代服务业项目

此项目包含中新（重庆）合作两江新区综合物流产业园项目、（重庆）合作龙盛新城示范项目、中新（重庆）合作平行进口汽车商贸城项目、（重庆）合作信息通信产业基地项目、中新（重庆）合作水土国际健康城项目。

a-1.中新（重庆）合作两江新区综合物流产业园项目

该项目位于龙盛片区南端，长江北岸，坐拥长江黄金水道；距离江北国际机场约25 km、龙头寺火车站22 km、江北嘴金融中心25 km、观音桥商圈30 km、悦来国际会展中心30 km、龙兴古镇（国家级历史文化名镇）8 km。（图4-20）

项目规划建成长江上游最大港口——果园港和鱼嘴货站，水、铁、公联运系统成熟便利，周边已入驻现代汽车、上汽通用五菱汽车、长安汽车、嘉民物流、维龙物流、长客轨道列车、际华目的地、鞍钢蒂森克虏伯等项目，产业发展基础优越。

项目定位：

"一带一路"重要物流节点；长江上游综合性物流运营中心；中新（重庆）互联互通物流合作示范项目。

项目用地与规划情况（图4-21）：

项目规划范围约10.2 km²，可开发用地约8.4 km²，除去果园港、鱼嘴货站用地外，剩余建设用地约3.4 km²；果园港规划面积约4.3 km²，为长江上游最大码头，已建成16个水工泊位，铁路专用线直达港区，实现了铁运联运的无缝对接；鱼嘴货站规划面积约0.7 km²；重装码头规划2个。

合作主题与功能布局（图4-22）：

大宗商品交易中心——联合开发以大宗商品为主要货种的交易中心，提供全方位、多功能、一

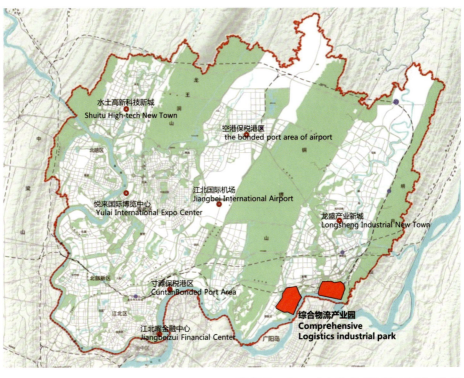

图4-20　中新（重庆）合作两江新区综合物流产业园项目区位图

图4-21 中新（重庆）合作两江新区综合物流产业园项目用地规划图

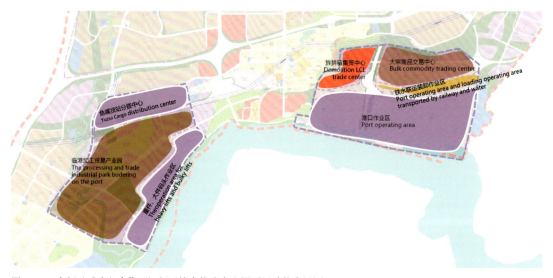

图4-22 中新（重庆）合作两江新区综合物流产业园项目功能布局图

站式服务；

鱼嘴货站分拨中心——联合打造汽车、航空、高端装备制造等产业的生产资料和成品的分拨及运输中心；

港口作业区及铁水联运装卸作业区——合作开展集装箱、散货、商品车滚装等业务，协助中方加强重型装备、特种货物、大型机械设备转运能力；

拆拼箱集贸中心——引入新加坡物流企业开展拆拼箱业务合作；

临港加工贸易产业园——引入新加坡物流加工、贸易公司，联合开发物流产品的贸易销售业务，开展汽车、高端装备制造、航空等产业的零部件产品加工、装配整理、重新包装等业务；重件、大件码头作业区。

a-2.（重庆）合作龙盛新城示范项目

该项目位于龙盛产业新城中心区，御临河畔，环境优美，毗邻复盛镇，交通便捷、配套成熟；距离江北国际机场约18 km、龙头寺火车站30 km、江北嘴金融中心33 km、观音桥商圈35 km、悦来国际会展中心30 km、果园港6 km、龙兴古镇（国家级历史文化名镇）5 km；周边已入驻格力滨湖总部基地、龙兴智慧总部城、际华目的地、影视城、现代汽车、长安汽车、绿城御园、中航体育公园等众多项目，地块开发条件成熟。（图4-23）

项目定位：

新加坡企业在渝总部经济核心聚集区；中国西部互联网+物流运营中心；中新合作国际商贸城；中新（重庆）现代服务业合作示范项目；中新合作智慧、海绵示范城区。

项目用地与规划情况（图4-24）：

用地范围约5.0 km²；可开发用地约2.5 km²。其中，商业商务用地1.5 km²；教育科研用地0.4 km²；居住用地0.6 km²。

项目主题与功能布局（图4-25）：

中新互联互通"两国双园"核心示范区——共同打造百国商品展示体验馆、中新科研交流交易中心等项目；

中新合作互联网+物流运营中心——基于互联网、大数据、电商贸易整合、工业制造和物流运输等资源，促进金融结算和通关服务便捷化，打造跨境电商单证电子化便利中心，形成服务整个长江上游地区的物流运营管理中心；

中新合作"双创"示范基地：与新加坡的大学相关专业合作，建设新加坡大学生创新创业实习基地，设立双创扶持基金，建设创业创新城；引进新加坡科技研发企业，指导双创建设；

智慧城市示范社区——引进新加坡科技信息企业，按照智慧城市标准合作开发建设智慧示范社区；

中新合作中央商业商务区——引入新加坡规划建设单位和房地产开发企业，共同开发建设商业街、商业中心、高档写字办公楼宇等项目；

中新合作国际医院、国际学校——引进新加坡知名教育机构和医疗机构，联合开发国际医院、国际学校等项目。

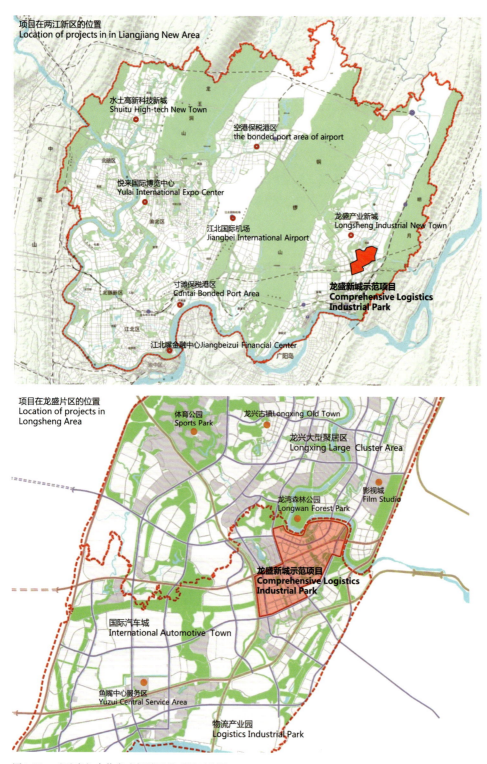

图4-23 （重庆）合作龙盛新城示范项目区位图

图4-24　（重庆）合作龙盛新城示范项目用地规划图

图4-25 （重庆）合作龙盛新城示范项目功能布局图

a-3.中新（重庆）合作平行进口汽车商贸城项目

该项目位于龙盛产业新城中心区，紧邻渝宜高速、绕城高速、一横线快速路和在建复盛高铁站，交通便捷，毗邻御临河、复盛镇，环境优美，交通便捷；距离江北国际机场约18 km、龙头寺火车站30 km、江北嘴金融中心33 km、观音桥商圈35 km、悦来国际会展中心30 km、果园港6 km、龙兴古镇（国家级历史文化名镇）5 km；周边已入驻格力滨湖总部基地、龙兴智慧总部城、际华目的地、影视城、现代汽车、长安汽车、绿城御园、中航体育公园等众多项目，地块开发条件成熟。（图4-26）

项目定位：

中国西部平行进口车运营基地；重庆平行进口车综合展销中心；渝新欧国际大通道重要示范节点项目。

项目用地与规划情况（图4-27）：

用地范围约0.73 km²；可开发用地约0.42 km²。

合作主题与功能布局（图4-28）：

平行进口车整车展销及保养维护中心——汽车4S店项目、整车商场项目等；

平行进口车与零部件商贸城——汽车零部件销售综合市场及零部件批发市场等；

平行进口车仓储及分拨中心——整车及零部件中转仓库项目、整车与零部件分拨中心项目等。

a-4.（重庆）合作信息通信产业基地项目

该项目位于水土高新科技新城南部，毗邻水土云计算中心和渝北仙桃数据谷，产业支撑条件优越，紧邻绕城高速、悦复大道和在建轨道6号线支线，交通便捷、环境优美；距离江北国际机场约11.5 km、龙头寺火车站17.5 km、江北嘴金融中心23.5 km、观音桥商圈21 km、悦来国际会展中心3 km、果园港37 km；周边已入驻京东方、中国电信数据中心、中国移动数据中心、中国联通数据中心、云计算服务中心、北大方正医药、莱宝高科、上海超硅等重要项目，产业配套成熟。（图4-29）

项目定位：

"一带一路"重要信息通信产业节点；辐射中西部和长江上游地区信息通信产业基地；中新（重庆）互联互通信息通信合作示范基地。

项目用地与规划情况（图4-30）：

用地范围约2.2 km²；可开发用地约1.4 km²。

合作主题与功能布局（图4-31）：

信息设备生产制造核心区、信息通信设备研发创新中心、信息通信设备展销服务中心。

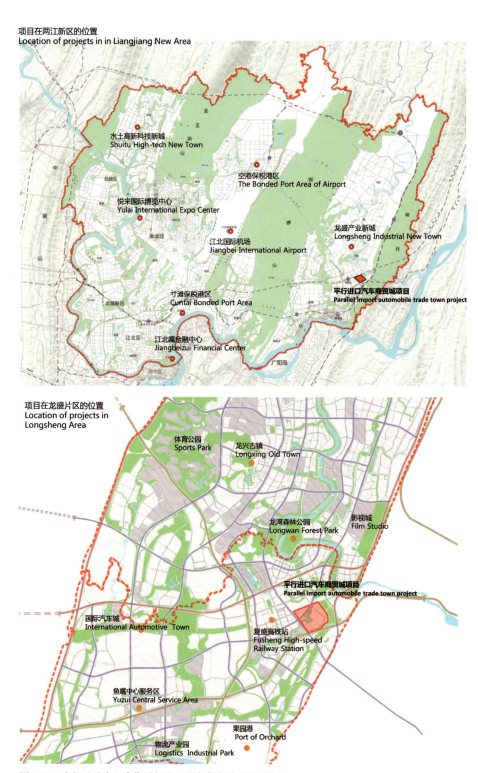

图4-26 中新（重庆）合作平行进口汽车商贸城项目区位图

图4-27 中新（重庆）合作
平行进口汽车商贸城项目用
地规划图

图4-28 中新（重庆）合作
平行进口汽车商贸城项目功
能布局图

项目在两江新区的位置
Location of project

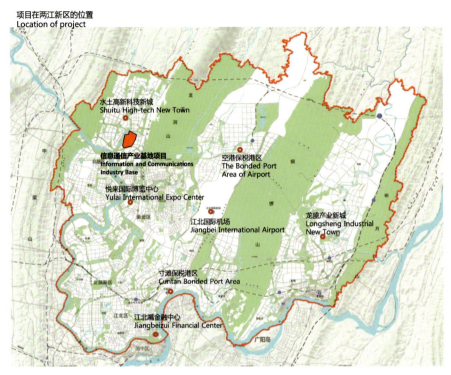

项目在水土片区的位置
Location of project

图4-29 （重庆）合作信息通信产业基地项目区位图

图4-30 （重庆）合作信息通信产业基地项目用地规划图

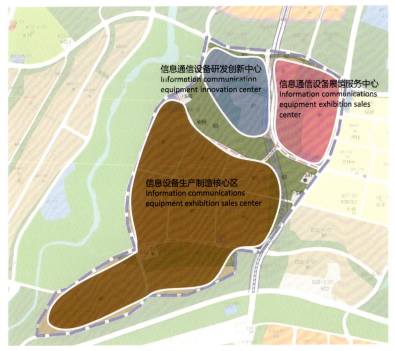

图4-31 （重庆）合作信息通信产业基地项目功能布局图

a-5.中新（重庆）合作水土国际健康城项目

项目位于水土高新科技新城南部，毗邻悦来会展城、智慧城，属于重庆的热点开发区域，产业支撑条件优越，紧邻绕城高速、悦复大道和在建轨道6号线支线，交通便捷、环境优美；距离江北国际机场约11.5 km、龙头寺火车站20 km、江北嘴金融中心24 km、观音桥商圈21 km、悦来国际会展中心3 km；项目规划范围内已入驻金科忆达项目，周边已建成重庆国际博览中心，北大方正医药、药友制药、碚圣科技、海扶医疗产业基地、莱宝高科、上海超硅等重要项目，产业配套成熟。（图4-32）

项目定位：

中国西部独具特色的国际医城；长江上游国家级养老示范小镇；中新健康产业合作示范项目。

项目用地与规划情况（图4-33）：

用地范围约3.35 km^2；可开发用地约1.57 km^2；其中未出让用地约1.2 km^2；教育科研用地0.55 km^2；居住用地0.65 km^2。

合作主题与功能布局（图4-34）：

中新合作国际医疗城——综合和专科国际医院、高端健康体检项目、母婴保健服务、美容整形医院、康复中心、养老院等；

健康产业研发中心——医疗设备研发、制造项目、医学教育项目、健康产品展示交易中心等；

健康养老示范社区——老年公寓、老年大学、社区日间照料中心等项目；

养生度假康体中心——养生度假酒店、水疗中心、运动康体公园、中医养生园项目等。

b.中新合作医院及学校项目

该项目包含中新（重庆）合作国际医院项目和中新（重庆）合作国际学校项目。

b-1.中新（重庆）合作国际医院项目——水土高新园国际合作医院项目（图4-35）

项目优势：水土高新园片区是两江新区重要的高新产业开发区，规划人口约40万人，项目选址于成熟区域，产业集聚，环境优美，是产城融合建设的示范型新城，国际合作医院的建设有助于城市功能的完善。

区域交通：方正大道、悦复大道已建成通车，规划轨道16号线站点均临近项目选址，交通便捷。

合作意向：引入新加坡世界一流的医疗资源，建立新资或合资高端国际医院，以及医疗教育培训项目。

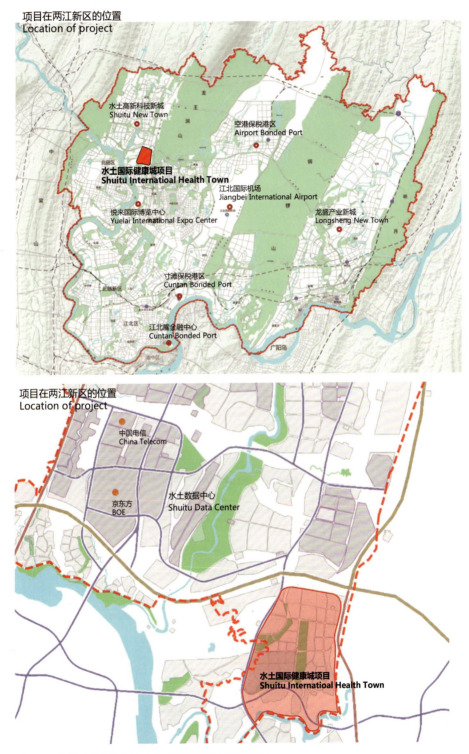

项目在两江新区的位置
Location of project

水土高新科技新城
Shuitu New Town

空港保税港区
Airport Bonded Port

水土国际健康城项目
Shuitu Internatioal Health Town

江北国际机场
Jiangbei International Airport

悦来国际博览中心
Yuelai International Expo Center

龙盛产业新城
Longsheng New Town

寸滩保税港区
Cuntan Bonded Port

江北嘴金融中心
Cuntan Bonded Port

项目在两江新区的位置
Location of project

中国电信
China Telecom

水土数据中心
Shuitu Data Center

京东方
BOE

水土国际健康城项目
Shuitu Internatioal Health Town

图4-32　中新（重庆）合作 水土国际健康城项目区位图

图4-33 中新（重庆）合作 水土国
际健康城项目用地规划图

图4-34 中新（重庆）合作 水土国
际健康城项目功能布局图

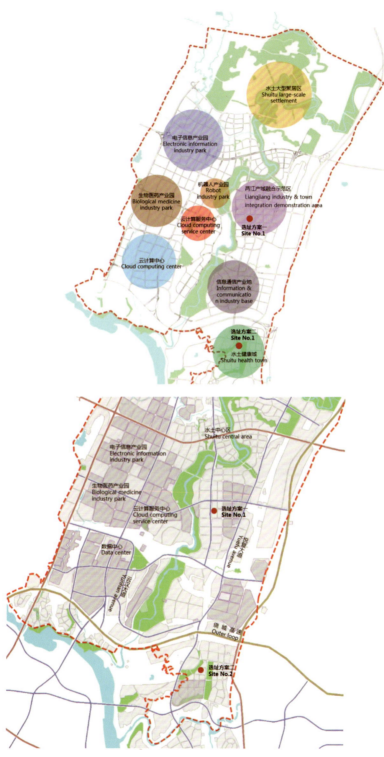

图4-35　水土高新园国际合作医院项目

b-2.中新（重庆）合作国际医院项目——龙盛产业新城国际合作医院项目（图4-36）

项目优势：龙盛产业片区是两江新区东部的产业新城，规划人口约80万人，合作医院项目选址于成熟区域，道路交通条件良好，环境优美。

区域交通：龙盛片区已建成绕城高速、渝宜高速、两江大道、盛唐路等重要城市干道；同时规划轨道4号线、轨道12号线、轨道16号线等，交通便捷。

合作意向：引入新加坡一流的医疗资源，建立新资或合资高端国际医院及医疗教育培训项目。

b-3.中新（重庆）合作国际学校项目——水土高新园国际合作学校项目（图4-37）

项目优势：水土高新园片区是两江新区重要的高新产业开发区，规划人口约40万人，项目选址于成熟区域，环境优美，是产城融合建设的示范型新城，国际合作学校的建设有助于城市功能的完善。

区域交通：方正大道、悦复大道已建成通车，规划轨道16号线站点均临近项目选址，交通便捷。

合作意向：引入新加坡优质教育资源落户两江，如新加坡知名大学中国分校、国际中小学。

b-4.中新（重庆）合作国际学校项目——龙盛产业新城国际合作学校项目（图4-38）

项目优势：龙盛产业片区是两江新区东部的产业新城，规划人口约80万人，合作学校项目选址于成熟区域，道路交通条件良好，环境优美。

区域交通：龙盛片区已建成绕城高速、渝宜高速、两江大道、盛唐路等重要城市通道；同时规划轨道4号线、轨道12号线、轨道16号线等，交通便捷。

合作意向：引入新加坡优质教育资源落户两江，如新加坡知名大学中国分校、国际中小学。

c.中新合作文化旅游项目

该项目包含中新（重庆）合作龙兴古镇文化旅游目的地、中新（重庆）合作两江文创和传媒基地；中新（重庆）合作竹溪河湿地公园旅游带。

c-1.中新（重庆）合作龙兴古镇文化旅游目的地（图4-39）

区位优势：龙兴古镇是国家级历史文化名镇，具有较高知名度，对外交通方便，紧邻龙盛片区中央商业区，可发展成为具有较高文化内涵和国际品质的旅游度假目的地。

区域交通：两江大道、盛唐路和机场东联络线北线已建成，形成该区域南北主干网络；毗邻一横线、绕城高速、渝宜高速、机场东联络线，实现对外快速通达；区域内规划轨道4号线和复盛高铁站，可直达主城核心区域，形成了跨区域的高效联通体系。

片区规模：规划范围0.8 km^2，可开发用地面积0.4 km^2。

可落户的中新合作项目：中新国际酒店项目，中新国际旅游合作项目，古文化、建筑合作项目。

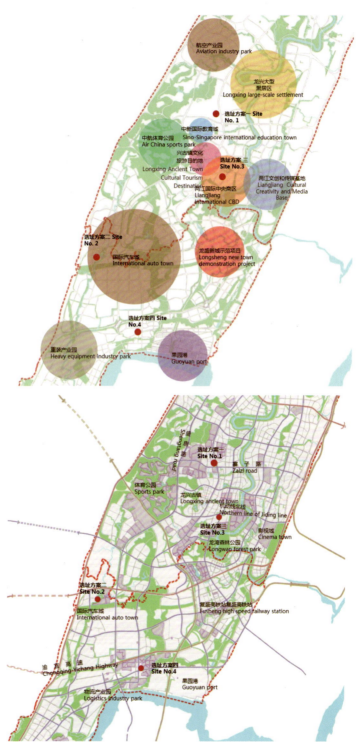

图4-36 龙盛产业新城国际合作医院项目

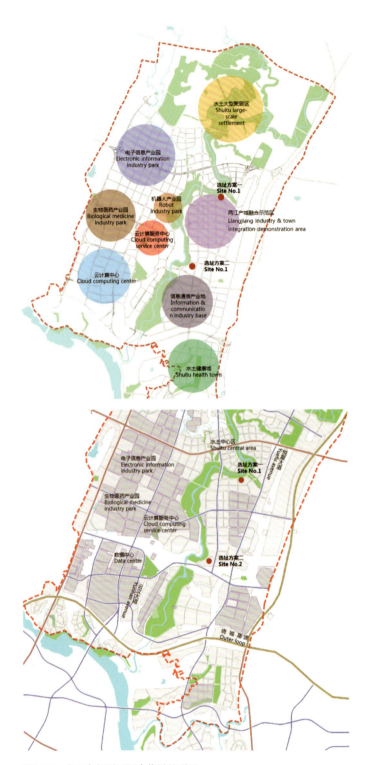

图4-37　水土高新园国际合作学校项目

图4-38　龙盛产业新城国际合作学校项目

图4-39　中新（重庆）合作龙兴古镇文化旅游目的地

c-2.中新（重庆）合作两江文创和传媒基地（图4-40）

区位优势：位于龙盛片区中部，御临河以东，拥有良好自然资源，靠近龙湾森林公园、际华目的中心项目和重庆两江国际影视城等重大功能性项目和公共设施，可发展成为中新合作的文创和传媒基地。

区域交通：两江大道和机场东联络线北线已建成，形成该区域南北主干网络；毗邻一横线、绕城高速、渝宜高速、机场东联络线，实现对外快速通达；区域内规划轨道4号线和复盛高铁站，可直达主城核心区，形成跨区域高效联通体系。

片区规模：3.12 km^2，可开发用地面积1.3 km^2。

可落户的中新合作项目：中新文化交流中心、中新国际传媒基地、中新广告和创意产业区等项目。

c-3.中新（重庆）合作竹溪河湿地公园旅游带（图4-41）

项目优势：竹溪河是南北向贯穿水土片区中部的重要嘉陵江支流，景观优美，规划建设休闲旅游、文化娱乐、体育健身等设施，是水土高新园城市居民休闲娱乐的核心区域。

区域交通：方正大道和悦复大道已建成，临近轨道6号线，周边交通便捷，实现高效通达。

片区规模：1 km^2。

可落户的中新合作项目：博物馆、影剧院、图书馆、体育场馆等设施。

d.中新合作城市开发项目

该项目包含中新（重庆）合作两江国际生态社区项目、两江国际教育城生态社区项目、两江国际汽车城社区项目、两江产城融合示范区项目。

d-1.两江国际生态社区项目（图4-42）

区域优势：龙兴大型聚居区中部，定位为高品质生态住区，紧邻龙兴古镇文化旅游目的地、教育城、中央商务区，北靠御临河的优质滨江资源。

区域交通：两江人道、寨子路等已建成，形成该区域南北土干网络；毗邻一横线、绕城高速、渝宜高速、机场东联络线，实现对外快速通达；区域内规划轨道4号线站点，可直达主城核心以及形成跨区域高效联通。

用地规模：总面积1.78 km^2，可开发用地面积0.94 km^2。

可落户的中新合作项目：中新合作生态居住区、国际学校（中小学及幼儿园）开发建设、生态建筑设计和建设、滨河公园景观设计及建设。

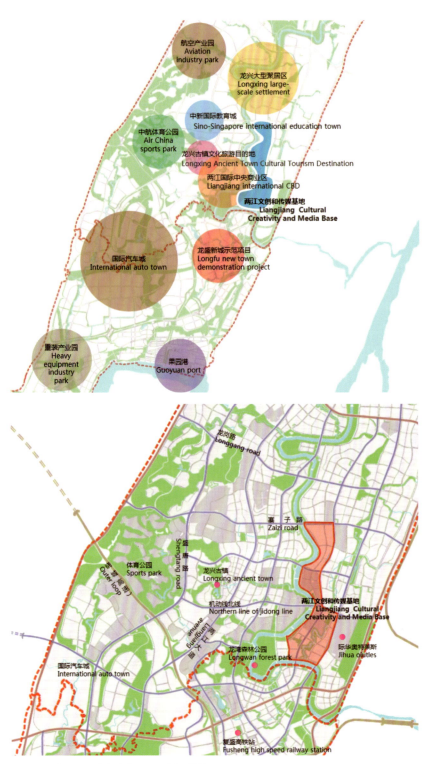

图4-40　中新（重庆）合作两江文创和传媒基地

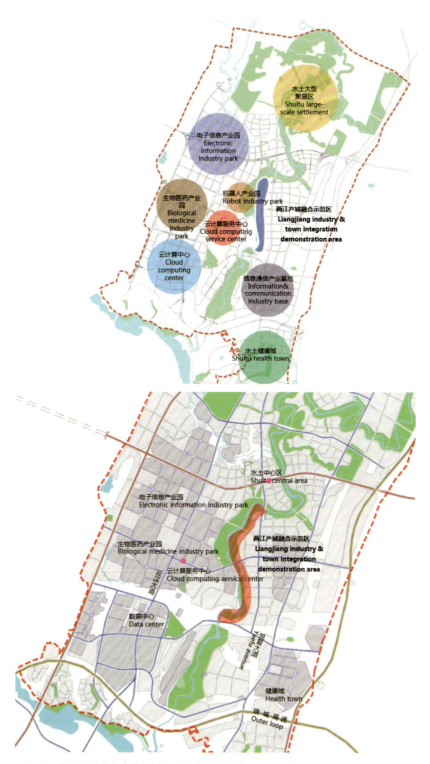

图4-41　中新（重庆）合作竹溪河湿地公园旅游带

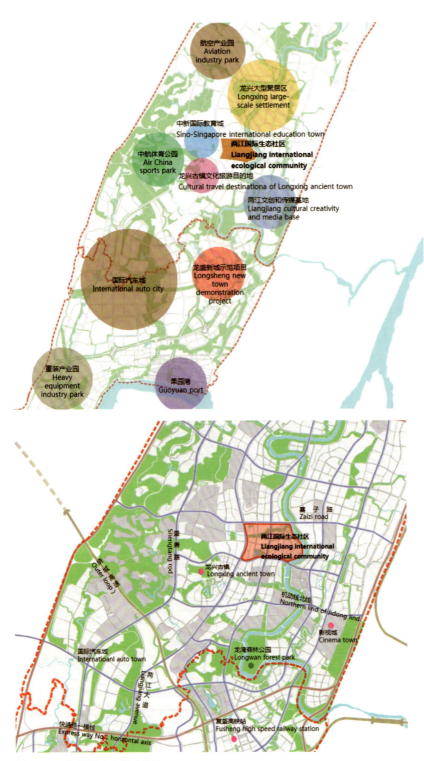

图4-42 两江国际生态社区项目

d-2.两江国际教育城生态社区（图4-43）

区域优势：紧邻龙兴古镇、重庆理工大学、和合家园等区域，周边配套设施成熟，是未来几年城市开发建设重点区域。

区域交通：两江大道、盛唐路、寨子路等城市主干路已建成，是该区域对外交通的主干网络；区域东侧规划轨道4号线站点。

用地规模：总面积0.52 km²，可开发用地面积0.41 km²。

可落户的中新合作项目：中新合作中新国际社区，生态居住区开发建设、国际学校（中小学及幼儿园）开发建设。

d-3.两江国际汽车城社区（图4-44）

区位优势：位于两江国际汽车城中部，是汽车城内城市综合服务节点和中心，可发展成为两江新区国际生态社区。

区域交通：长安大道已建成，可通达该区域。

片区规模：0.6 km²。

可落户的中新合作项目：新加坡国际学校（中小学及幼儿园）项目合作，国际医院项目、中新第三代邻里中心等项目。

d-4.两江产城融合示范区（图4-45）

区位优势：位于水土片区中部，西邻竹溪河，河北侧为规划的水土中心区，西侧为电子信息产业区，区域内自然景观资源优质，是产业与城市互动互补的产城融合区。

区域交通：方正大道和悦复大道已建成，成为该片区连接东西南北的主要干道；轨道6号线由南向北纵贯该区域，实现高效通达。

片区规模：2.5 km²，可开发用地面积1.3 km²。

可落户的中新合作项目：上盖物业式商业综合体，中新国际社区，文化创意创业创新区，新加坡国际学校（中小学及幼儿园）项目合作，中新第三代邻里中心等项目。

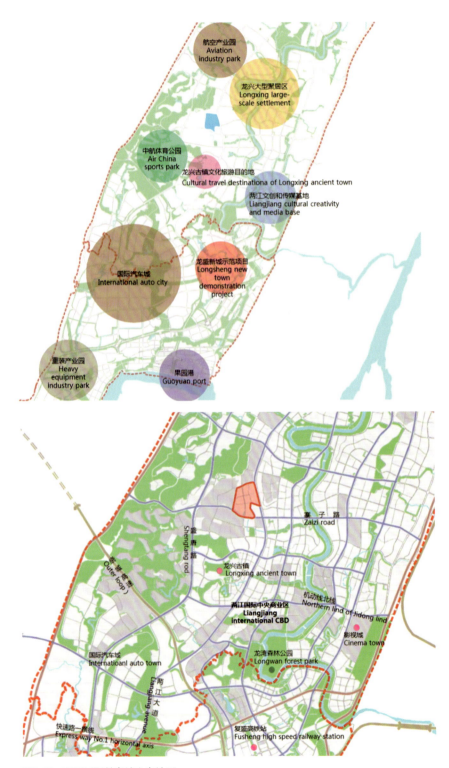

图4-43 两江国际教育城生态社区

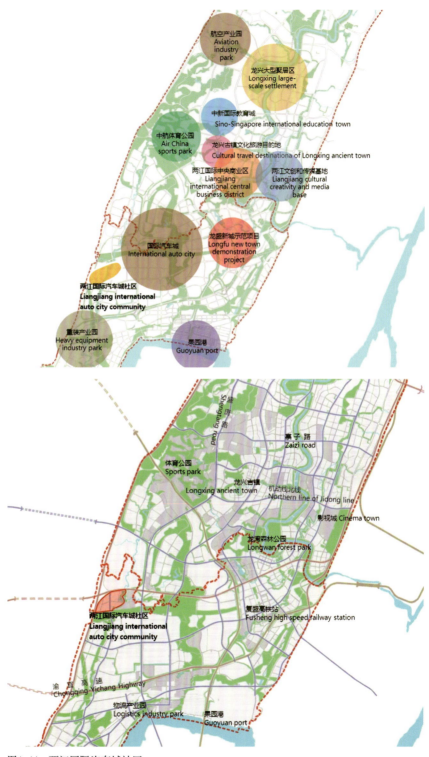

图4-44　两江国际汽车城社区

图4-45 两江产城融合示范区

2. 城市设施策划之叶

（1）新区交通运输系统策划之叶——新区近期骨干交通策划、新区货运体系策划、新区交通细化规划、道路建设时序策划

①新区近期骨干交通策划

基于前述次枝划分，新区近期骨干交通策划这一次枝包含机场东南联络线研究、龙盛片区至主城中心城区快速通道策划、复盛中心区区域路网研究、鱼复工业开发区路网研究等四个具体策划，涉及线型选择、快速路设置与路网研究三个层面。

a.联络线研究

联络线（高速公路）是多条主线高速公路的连接纽带，联络线作为国家高速公路网布局方案中的重要部分，具有国家高速公路的一般功能和作用。此外，联络线还具有其自身的功能特点：大部分联络线可连接多条高速公路；联络线基本上以长途过境交通为主，集散交通为辅；大部分联络线起到加密高速公路网络、缩短公路行车里程的作用；具有交通分流及导流功能。联络线研究一般包括路线选择、线型研究、立交与匝道设施与站点设置这几个方面。

b.城市快速路设置

城市快速路，属于快速路的一种，也是快速公路的主体，位居城市道路四个等级中的顶端。城市道路中设有中央分隔带，具有双向四车道以上的规模，全部或部分采用立体交叉与控制出入，供车辆以较高速度行驶。主要作用是保证汽车畅通连续地行驶，提高城市内部的运输效率。城市快速路设置主要涉及通行能力及服务水平研究、路线设计、线型选择、横断面设计、平面设计、纵断面设计、出入口设置与高架设置等。

c.路网研究

路网是一定区域内相互联络、交织成网状分布的道路系统。它由不同功能和不同技术等级的道路组成，以适应该区域内与区域之间的交通要求。路网研究主要关注规模与结构两个方面：规模方面，重点考虑城市路网到底应该有多密集，哪些地方应当设置道路；结构方面，重点研究不同等级的公路之间的均衡性，明确哪些地方应当设置什么等级的道路。此外，还包括路网可靠性研究，通常包括连通性、行程时间可靠性、通行能力可靠性、O-D对系统可靠性、交通需求满意度等指标。

②新区货运体系策划

新区货运体系策划这一次枝包括龙盛片区客货分流落地规划、水土片区客货分流落地规划、果园港功能提升策划、复盛高铁站门户与形象提升策划、铁路东环线龙盛水土站场策划等五片树叶，主要涉及客货分流、港口功能提升与铁路站场策划等三个层面。

a.客货分流落地规划

客货分流是一种有效缓解高速公路通行压力、提高高速公路安全性与畅通水平的一种方式。客货分流落地研究主要包含分流时段的确定、分流车辆的确定、分流车辆行驶方向的确定以及分流行驶路线及收费标准的确定等几大问题。

b.港口功能提升策划

内河港口是综合交通运输系统中的重要组成部分，与区域经济相互衔接、互动发展，是区域经济发展过程中重要的推动力量。港口功能提升路径包括港口规划、港口建设、港口生产和港口服务。

港口规划是港口发展的起点，未来内河港口的货种构成、功能结构等均与规划息息相关。因此，完善港口规划，对全面推动港城一体化发展，促进港口功能的拓展，使港口规划与区域经济发展规划紧密衔接起着关键性作用。港口建设层面，可实行改旧建新相结合的方针，提高港口效率和通过能力。港口是点、腹地是面，腹地是港口的生存之本，点面结合，港口生产才有生机。最后，从港口服务层面，提升综合服务功能，优化港口经济发展环境。

<h1 style="text-align:center">专栏6：内河大港</h1>

案例6-1：重庆果园港

果园港位于重庆市两江新区核心区域，是我国最大的内河水、铁、公联运枢纽港，也是重庆重点规划建设的现代化内河港区。港口岸线2 800 m，规划建设5 000吨级泊位16个，其中多用途泊位10个，散货泊位3个，商品汽车滚装泊位3个，设计年通过能力可达3 000万吨，其中集装箱200万标

图4-46　重庆果园港

箱，散杂货600万吨，商品滚装车100万辆，铁水联运规划设计年通过能力650万吨。计划总投资约105亿元人民币，2008—2015年分两期建设，一期工程于2008年4月开工，2个散货泊位已于2010年12月建成并投入运行，形成吞吐能力200万吨；二期及扩建工程于2010年9月开工，历经38个月的艰苦奋战，港区前沿16个码头泊位已全面建成。

项目主要分为三大功能区：一是铁路以南的港口功能区，占地3 500余亩，包括16个泊位（其中：200万TEU吊装能力的10个集装箱泊位，600万吨装卸能力的4个件散货泊位，100万辆通过能力的2个商品滚装车泊位及120万 m^{2}的堆场）；二是铁路以北的综合仓储物流区及相关配套设施工程，占地1 200余亩，建设住宅与综合办公楼建筑面积30万平方米，建设仓库建筑面积40万平方米；三是进港专用铁路工程，双线10 km，占地500余亩，站场装卸线13条（主要货物有散货、件货和集装箱等），将形成650万吨的铁水联运装卸能力。

果园港作为交通部规划建设的内河第三代现代化西部大港，将采取"前港后园"模式，以此提升果园港的核心竞争力。

c.铁路站场策划

铁路站场设计是铁路工程设计的重要环节。车站及枢纽是形成运输综合能力的关键环节，是满足铁路运输服务质量最基本的基础支撑体系之一。高速铁路站场承担着普速、高速及城际列车的接发，股道众多，作业复杂，站场设计需保证高峰小时运输和运营调整需要，满足技术作业需求，保证追踪，提高服务质量；同时，高速铁路站场要保证各场相互协同、相互补充，在正常情况下和非常情况下，使高速铁路发挥最大运输能力。

高速铁路站场的设计集中在以下几个方面：高速铁路的选址方面；车站的换乘方面；车站布局方案方面；车站通过能力的研究方面；站内线路设计方面等。

③新区交通细化规划

新区交通细化规划这一次枝包括：鱼复工业开发区疏唐立交及周边研究、复盛枢纽交通评估及片区路网优化改善规划、龙盛片区次支路网连通规划、水土片区次支路往连通规划等四片树叶，主要涉及立交、交通枢纽与路网联通研究两个层面。

a.立交研究

立交一般指两条或两条以上的交通运输线路的交汇点建立的上下分层、多方向行驶、互不相扰的现代化陆地桥。立交位置确定应以高速公路网规划为依据，采用定性分析与定量分析的方法确定互通式立交的大致位置，再考虑位置影响因素加以调整，从而确定出立交的位置。主线交通量的分散和吸引作用、立交与其他设施的关系以及主线的线形等因素影响着立交的选择。

b.交通枢纽规划

综合交通枢纽是全国或区域交通运输系统的重要组成部分，是不同运输方式的交通网络的交汇点，是由若干种运输所连接的固定设备和移动设备组成的整体，共同承担着枢纽所在区域的直通作业、中转作业、枢纽地方作业以及城市对外交通的相关作业等。

现行的交通主枢纽规划中，主要采用定量计算与定性分析相结合的方法，大致分为3个内容：社会经济和交通运输的现状分析与发展趋势预测；交通主枢纽场站选址与布局规划方案的形成；交通主枢纽规划方案评价与选优。

c.路网联通规划

路网互联互通是路网规划的一个部分，主要解决既有道路和新建、改建、扩建道路之间的关系问题，路网联通研究应以优化路网资源配置为重点，采用全局性视角进行统一的、动态的安排与优化。

专栏7

案例7-1：多个第一——江北国际机场T3A航站楼

重庆江北国际机场T3A航站楼，在现有航站区东侧，南北方向长1 060米，东西方向长750米；由中央E区大厅以及A、B、C、D四条指廊组成，总建筑面积约53万平方米。

此次，新航站楼将创下多个第一：亚洲最大的单体单索幕墙系统，国内最宽的高架车道，以及国内首个大规模应用自助行李托运系统。

新航站楼整体采用亚洲最大的单体单索幕墙系统，大气、时尚、现代简约，也非常环保、低

图4-47　重庆江北国际机场T3A航站楼

碳。新航站楼顶棚设有4个侧天窗，采光全部采取侧向，避免了顶棚垂直采光和容易漏水的问题。高架车道是国内首个采用超大宽度斜弯整体式连续箱梁桥的高架桥，设在出发层。新航站楼大厅最左侧的J值机岛，设计了32条自助行李托运带。这意味着旅客不但可以自助值机，托运行李也可以自助。

新航站楼投运后，市民坐飞机更快捷。重庆江北机场将新建成35万平方米的综合交通换乘枢纽，形成一条环线铁路、两条城市轨道、三横四纵高（快）速路网，融高铁、城铁、轨道、长途、出租车、社会车辆等多种交通方式于一体的综合交通枢纽，实现多种交通方式的"无缝对接"。

④道路建设时序策划

道路建设时序策划这一次枝包括龙盛片区道路建设时序策划和水土片区道路建设时序策划这两片树叶，主要解决道路建设时序的问题。

道路建设时序是指不同区域、不同等级道路建设时间的先后顺序。制定城市道路建设时序需要从多角度展开，进行系统分析，进而需要进行多目标的综合评价，建立决策层次结构，在此层次结构上运用系统分析的方法进行有效的分析，确定最终的建设时序。策划步骤包括：节点选择；指标选取；数据标准化；重要度计算；确定建设时序方案等五个基本步骤。

（2）新区生态环境系统策划之叶——环卫保护策划、园林绿化策划

①环卫保护策划

环卫保护策划这一次枝可以具体为新区环卫设施专项策划这一树叶。

环境卫生，按国际著名公益组织"君友会"的解释是指人类身体活动周围的所有环境内，控制一切妨碍或影响健康的因素。环境卫生策划的内容有以下几个方面：空气卫生；饮用水卫生；土壤卫生；住宅卫生与居民区规划（住宅建筑设计卫生）；公共场所卫生。

新区环卫设施专项策划主要解决垃圾转运站、垃圾与粪便码头、垃圾与粪便无害化处理厂（场）、垃圾最终处置场、粪便前端处理设施、环卫停车场、洒水（冲洗）车供水点、进城车辆清洗站等站点的选址与安放。

②园林绿化策划：园林绿化策划这一次枝可具体至新区园林绿化设施专项策划这一树叶。

园林绿化是指在一定的地域运用工程技术和艺术手段，通过改造地形（或进一步筑山、叠石、理水）种植树木花草、营造建筑和布置园路等途径创作而成的美的自然环境和游憩境域。园林绿化工程主要包含：园林土石方平衡整理，园林土建施工，园林装饰施工，木作，钢构，小型景观建筑，大小乔木栽植，灌木栽植，花卉栽植，以及绿化养护工程。

新区园林绿化设施专项策划主要解决新区各式景观小品、游憩地和种植设施的规划、设计、建造与管理问题，以满足游人观赏或者休憩等需要。

专栏8

案例8-1: 花园城市——新加坡

根据世界银行2014年的数据，在方圆700多 km² 的土地上，新加坡的人口密度为每平方千米7 736人，位居世界前列。与此同时，新加坡有大大小小340多个公园，居民区平均每500米就有一个公园，绿化面积占国土面积的45%，绿化覆盖率达到80%以上。

图4-48　新加坡花园城市

这种人与自然和谐而居的画面得益于精细规划。新加坡建国初期，也曾垃圾遍野、棚户区林立、蚊虫肆虐。新加坡政府在那时聘请联合国专家，用4年时间编制了整个新加坡范围概念性的未来30至50年城市空间布局、交通网络、产业发展等规划，并提出了人均8平方米绿地的指标。

新加坡最大的约束是土地，这个国家的一切都要在狭小的土地上获得。即便如此，新加坡的中央区以及完全靠填海而成、占地1.01 km² 的滨海湾花园却近乎"浪费"地占据着整个国家最重要黄金地段，周围所有的高楼大厦都要让位于此。

对此，被称为新加坡"规划之父"的刘太格曾表示："面积仅有700多 km² 的新加坡，我们在中央保存了150 km² 的永久保护区。没人敢打主意，是任何时候都不能开发的，完全是纯粹的大自然。"

为了解决城市病之一的交通拥堵，新加坡政府也大力发展公共交通，并通过昂贵的拥车证、征收交通拥堵费等方式严格限制私家车数量。用于私家车的停车场大多建于地下，或者建成几层的停车楼，尽可能少地占用土地。

在打造"花园城市"的道路上，新加坡政府仍在不遗余力地努力。市区重建局在2009年推出的"打造翠绿都市和空中绿意"计划（以下简称LUSH）中，要求所有在滨海湾、裕廊区和加冷河畔的新建筑，都必须有等同于发展地段面积的空中和地面花园作为替代绿地。该计划于2015年推出了LUSH2.0版本，将绿化要求扩大到更多地点，同时对包括住宅、办公楼、商业和酒店等各种发展项目提供更多绿化津贴。

（3）新区要素保障系统策划之叶——能源供应策划、邮政通信策划、给水排水策划、综合管廊策划

①能源供应策划

能源供应策划这一次枝，可具体细化为新区能源供应设施改造升级策划这一树叶。新区能源供应设施改造升级策划主要解决两江新区电力（生产、供电设施）、煤气、天然气、液化石油气供应设施的新建、改建、扩建问题，以及各机械设备的技术改造、升级与更新问题。

②邮政通信策划

邮政通信策划这一次枝，可具体细化为新区邮政通信设施改造升级策划这一树叶。新区邮政通信设施改造升级策划主要涉及两江新区范围内邮政局所、邮政通信枢纽、报刊门市部、售邮门市部、邮亭等选址、新建、改扩建问题，以及无线（有线）通信设施设备、电视台、广播站等升级提升问题。

③给水排水策划

给水排水策划这一次枝，可具体细化为新区给水排水设施改造升级策划这一树叶。新区给水排水设施改造升级策划主要涉及两江新区范围内各给水排水设备设施、线路管网的优化安装、改造升级等方面。

④综合管廊策划

综合管廊策划这一次枝，可具体细化为龙盛水土综合管廊规划这一树叶。2015年国务院办公厅颁布的《关于推进城市地下综合管廊建设的指导意见》（国办发〔2015〕61号），目前要求各地稳妥推进城市地下综合管廊建设，统筹各类市政管线规划、建设和管理，解决反复开挖路面、架空线网密集、管线事故频发等问题。综合管廊工程建设应以综合管廊工程专项规划为依据，综合管廊工程专项规划既要符合城市总体规划要求，又要与城市地下空间规划、轨道交通规划、各类工程管线专项规划有效衔接。

龙盛水土综合管廊规划主要解决在统筹协调其他各项上位策划的基础上，研究确定综合管廊的路由、平面位置（距道路中心线距离）和类别（干线、支线或者是缆线综合管廊），再重点确定断面尺寸、交叉口、引出口、通风口、投料口、倒虹段设置等详细布局等问题。

专栏9

案例9-1：现代下水道系统的鼻祖——法国巴黎

法国巴黎当前使用的下水道系统建造于19世纪的下半叶，总长为2 484千米，拥有约3万个井盖、6 000多个地下蓄水池，每天有超过1.5万立方米的城市污水通过这个庞大的系统排出城市。巴黎因其系统设计巧妙而被誉为现代下水道系统的鼻祖。

巴黎的下水道设计之初，管廊里同时修建了两条相互分离的水道，分别集纳雨水和城市污水，

图4-49　法国巴黎的地下管廊系统

使得这个管廊从一开始就拥有排污和泄洪两个用途。如今，这些管廊已经不仅是下水道系统，巴黎人的饮用水系统、日常清洗街道及城市灌溉系统、调节建筑温度的冰水系统以及通信管线也从这里通向千家万户，综合管廊的建设大大减少了施工挖开马路的次数。

3. 景观环境策划之叶

（1）新区居住体系策划之叶——全域居住体系策划、特色公寓策划、保障性住区策划

①全域居住体系策划

全域居住体系策划意指整个两江新区工业开发区范围内居住环境体系的宏观策划，其下所生的叶主要有水土住区体系策划及龙盛住区体系策划，分别为水土、龙盛两个片区的住区建设作指导。

②特色公寓策划

特色公寓策划是在评估两江新区工业开发区人口结构现状及预测未来不同收入人群规模的基础上，计算不同人群（蓝领工人、企业白领、高端人才、老年人群等）所对应的不同档次的住区（保障性住区、普通住区、高品质住区、老年住宅等）所需住房面积和居住用地面积规模，对新区居住用地进行等级规模划分，制定诸如"万寿蓝领公寓策划""思源人才公寓策划""健康城养老公寓策划"等特色公寓的策划，形成不同等级的住房供应体系，提出各个档次住区建设控制指标、环境景观、公共配套、停车位配等方面的建设意见及建设时序，最后制定规划要求及设计原则。

③保障性住区策划

新区在发展前期，会由产业集聚导入相当数量的蓝领工人等低收入群体，对类似群体的居住问题应当予以重视，两江新区着力修建公租房等保障性住房，制定了保障性住区建设的相关策划，包含"水土龙盛公租房选址策划""水土龙盛公租房需求量测算策划"等。其中，公租房需求量测算策划的内容主要是对两江新区水土片区及龙盛片区的人口结构进行调研统计，得出各收入阶层的人口结构现状及未来几年的发展态势，结合对不同收入层次就业人口的住房需求研究，估算公租房的需求量；公租房选址策划的内容是在需求量测算的基础上进行需求分布情况调研，进而提出公租房

选址的建议与详细的项目策划。

（2）新区公共服务设施体系策划之叶——龙盛水土公服体系策划、镇乡设施更新策划、智慧社区策划、智慧基础设施策划、智慧公服策划和智慧项目示范点策划

①龙盛水土公服体系策划

首先通过对问卷的整理，找到水土、龙盛片区公共服务设施存在的主要问题，了解居民对公共服务设施的满意度与新需求；其次，在边缘地区或交界地带，了解跨区域公共服务设施的情况；再次，了解个别地区由于地块居民的属性所涉及的需求度较高的特殊设施（如老年人、残疾人设施等）；最后根据调研结果进行水土龙盛公服体系策划的编制。

②镇乡设施更新策划

乡村聚落的建设与发展是一个自发、自主的过程，就其单体民居的建造方式，拉普卜特早有论述，是一个"模式+调适"的过程。从某种程度上说，乡村民居建筑是不可"画"的，这也是为什么那么多的精美图纸难以在乡村实现的根本原因。对于一个乡村而言，风貌统一固然是一种美，但是具有不同时代特征的建筑并置在一起，只要它们被整合到统一的公共空间与结构系统之中，或许会更有魅力，因为这种多元与混杂顺应了生活的要求，也反映了时代精神。

政府买单的农居风貌整治不可为（因为民居发展与建设的自身规律与属性）；表面工程化的景观建设不宜为；公共空间与设施的建设却应大有可为，这是政府可以做、也应该做的事情。其具体有以下几个方面的原因与意义：政府的职责原本就应提供公共服务；公共空间与公共设施的建设和完善对于乡村环境的发展、居民日常生活质量的提高具有关键性作用，因为它是在结构性的层面提升乡村居住与生活环境的水平；公共空间与设施的逐步完善会引导乡村产业的转型，促进社区精神的培育，塑造具有新地方性的建筑风貌，从而带给乡村长远而健康的发展。

在这一现实背景下，两江新区在镇乡住区方面，关注公共空间，从公共设施入手，制定了包括逐步推进等策划，以此来引导产业的转型以及民居的建设，推动镇乡发展。

③智慧基础设施策划

智慧城市是城市化与信息化发展融合的产物，不仅在技术上推进城市功能拓展，而且随着智慧城市发展的延伸，智慧城市还可以在城市服务公平方面发挥更大的作用。两江新区针对目前公共服务设施供给不均等的问题，提出利用智慧城市的建设成果和理念，从服务设施均等化的视角探讨通过建设智慧城市以改善城市的服务设施均等化状况，提出信息化、集成化和功能化的解决方案，以此提升城市的服务和宜居水平，建设更加和谐的中国城市。

例如，两江新区公共服务设施体系策划树的叶层面，包括：城区无线网络和光纤覆盖策划、智慧静态交通设施策划、电子公交站台策划、云租车系统策划。

④智慧社区策划项目

智慧城市的实践中，由于社区所具有的相对适中的空间尺度，及其在城市生活和社会管理中的重要作用，智慧社区已成为当前推进智慧城市试点及应用的热点领域，也是未来城市社区发展和建设的重要方向。近年来，智慧社区实践在全国各城市由政府或企业主导开展，取得了一定的成效，

但存在政府主导作用较强、以技术和系统为核心、对社区规划和社区交往考虑不足等问题。本研究倡导构建人本导向的智慧社区，以综合居民个体数据的数据中心为基础，涵盖智慧化规划、信息化管理、个性化服务、社会交往几方面应用，强调政府、相关产业与居民的互联与协作，关注居民的日常生活，通过创新的手段提高居民的生活质量。

例如，两江新区公共服务设施体系策划树的叶层面，包括：社区智慧网络搭建策划、智慧公租房策划、智慧社区治理模式策划。

⑤智慧公服策划

在两江新区公共服务设施体系策划树的叶层面，智慧公共服务类策划包括：

a.智慧城市公共信息平台策划

随着智慧城市公共信息资源应用的深入开展，公共信息平台作为智慧城市应用的基础支撑平台，越来越被人们所重视。通过城市公共信息平台建设，实现将各类城市空间信息资源加以充分地整合与共享，是提高城市管理水平和公共服务能力的有效手段。

两江新区制定"智慧城市公共信息平台策划"，利用中间技术、数据交换技术、宽带网络技术等，为各部门打造一体化的、共享的基础信息交换平台，对新区的政治、经济、社会、文化、资源、国土、环境、人口等各方面信息资源进行采集、整合、交换，并在空间地理信息服务基础上以新区数据公共服务平台为依托，以中间技术为途径，利用高速宽带网络，通过开发完善电子政务平台、应急指挥系统、数字城管系统、智能交通系统以及其他各类行业应用系统，实现城市的数字化管理。

b.智慧医疗体系策划

智慧医疗就是要形成由智慧医院系统、区域卫生系统以及家庭健康系统三部分组成的、完整的、协同合作的、智慧的医疗体系。同时还要结合政策匹配、机制完备、技术全面、标准规范、运行安全可靠、管理有序的社会保障体系，搭建出长期稳定、有效、持续的，具有可用性、机密性、完整性、抗抵赖性、可审计性和可控性的应用系统基础平台，使卫生服务机构通过信息系统手段可以保证服务的质量与效率，公共卫生专业机构能够有效开展疾病管理、卫生管理、应急管理、健康教育等工作，行政管理部门可以强化医疗机构绩效考核和监督、协同管理；百姓可得到高品质的医疗卫生服务、连续的健康信息和全面完善终身的健康管理。

智慧医疗能够更好地符合信息化发展的潮流和健康生活的理念，它是体现以人为本理念的重要手段之一。从世界各国医疗卫生体制改革经历可以看出，无论改革思路和方法有何不同，在通过运用信息化技术与科技手段来实现目的，作为推动医改的切入点的认识和方法都是一致的。

c.云教育平台策划

如今，网络技术渗透到了社会的各个层面，教育在其现代化的实践中不可避免地受到较大程度的影响。进入新的世纪，教育现代化逐渐步入信息高速公路，基于此而成为衡量教育水平高低的一个十分重要的标志。云计算在教育领域信息化建设中的应用空间得以拓展，云教育平台的构建成为现实。

云教育平台系统构架主要由门户系统、学生学习平台与网络教学平台构成。门户系统之中构建应用子系统，最为关键的是教学资源中心。教学资源中心实施统一化的管理，在技术手段上支持文本、图片、视频、多媒体、图书、期刊等各种资源，允许本区域教育领域人员下载与浏览；学生学习平台的主要目的就是为了培养学生的自主学习的能力，这一平台的构建，就会为学生的自主学习提供虚拟化的环境，从而激发其学习的兴趣，进而提升其在自主探究中的实践能力与创新精神。网络教研平台构建所面对的对象主要是教师群体，网络教研平台可以为教师提供相应的服务资源，使之可以进入教学资源中心，获取自己所需要的各种资源，以此指导自己的教学行为，同时在这一平台上，教师还可以形成信息共享的机制，促进智慧的融合与实践。

d.智慧商圈服务策划

智慧商圈服务策划主要针对购物中心，对顾客进行实时精准营销，及时分析发现顾客需求，把合适的信息推送给最需要的人。购物中心的商家联合营销，配有智能硬件收银系统，形成流量入口，提取顾客消费信息，形成报表，及时给商家反馈，及时调整产品结构和营销策略，是购物中心构建购物生态的利器。

⑥智慧项目示范点策划

两江新区以构建智慧城市为目标，努力打造智慧项目示范点，具体到公共服务设施体系策划树的叶层面，包括智慧社区示范点策划、智慧办公示范点策划、智慧旅游示范点等。以智慧旅游为例：

旅游业对信息依存度极高，信息的有效传递和流通已成为其生命力的源泉。但在现实旅游过程中，旅游信息多元性、不对称性等问题十分突出，旅游消费者、经营者和管理者都渴望有一种准确高效的信息沟通方式来获取及发布旅游信息，以节约时间成本、空间成本和经济成本，提供优化的旅游服务。随着信息技术的进步和智慧城市的发展，特别是物联网"云计算"移动互联网等技术创新与普及，旅游行业信息交流和共享方式、消费模式、经营监督管理等信息化变革已成为可能。

基于此，两江新区着力打造智慧旅游示范点，进行包括"示范智慧景区""示范智慧饭店""示范智慧旅行社""示范智慧乡村旅游""示范智慧旅游服务商"等在内的示范点策划。如，选择在景区信息化和数字景区建设中成效较突出的景区，加强新技术在景区的应用，不断提高景区管理服务、网络营销和电子商务水平；旅行社通过信息技术实现门店总部一体化和连锁化经营、综合业务系统化管理，并建立客户关系管理系统和直销分销体系；包括面向游客提供在线旅游预订服务的旅游电子商务平台、面向旅游企业提供同业交易的旅游电子商务平台和为传统企业提供旅游电子商务技术和应用支撑的企业等。

通过总结示范企业在团队建设、技术研发、平台运营等方面成功经验，发挥企业在商业模式创新、产业链整合、人才培养、带动就业等方面的示范引导作用，推动市内其他企业积极参与旅游电子商务实践，带动上下游关联企业协同发展。

（3）新区生态景观体系策划之叶——新区景观系统策划、海绵城市策划、低碳产业研究策划和低碳交通策划

①新区景观系统策划

在我国，许多城市新区开发建设中，城市景观的规划思想大多追求高密度的高层建筑和宽阔的道路交通系统，千城一面的现象比较普遍，景观与生态建设缺少人文内涵与地方特色，自然元素在景观设计中运用不够。而城市景观不仅是城市内部结构和外部形态的有形表现，还包含了更深层次的文化内涵，是物质与精神的结合。鉴于此，两江新区在发展过程中始终注重生态城市的建设与城市形象的提升，进行了一系列景观系统策划。

水土思源变电站高压走廊绿带景观规划：

由于高压走廊对建筑植物等因素的限制，使之成为土地利用的一个盲区。但近年来，随着土地资源的紧张和城市的延伸需求发展，高压走廊逐渐从单纯的防护绿地转变为防护和游赏功能兼顾的公园绿地。两江新区对水土片区思源变电站的高压走廊进行了绿带景观规划，主要包含景观整体布局、竖向设计、原路及景观建筑小品布置、植物配置等，其中植物配置又包含植物设计的安全原则、生态原则、美学原则以及植物配置及造景。

城市高压走廊绿带作为城市的绿化廊道，不仅要重视防护功能，还要在安全的基础上应用多种园林艺术的手法来创造更好的优美和谐的绿化景观，以减少人们对高压走廊的恐惧和误解。

②海绵城市策划

a.海绵城市实施方案策划

"海绵城市"是指城市在适应环境变化和应对自然灾害等方面具有像海绵一样的"弹性"，下雨时吸水、蓄水、渗水、净水，需要时将蓄存的水"释放"并加以利用。

两江新区面朝嘉陵江，背靠中央公园，地形变化丰富，呈现出典型的山地丘陵特征，是对重庆山地城市特色的完美诠释。目前，两江新区正实践"海绵城市实施方案策划"，按照低碳、环保、生态的理念推进建设新城，探索山地地区的绿色生态城市示范推广，努力解决气候变化、道路硬化面积增加、排水管网负荷沉重、水土流失、初期雨水污染、雨水资源缺乏等一系列问题，引领低碳新生活。

b.海绵基础设施提升策划

市政基础设施建设领域涉及海绵城市的内容较为繁杂，包括道路排水系统、人行道板铺设、城市道路建设等内容。如何做好市政基础设施的低影响开发建设工作，不但能最大限度地发挥城市效能、提高人们的生活水平、提升城市整体形象，更是直接影响到海绵城市建设的水平和速度。

c.绿色建筑提升策划

随着经济社会转型升级的要求，环保产业正在保持高速增长，尤其与民众生活密切相关的绿色建筑更受到广泛关注。专家预估，到2020年我国公共建筑绿色建筑行业规模将达到7 200亿元规模，无疑是块巨大的市场"蛋糕"。

两江新区以生态城市为理念，实践"绿色建筑提升策划"，从建筑入手，实现新区的低碳、节

能、减排、节约资源、保护环境、可持续发展、减少环境破坏、保持生态平衡、减少温室气体排放。建筑中尽量采用天然材料：木材、树皮、竹材、石块、石灰、油漆等，要经过检验处理，确保对人体无害。还要根据地理条件，设置太阳能采暖、热水、发电及风力发电装置，以充分利用环境提供的天然可再生能源；建筑内部不使用对人体有害的建筑材料和装修材料；室内空气清新，温、湿度适当，使居住者感觉良好，身心健康；在建筑设计、建造和建筑材料的选择中，均考虑资源的合理使用和处置；减少资源的使用，力求使资源可再生利用；节约水资源，包括绿化的节约用水；绿色建筑外部要强调与周边环境相融合，和谐一致、动静互补，做到保护自然生态环境。

d.新区雨污再利用策划

雨污再利用是一种综合考虑雨水径流污染控制、城市防洪以及生态环境的改善等要求，建立包括屋面雨水集蓄系统、雨水截污与渗透系统、生态小区雨水利用系统等，将雨水用作喷洒路面、灌溉绿地、蓄水冲厕等城市杂用水的技术手段。

新区建设应当实行雨水、污水分流，雨污合流地区应当结合城镇排水与污水处理规划要求进行改造。在雨污分流地区，不能将污水排入雨水管网，新建、改建、扩建市政基础设施工程应当配套建设雨水收集利用设施，增加绿地、砂石地面、可渗透路面和自然地面对雨水的滞渗能力；同时鼓励城镇污水处理再生利用，规定再生水纳入水资源统一配置，工业生产、城市绿化、道路清扫、车辆冲洗、建筑施工以及生态景观等，应当优先使用再生水。

③低碳产业研究策划

"低碳产业"是以低能耗低污染为基础的产业。在全球气候变化的背景下："低碳经济""低碳技术"日益受到世界各国的关注。低碳技术涉及电力、交通、建筑、冶金、化工、石化等部门以及在可再生能源及新能源、煤的清洁高效利用、油气资源和煤层气的勘探开发、二氧化碳捕获与埋存等领域开发的有效控制温室气体排放的新技术。

两江新区的发展始终在各个方面实践"低碳"理念，具体到新区策划树的叶层面，包括"低碳产业结构研究策划""低碳能源提升策划"以及"企业智能化能源管理策划"。以"低碳产业结构研究策划"为例：

低碳发展是一种以低耗能、低污染、低排放为特征的可持续发展模式，低碳发展并不是一个简单的技术或机制问题，更多的是一种经济发展方式转变的问题，而经济发展方式转变的核心就是产业结构优化的问题。

进行低碳产业结构研究策划，符合经济可持续发展的要求，为产业结构的优化升级和转型提供了一条有效的途径。低碳发展下产业结构优化战略有：转变政府职能，促进低碳发展的产业结构优化；调整现有财政政策，引导低碳发展的产业结构优化；创新土地政策，服务低碳发展下的产业结构优化；建立以政策性贷款为导向的低碳产业金融支持体系；培育和构建促进低碳技术创新机制等。

④低碳交通策划

"低碳交通"就是在日常出行中选择低能耗、低排放、低污染的交通方式，这是城市可持续交通发展的大势所趋。目前城市中主要的低碳交通方式以公交、地铁、轻轨等方式为主，但自行车交通以其轻便、灵活、环保、舒适的特点，也是城市短途出行中不可缺少的重要一环。

传统交通规划理论已经不能适应未来城市交通高效、公平、安全、环保、低耗的发展需求。国内外城市交通发展的成功经验表明，发展具有可持续特征的绿色交通才是解决城市交通问题的根本途径。两江新区作为内陆唯一的国家级开放新区，肩负着新的历史使命。新区基于国内外城市发展绿色交通的先进经验，对绿色交通理念进行解读，从综合交通系统绿色化、出行交通环境绿色化、城市交通管理绿色化等几个方面，深入研究两江新区发展绿色交通的对策，制订实施一系列低碳交通策划，具体到策划树叶层面，以"绿色基础设施提升策划"及"新能源公共交通策划"为例：

a.构建与自然过程相契合的绿色基础设施：由于两江新区地处山地，而在山地城市建设用地范围当中，高密度的建设不可避免，也必然会破坏原有的生态基底，改变其自然过程，使得生态服务功能被削弱。对绿色基础设施的构建则需要在高强度的开发过程中尽量保留原有的自然生态要素或重新植入新的自然要素，发挥其生态服务功能以及城市气候调节、水源涵养等生态效益。

b.塑造复合化功能的绿色基础设施：在新区格局的构建中应将具有良好植被特征的山体与林地作为城市的自然"绿垫面"进行系统化保留，并根据需要在城市中重塑绿地，以形成连续的城市廊道，同时需要严格控制水系廊道的缓冲区，对周边土地更适宜进行保护或以娱乐游憩功能为主的开发，以充分体现"蓝带"的作用。

（4）新区形象提升策划之叶——新区形象展示策划、功能新城策划、传统文化弘扬策划、国际化设施策划

①新区形象展示策划

龙盛水土片区城市形象提升近期策划：

在依托城市发展的背景下，城市新区凭借自身区位优势以及特色品牌形象为区域内发展创造发展优势。从城市各个区域的功能性角度讲，不同新区以自身区位功能为依托，建立属于自己发展特色的品牌形象。

水土龙盛片区城市形象提升策划包含的主要内容有城市片区设计策略、片区城市设计、城市设计控制及开发策略和投资估算。在制定片区设计策略时，以深圳华侨城的"新城市主义开发"及浦东碧云国际社区的"社区中心激活"等案例作为参考，最终确定"内向私密的居住区+外向开放的社区=开放共享，多元活力"为设计理念；在城市片区设计中，进行了土地价值评估、城市平面设计、与控规方案比较等工作，最终确定总体城市形象设计策略，对水土龙盛片区的路网、公共交通、轨交综合体、居住组团、社区划分等编制详细策划，指导片区城市形象提升的具体工作。

②功能新城策划

功能新城是指以"突出功能集聚、创新引领、项目推动、改革为先、品质发展"为理念的新区发展模式，为各个新城区设定主要城市功能，发挥其集聚效应，带动相关产业发展及上下游产业人口的导入。

作为中国内陆首个国家级开放开发新区，两江新区在发展过程中以"功能驱动、产城融合"为理念，深入探索现代都市的建设路径，夯实基础设施建设，打造功能新城，完善公共设施，配套城

市公园，初步展示国家级新区的城市形象。目前，功能新城的打造已显现轮廓。

新区形象提升体系策划树的叶层面，目前主要涵盖"水土国际健康城策划""水土思源乐居城策划"及"中新国际新城策划"。以"中新国际新城策划"为例进行说明：

中新国际新城策划：以花园城市、滨海滨水城市闻名全球的新加坡城市发展路径闻名全球，伴随着中新重庆项目2016年1月8日挂牌全面启动，作为中新重庆项目核心区的两江新区开始大力推动产城融合，把龙盛新城打造成为文化旅游之城、滨水之城、花园之城，成为中新合作项目的新城示范点。这对于重庆从产业和城市开放等多个维度借鉴新加坡经验，推进中新合作，探索建设具有国际示范性的现代新城意义重大。

③传统文化弘扬策划

重庆有着深厚的文化积淀、多彩的文化资源、浓厚的文化氛围。在历史的长河中，重庆形成了自己的特色文化，巴渝文化源远流长，抗战文化影响深远，三峡文化灿若星河，移民文化开放包容，统战文化聚力凝心，这些都是我们的宝贵财富。建设文化大市、文化强市，一定不能割裂历史文脉，而要把民族的、传统的、富有地域特色的优秀文化宝藏发掘利用好，取其精华、去其糟粕，古为今用、推陈出新，实现优秀传统文化的创造性转化和创新性发展。

不忘本来，不能只停留在口头上，更要落实在行动中。要保护好传统文化，包括有形的物质文化遗产，也包括无形的非物质文化遗产。两江新区以弘扬传统文化为导向，制定传统文化弘扬策划。

历史风貌保护区策划：

按照"保护延续历史文化遗存、维护传统格局风貌、禁止大拆大建"的原则，在对古镇的保护性修缮中，两江新区坚持保存具有巴渝特色的古镇风貌，本着"修旧如旧、保持原貌"的基本原则，进行传统风貌特色文化区策划；聘请国内知名专家团队，引进了一批志愿者共同参与古镇、特色地区旅游开发与保护、整治修缮，使传统风貌核心保护区初具规模，服务设施逐步完善，文化品位不断提高。

④国际化设施策划

a.国际化社区建设策划

国际化社区是指来自世界各地不同国籍的人们聚居或工作（包括交往、休闲）在一定地域范围内所组成的社会生活共同体。

两江新区在国际化发展理念下进行国际化社区建设策划，以建筑设计的国际性、功能集聚性、时空的开放性、配套设施超前性、公共和服务系统管理的先进性及人性化、多元化的宽容性等主要特点，集聚国际化住宅区，吸引大量境内外资金和移民涌入，促进新区发展。

b.国际学校建设策划

一般来说，国际学校是提供中等或以下程度的教育，并拥有相当比例的外籍学生，而且实施外国学制的学校。

国际学校的建设有利于提升新区教育水平，为培养各级各类人才奠定基础，同时在两江新区发展过程中，势必会不断导入各类高端人才，而国际学校的建设能够从子女入手，提供优质教学资源，以此吸引高端人才定居，促进新区发展。

第五节　开形象提升之花，结新区建设之果

好的策划自然会令城市建设宛如一颗茁壮成长的大树变得枝繁叶茂、花开果结，因此新区建设的"策划树"也需强调对其"花""果"层面的重视。

1. 花、果选择的原则

在层次分类和类型分类上，花和树叶基本相同，但花是特殊的树叶，它所处的位置即项目节点的选择应当慎重。它不仅使新区具有表现度，能够彰显新区形象的策划项目，更需要升级成"果"，吸聚人才资源的优势潜力。由此对于产、城、景三枝上的花、果选择应有以下几点原则：

（1）有战略高度的策划项目

战略本身就是一个制高点，具有战略意义的策划项目往往与国家、区域层面的格局建设息息相关，这类项目不仅有政策上的机遇，更能建立起区域间的发展链条，能充分助力宏观层面的发展。

（2）具有独特创新价值的策划项目

创新也是制高点。创新并不是说与其他事物不同就行，也不是独出心裁，而是符合事物的发展规律，被人们认同、赞同的行为，才是有价值的创新。有独特创新价值的策划项目需是有区域间无可替代、有创新引领性的项目。

（3）能有快速吸聚资源的策划项目

人才、资源是新区建设最需积累的资本，能快速吸聚资源的策划项目应该有最能吸引人才各方面需求的发展活动。

2. 产业体系策划之花、果

（1）花

两江新区产业基础良好，但要与时俱进地形成有辐射带动力度的产业集聚区，需及时建成有代表性的产业新区。因此两江新区策划树中产业体系树干上开出的花则是具有显示度的策划，是能彰显两江新区工业开发区形象的策划，即生态产业园策划、智慧产业园策划、福克斯主题公园策划、龙兴古镇开发策划。

这一系列"花"的产业体系项目正符合当下时代所倡导的生态、智慧、娱乐、文化四大城市发展主题。其策划将更能突出展现两江新区发展的创新性和先进性，其成效更能示范引领带动周边区域的协调发展，并迅速培育一批新兴产业，使两江新区的产业体系更加繁荣兴盛。

专栏10：生态产业园

案例10-1：丹麦卡伦堡生态工业园区

丹麦卡伦堡生态工业园区是目前国际上工业生态系统运行最为典型的代表。该园区采取面向共生企业的循环经济发展模式，即把不同的工厂连接起来形成共享资源和互换副产品的产业共生组合，使得一家工厂的废气、废热、废水、废物成为另一家工厂的原料和能源，从而在更大范围内实现物料循环，减少废弃物排放。

卡伦堡生态工业园以燃煤电厂、炼油厂、制药厂和石膏板厂4个厂为核心，通过贸易的方式把其他企业的废弃物或副产品作为本企业的生产原料，建立工业横生和代谢生态链关系，最终实现园区的污染"零排放"。其中，燃煤电厂位于工业生态系统的核心，对热能进行多级使用，对副产品和废物进行综合利用。电厂向炼油厂和制药厂供应发电过程中产生的蒸汽，使炼油厂和制药厂分别获得生产所需热能的40%和100%；通过地下管道向卡伦堡全镇居民供热，由此关闭了镇上3 500座家庭锅炉，减少了大量的烟尘排放；剩余热量还用于渔业养殖，鱼池淤泥又用来制作有机肥料出售，使电厂的热能效应得到最大限度的发挥。电厂还投资115万美元安装除尘脱硫设备，每年产出的8万吨硫酸钙全部出售给石膏板厂，使该厂从西班牙进口原料减少50%；将粉煤灰出售，供铺路和生产水泥之用。炼油厂则将产生的火焰气通过管道供石膏板厂用于石膏板生产的干燥，减少火焰气的排放；进行酸气脱硫生产的稀硫酸供给附近的一家硫酸厂，脱硫气供给电厂燃烧；将废水经生物净化处理，通过管道向电厂输送，每年输送电厂70万 m³的冷却水，占电厂淡水需求量的25%。

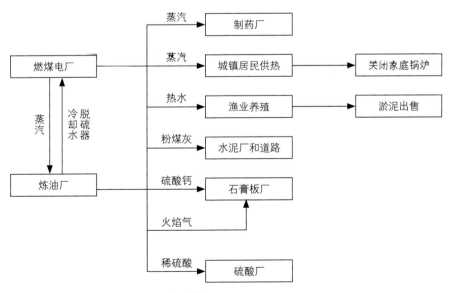

图4-50　卡伦堡面向共生企业的循环经济发展模式

目前，该园区已发展成为一个包括发电厂、炼油厂、制药厂、石膏板厂、硫酸厂、水泥厂以及种植业、养殖业、园艺业和卡伦堡镇供热系统在内的生态经济社会复合系统。通过能量物质在各企业间梯级开发和循环利用，极大地提高了资源利用效率，降低了生产成本，消除了环境污染。整个系统每年可节省4.5万吨石油、1.5万吨煤炭、60万m^3淡水，减排17.5万吨二氧化碳和1.02万吨二氧化硫，还使13万吨炉灰、4 500吨硫、9万吨石膏、1 440吨氮和600吨磷实现资源化重新利用。据统计，卡伦堡生态工业园区每单位体积由此产生的经济效益约1 000万美元；可节约资金150万美元，目前已累计节约资金1亿美元左右。

案例10-2：天津子牙环保产业园

天津子牙环保产业园2007年经国务院批准，被国家发展与改革委员会等六部委命名为国家循环经济试点园区，同时被国家工业和信息化部命名为国家级废旧电子信息产品回收拆解处理示范基地。

园区规划面积29.81 km^2，其中工业区规划21 km^2，科研服务功能区及居住功能区规划8.81 km^2。重点发展废旧机电产品拆解加工业、废旧电子信息产品拆解加工业、报废汽车拆解加工业、废旧轮胎及塑料再生利用业四大主导产业，构建"一心、两带、三轴、三区"的总体布局结构。其中，"一心"为高标准的科研服务中心；"两带"为林下经济发展带和子牙河生态保护带；"三轴"为黑龙港河景观发展轴、高常快速路综合发展轴、新津涞公路产业发展轴；"三区"为产业功能区、科研服务功能区、居住功能区，是目前我国北方规模较大的经营进口废弃机电产品集中拆解加工利

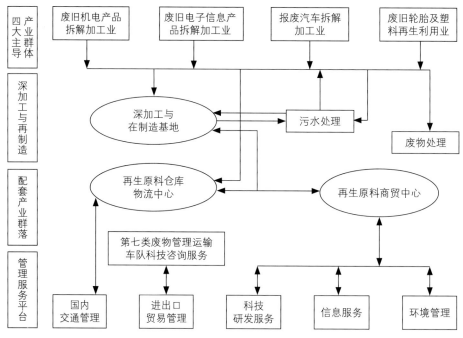

图4-51 子牙环保产业园产业链图

用的专业化园区。

目前，园区已开发2.5 km²，各项专门用于废旧物资拆解的基础设施建设基本完备，其中，日处理能力1 000吨的污水处理厂、废旧电机集中处理中心、废旧电线集中处理中心、固体废弃物集中储存转运中心等已竣工并投入使用，企业清洁生产、拆解利用和精深加工紧密衔接的生产格局基本形成。入园企业105家，年拆解加工能力达到100万~150万吨，每年可向市场提供原材料铜40万吨，铝15万吨，铁20万吨，橡塑材料20万吨，其他材料5万吨，形成了覆盖全国各地的较大的有色金属原材料市场。

园区按照"高利用、低排放、高产出、低污染"的原则，率先在国内同类园区中实行封闭式管理，严格控制园区污染物总量排放。对入园企业进口的废弃机电产品从拆解加工到拆解后各种成分的去向实行全程监管；在核准、备案的同时，按照环保部门的统一要求，进行环境评价；按照环保"三同时"的要求对企业进行监测，未达标的一律不准投入生产；严格对固体废弃物进行集中处置，对拆解、加工过程中产生的无利用价值的残余物，由园区废弃物储存转运中心进行封存，送交天津市危险品处理处置中心作无害化处理。目前，子牙环保产业园初步形成了"企业小循环、园区中循环、社会大循环"的生产方式，园区生产的铜米、铜锭、铝材、橡塑材料等不仅为本市150多家有色金属加工企业提供了生产原料，缓解了资源需求矛盾，为园区所在的静海县2万农村剩余劳动力提供就业岗位，而且这些再生材料还远销河北、山东、江苏及东北地区，循环经济示范效应逐步显现。

专栏11：智慧产业园

案例11-1：万谷·京东云智慧产业园

万谷·京东云智慧产业园位于南京市鼓楼区水佑岗路8号，由万谷产业园集团与京东集团合力打造的南京智慧园区典范，占地面积1.1万平方米，建筑面积5万平方米。项目总投资2.77亿元，可吸引约300家企业入驻，可提供4千余个就业岗位。园区年产值15亿~20亿元人民币。项目共11层，地下2层，地上9层，建筑为单体框架结构，方便企业做空间布局；建筑层高从3.6米至4.9米不等，与传统的写字楼相比有较高的舒适度。

园区的业态定位主要集中于5大行业，分别为：大数据、营销策划、电子商务、生物医疗、投融资。园区的功能定位为3个方向，分别为：一是通过线下产业聚集，使得园区内部企业之间形成完整的产业服务链，通过线上服务平台集聚各行业人才、企业与资源，真正做到资源共享、资源整合，从而实现区域内经济增长的最高目标；二是建立智慧园区服务系统，通过智能化与信息化，为入园企业提供高效又便捷的服务；三是利用万谷打造省级众创空间的经验，打造联合办公空间，对创业与创新人才进行产业孵化，为科研人才提供进行成果转化的空间。

项目力争构建出准五星级的绿色、环保为主题的产业园，建筑的材料都采用智能、环保的材质；

园区的空间布局方面，更多地考虑办公的环境、安全以及办公人员的舒适度和体验感。

在整体业态定位方面，园区更注重于企业上下游的产业发展关系，构建产业经营体系；通过和京东集团强强联合，搭建SAAS平台，有效地将企业的资源进行互联互通，通过线上平台和线下平台的紧密结合构建线上、线下的生态链，将园区变成社区，实现在线入孵，为企业的发展奠定了更高的发展基础和稳固的保障体系，全面建设"没有围墙的产业园"。

专栏12：主题公园

案例12-1：深圳华侨城

以开创中国主题公园之先河著称的深圳华侨城集团，在发展过程中，始终将优秀的中外文化成果与现代旅游产品相结合，通过不断挖掘各景区的文化内涵来开发不同特色的文化旅游产品，在缺乏自然和历史文化资源的深圳，建立了一个个展示中国文化和世界文明的窗口。目前华侨城已经形成了一个以主题公园为主体，设施配套齐全的旅游度假胜地。三座景区建成后，深圳市旅游行业规模及主要旅游发展指标连续排名全国四大旅游城市之列。其主要成功点是：

①运用现代传媒传播精品形象。世界之窗先后承办了多届大型文艺晚会，世界之窗的综合水平得到社会各界的认可，同时也充分利用了现代传媒手段，实现资源互换、互补，无形的广告效应更是不容忽视。

②巨资制作美轮美奂的演出产品。进入新世纪，世界之窗投入千万元，推出一台新作《跨世纪》，它以现代科技文明为主线，以诠释人们心中的梦想、激情为创作理念，将高科技和各类艺术有机融为一体，借助虚实相间、动静结合的环球舞台立体表演区域，将观众置身于如梦如幻的境界，演绎新世纪的辉煌。世界之窗所有的新增项目以及大型文艺演出都使景区的形象和功能得到了极大的丰富和提高。民俗村和欢乐谷也有各具特色的定时定点演出。

③不断增加新项目，观赏娱乐一体化。大峡谷探险漂流、金字塔幻想馆、阿尔卑斯山大型室内滑雪场、亚马逊丛林穿梭等参与性项目，充分体现了飞行队刺激、科技含量高、主题突出等鲜明特点，在全国同类项目普遍出现滑坡的情况下，极大地提高了景区的市场吸引力及人均消费水平，游客的重游率也有较大幅度的提高。新项目不仅成为景区新的增长点，也为延长产品生命周期开辟了一条探索之路。

1998年10月1日，欢乐谷成为华侨城继锦绣中华、中国民俗文化村、世界之窗后兴建的国内新一代大型旅游主题公园。公园一期项目投资4亿元人民币，占地17万平方米，由欢乐广场、冒险山、玛雅水公园、欢乐岛和卡通城五大主题项目群组成，充分利用现代休闲理念和高新娱乐科技等手段，满足人们参与、体验的新型旅游需求，营造自然、清闲、活泼、惊奇、刺激、有趣的休闲娱乐氛围，构建21世纪的"欢乐王国"是欢乐谷的目标，为此华侨城集团将景区面积扩大15万平方米，注资3.5亿元人民币，建设了欢乐谷二期工程，内容包括老金矿寻宝、香格里拉森林探险和飓风三大景区，新增15种国内首次使用的高科技含量的游乐设备，2002年5月正式对外开放。欢乐谷已成为中国目前最具魅力的参与型、高科技娱乐型的旅游主题公园。欢乐谷首次引进"吉祥物"概念，设计了"皮皮王"卡通形象，不仅更好地烘托了公园欢乐、祥和的气氛，同时带动了相关旅游商品的开发、设计、制造和销售。

④观光列车交通形成主题环境社区。欢乐干线全长3.88 km，速度20 km/h。采用国际一流的无人驾驶高架单轨列车，将旅游度假区内著名的锦绣中华、民俗文化村、世界之窗、欢乐谷等四座主题公园以及相关的度假、休闲设施，如华夏艺术中心、生态广场、深圳湾大酒店、海景酒店、海边红树林等串联起来，既使游客省时多游，又能俯瞰华侨城旅游度假区。

专栏13：古镇开发

案例13-1：乌镇

乌镇是典型的江南水乡古镇，具有六千余年悠久历史，素有"鱼米之乡，丝绸之府"之称。乌镇完整地保存着原有晚清和民国时期水乡古镇的风貌和格局，以河成街，街桥相连，依河筑屋，水镇一体，呈现江南水乡古镇独有的魅力。

图4-52　乌镇

乌镇有着小桥、流水、人家，独特优美的水乡风貌、深厚悠久的历史文化、淳朴自然的民俗民风、别具一格的城镇布局，总体形成乌镇的资源特点。

乌镇采取政府授权特许经营模式，即政府对古镇实行保护的同时，对经营性活动实行政府授权下的特许经营。以"整体产权开发、复合多元运营、度假商务并重、资产全面增值"为核心，观光与休闲度假并重，门票与经营复合，实现高品质文化型综合旅游目的地建设与运营。

酒店、餐饮、商业，将原住居民迁往古镇外围，原有住房用作商业开发。酒店分由开发公司统一经营管理的民宿和标准的四、五星级酒店。商业也分为两类，一类是散状分布的特色小吃、书店、服装等店铺；一类是主题式的商业购物街。

案例13-2：古北水镇

古北水镇位于北京市密云县古北口镇司马台村，坐落在司马台长城脚下，是北京的东北门户；与河北交界，交通便捷，距首都国际机场和北京市均在1个半小时左右车程，距离密云县和承德市约45分钟车程。

古北口自古以雄险著称，有着优越的军事地理位置，自古以其独特的军事文化吸引了无数文人雅士，苏辙、刘敞、纳兰性德等文词大家在此留下了许多名文佳句，更有康熙、乾隆皇帝多次赞颂，以"地扼襟喉趋朔漠，天留锁钥枕雄关"来称颂它地势的险峻与重要。

古北水镇拥有诸多资源。司马台长城是我国唯一一处保留明代原貌的长城，被联合国教科文组织确定为"原始长城"；司马小烧可观赏制酒工艺，体验制作并品尝；永顺染坊可观赏原汁原味的生态印染，体验印染技术；英华书院伴您享受午后的阳光；杨无敌祠唯一一缕清香聊表敬佩之心；震远镖局走进镖师们的真实生活；八旗会馆了解一个马背上的民族民俗风情。

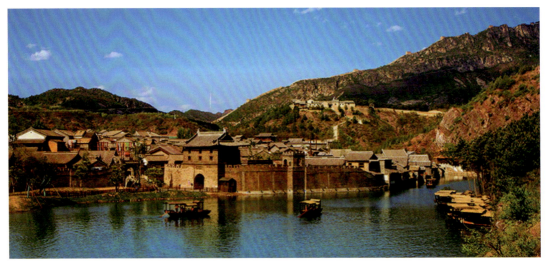

图4-53 古北水镇

古北水镇采取多元化发展模式，是集观光游览、休闲度假、商务会展、创意文化等旅游业态为一体，服务与设施一流、参与性和体验性极高的综合性特色休闲国际旅游度假目的地。古北水镇的成功离不开以下几个特点：文化展示体验、特色住宿、商务会议、日常配套等业态丰富，参与性和体验性高；景区和度假区的结合，打造综合性特色休闲旅游度假目的地，吸引游客同时拉动景区经济增长；专业化经营管理团队运作，保留原有建筑风貌，全部买断进行改造；注重村民利益，聘请原住居民为工作人员，实现原住居民的就业。

（2）果

策划编制及实施后，两江新区工业开发区产业体系中取得的荣誉称号和成果即为新区产业体系树干上的果，具体包括国家级产城融合示范区（发改委）、旅游休闲示范城市（国家旅游局）、区域产业增长极核三大内容。

专栏14：国家级产城融合示范区

案例14-1：威海市产城融合示范区

2016年10月10日，威海市产城融合示范区获批，将深化区域开放合作与改革创新，探索陆海统筹、产城融合发展路径，为新型工业化和城市化融合发展探索可复制、可推广的经验做法。

威海市产城融合示范区以国家级威海经济技术开发区为依托，以东部滨海新城为核心，是中韩自贸区地方经济合作开放试验区的核心区所在地，是国家级中欧城镇化合作示范区的主要载体，是山东省新型工业化产业示范基地，对外开放特色鲜明。国家确定的示范区主要建设任务是深化区域开放合作与改革创新，探索陆海统筹、产城融合发展路径。

据了解，产城融合示范区建设是实施国家区域发展总体战略、主体功能区战略和新型城市化战略的重要举措。产城融合示范区是指按照产业与城市融合发展的理念，依托现有产业园区，在促进产业集聚发展的同时，加快产业园区从单一的生产型园区经济向综合型城市经济转型，成为产业发展基础较好、城市服务功能完善、边界相对明晰的城市综合功能区。在东部滨海新城，按照"绿色开发、区域一体、生态先导、山水融城"建设理念和"一带、两轴、五组团"规划布局，重点在优化空间布局、增强城市功能、产城深度融合上下功夫，举全区之力加快突破，着力打造带动威海城市发展的新引擎和国家产城融合示范区。经过三年开发建设，高标准完成了70 km道路路基、91万平方米道路硬化、270万平方米绿化施工、2.5 km地下综合管廊和部分管网配套施工："四纵三横"路网体系基本成型，直达中心城区、连接各区市的全域一体化快速交通体系初步建立。截至目前，新城累计投资突破120亿元，其中经区投资超过70亿元，新城生态环境显著改善，公共服务功能不断完善，空间布局全面优化，产业集聚效应开始显现，已有总投资80亿元的中韩自贸区经贸交流中心、90亿元的康养产业园项目签约落地。同时，在西部城区，加快"腾笼换鸟"步伐，推动城区空间及产业优化升级，重点跟踪推进大宇汽车零部件、综合保税区、原百圣源厂区、郑氏木业等区域闲置厂区资源整合，增强城区承载力和吸引力，实现产业转型与城市升级双赢。

专栏15：旅游休闲示范城市

案例15-1：旅游休闲示范城市——成都

成都是首批入选的10个中国旅游休闲示范城市之一。成都市作为《旅游休闲示范城市标准》的试点城市接受了试评任务，并于2015年9月以高分通过国家旅游局组织的终评。作为旅游休闲的示范城市，成都具有引领作用。体现在成都的文化底蕴非常深厚，旅游资源十分丰富。从打分情况来看，也是均衡发展的。

为推动我国城市休闲体系的建设，提高国民旅游休闲的质量，国家旅游局发布的《旅游休闲示范城市》行业标准于2015年12月1日正式实施。《旅游休闲示范城市》的编制目标在于通过加快建设一批在国内外有影响力的休闲旅游目的地，促进旅游业和城市发展的转型升级。据了解，这一标准的指导思想是《国民旅游休闲纲要》（2013—2020年）（以下简称"纲要"）和城市旅游可持续发展理念，同时，借鉴了"中国优秀旅游城市""中国最佳旅游城市"等指标经验以及WTO旅游可持续发展监测等多项内容。从标准的起草，到征求意见，再到专家论证和标准试评，整个编制过程耗时近2年。

成都有张弛有道的生活智慧，千年古蜀文化底蕴；国家4A、5A级旅游景区40家、星级旅游饭店114家、全国休闲农业与乡村旅游示范县3个、省级乡村旅游示范县（市、区）10个、省级旅游度假区5个，在打造活力之都上有着独到的经验可参。成都正走在孩子们快乐成长、青年人乐业创业、老年人颐养天年，市民共享的改革发展道路之上。一座城市的价值，来自居住者的心灵感官和工作激情。休闲之于成都，不仅是生活，更是千年传统文化传承与创新的结合体，是经济活力的最佳体现。今年以来，成都深入实施工业强基行动，加快推进国家重要的先进制造业中心建设，努力筑牢国家中心城市的产业基础，重点抓好工业投资项目、工业园区和工业稳增长。

专栏16：区域产业增长极核

案例16-1：带动区域发展的核心增长极——济南

把济南建设成为核心增长极——"'四个中心'建设，是省会经济发展的统领。"王文涛同志在报告中说，济南要牢固树立省会意识，发挥省会优势，集聚省会资源，提升省会形象，集中力量加快"四个中心"建设，努力形成代表山东水平、辐射周边城市、带动区域发展的核心增长极。

图4-54　济南发展情况图

据了解，按照"四个中心"建设《三年行动纲要》和"一年有势头、两年有看头、三年有突破"的目标要求。目前"一年有势头"已经顺利实现；2017年要按照"453"工作体系，乘势而上，全面攻坚，实现"两年有看头"；2018年要集中精力打歼灭战，点上开花，面上结果，实现"三年有突破"。在此基础上，再经过三年的艰苦努力，基本确立全国重要的区域性经济中心、金融中心、物流中心、科技创新中心地位。

"打造区域性经济中心，要坚持稳中求进的工作总基调，以提高发展质量和效益为中心，多措并举，多方发力，努力保持经济持续健康较快发展。"即要"下大力气做大总量；下大力气做优结构；下大力气做强县区。"尤其是在县域层面，要坚持少取、多予、搞活的原则，加大政策和资金支持力度，统筹抓好市区产业向远郊县转移、县域差别化扶持政策完善落实、交通基础设施建设对接，引导各县立足比较优势，找准产业定位，以工业经济、民营经济为主攻方向，以园区为重要载体，推动产业向园区集聚、企业向园区集中，提升县域经济的实力和活力，补齐县域经济短板。

报告强调，打造区域性金融中心，要注重产业为本、金融为用，依托黄河中下游特别是山东工商业实力雄厚的有利条件，广泛吸纳产业金融资源，实现与国家其他区域金融中心的错位发展，在区域经济增长、产业发展中发挥引领支撑作用。打造区域性物流中心，要充分发挥区位交通优势，推进物流网络化、信息化、规模化发展，加快构建与枢纽城市地位相匹配、开放高效生态智慧的现代物流体系。打造区域性科创中心，要坚持创新驱动战略，推动科技与金融融合、科技与产业融合、高校与企业融合、济南与国际融合，加快建设国内重要的科技成果策源地和高新技术产业高地，率先建成国家创新型城市。

3. 城市设施策划之花、果

（1）花

结合两江新区实际发展情况，现阶段，两江新区城市设施之树干下的花朵应为重要港口与高铁站点建设项目，即形成果园港和复盛高铁站两朵"花"，延伸、扩展两江新区现有的基础支撑体系。

城市基础建设是一个循序渐进、螺旋式上涨的过程，在不同时期、不同阶段，具有代表力和品牌塑造力的项目不尽相同。在城市设施支撑体系先期建设阶段，其花应当为实现骨干道路的互联互通（高速公路建设）；在中期扩张阶段，其花应当为重要港口建设与高铁站点建设；在后期提速阶段，其花应当为具有城市标志力的基础支撑体系景观等（地标）。（表4-7）

表4-7 不同时期下城市基础支撑体系不同的代表性项目

时期	花	意义
建设前期	骨干高速道路及其互联互通	完善区域路网，提升区域可达性
建设中期	重要港口与高铁站点建设	扩展城市基础支撑体系的覆盖面
建设后期	地标	彰显城市品牌形象

两江新区设施支撑体系建设应当努力实现上述目标，并在实现宜居城市的基础上，提升城市竞争力，力争获得"全国畅通城市"（住建部）与"全国卫生城市"（卫计委）两大称号，结出两个丰硕的果实，提高城市设施支撑体系建设的显示度。

专栏17

案例17-1：超级车站——上海虹桥综合交通枢纽

上海虹桥综合交通枢纽是城市交通建设上的一大创新，它包括将航空、高速铁路、磁悬浮、地铁等多种交通方式结合在一起，不管是汇集交通方式的数量还是规模，在国际上都是前所未有的，致力于建成高速铁路、城际和城市轨道交通、公共汽车、出租车及航空港紧密衔接的国际一流的现代化大型综合交通枢纽。

（1）机场

在既有的虹桥国际机场跑道的西侧建设第二跑道及辅助航站楼，整个机场用地约占7.47 km²，规划旅客吞吐量为3 000万人次/年（日均为8万人次）。2020年机场的旅客吞吐量规模约为4 000万人次/年（日均为12万人次）。

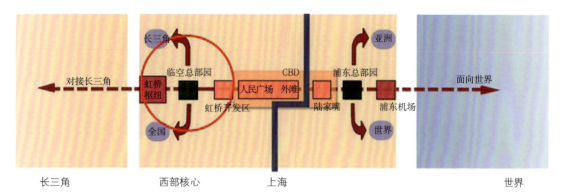

图4-55 上海虹桥综合交通枢纽空间格局

图4-56 上海虹桥综合交通枢纽内部布局   图4-57 上海虹桥综合交通枢纽实景

（2）铁路客站

站场规模按照30股道设计，站场占地约43公顷，保留现状铁路外环线作为货运通道的功能，实行客货分流。铁路设施用地（包括站场与线路）约90公顷。高速铁路客运规模为年旅客发送量6 000万人次，日均16万人次。

（3）长途巴士客站

长途巴士客站布局于铁路客站与机场之间，发车能力为800班次/日，远期年旅客发送量达500万人次，日均2.5万人次，高峰日达3.6万人次，占地约9公顷。

（4）磁悬浮客站

磁悬浮客站布局于铁路客站东侧，按照10线8站台的规模设计，站台长度按照280米考虑，站台范围内车站宽度约为135米。

（5）轨道交通

规划引入4条轨道交通，即2号线、10号线、17号线、原17号线及低速磁浮线和机场快速线，形成"4+2"的六线汇聚布局。规划轨道交通停车场用地约60公顷。

（2）果

通常来说，城市设施支撑体系涉及方面较多，因此可采用多因素指标综合评价来评判城市设施支撑设施的发展水平。而对一个城市的评价有众多标准，如宜居城市评价和城市竞争力评价等。宜居城市评价主要从宜居性、协调性的角度对城市发展进行评价，而城市竞争力模型主要从综合性角度对城市发展潜力做出评价。由于城市设施支撑体系是城市空间中一个非常重要的组成部分，因此其发展水平影响着城市整体的发展水平。

专栏18

案例18-1：城市基础支撑评价指标体系

城市基础支撑体系发展水平包括城市基础支撑体系的设施水平和服务水平。设施水平是指城市基础支撑体系的建成水平和供应能力，服务水平是指城市最终提供给居民的各种基础支撑服务的多少。由于城市基础支撑体系涉及众多方面，因此对于城市基础支撑体系的评价也应是多因素指标的综合评价，下表为具有代表性的城市基础支撑评价指标体系。

表4-8 城市基础支撑评价指标体系

类别	指标	类别	指标
给水	城市供水设施水平	能源	城市燃气普及率
	人均生活年用水量		电信设施水平
排水	排水管道密度	通信	电话普及率
	城市生活污水处理率		互联网普及率
交通	城市人均道路面积	卫生	万人公厕数

专栏19

案例19-1：宜居城市评价

宜居城市是指对城市适宜居住程度的综合评价，其特征是城市环境优美、社会安全、文明进步、生活舒适、经济和谐、美誉度高。宜居城市是打造城市竞争力的重要一环，也是获得荣誉称号的一大前提。

根据中国城市科学研究会提出的《宜居城市科学评价标准》（以下简称《标准》）（2007年4月19日通过中华人民共和国建设部科技司验收），该《标准》对城市宜居水平的考量主要基于社会文明、经济富裕、环境优美、资源承载、生活便宜、公共安全等六个方面，下表列出了《标准》中有关基础支撑体系的评价指标及相应标准。

表4-9　基础支撑体系的评价指标及相应标准

分类	指标	标准值
环境优美度	空气质量好于或等于二级标准的天数（天/年）	365（天/年）
	集中式饮用水水源地水质达标率（%）	100%
	城市工业污水处理率（%）	100%
	城镇生活垃圾无害化处理率（%）	100%
	噪声达标区覆盖率（%）	100%
	工业固体废物处置利用率（%）	100%
	人均公共绿地面积（平方米）	10平方米
	城市绿化覆盖率（%）	35%
资源承载度	人均可用淡水资源总量（立方米）	1000立方米
	工业用水重复利用率（%）	100%
	人均城市用地面积（平方米）	80平方米
生活便宜度	居民对城市交通的满意率（%）	100%
	人均拥有道路面积（平方米/人）	15平方米/人
	公共交通分担率（%）	35%
	居民工作平均通勤（单向）时间（分钟）	30分钟
	社会停车泊位率（%）	150%
	城市公交线路通达度（%）	100%
	居民对市政服务质量的满意度（%）	100%
	城市燃气普及率（%）	100%
	有线电视网覆盖率（%）	100%
	因特网光缆到户率（%）	100%
	自来水正常供应情况（天/年）	365天/年
	电力正常供应情况（天/年）	365天/年
	市民对城市绿色开敞空间布局满意度（%）	100%
	市民对公共卫生服务体系满意度（%）	100%
	社区卫生服务机构覆盖率（%）	100%
	人均寿命指标（岁）	75岁
公共安全度	生命线工程完好率（%）	100%
	城市政府近三年来对公共安全事件的成功处理率（%）	100%

资料来源：宜居城市科学评价标准

专栏20

案例20-1：城市竞争力评价

城市竞争力是指一个城市在国内外市场上与其他城市相比所具有的经济发展、社会发展以及环境发展的能力；也就是指一个城市在竞争与发展过程中与其他城市相比所具有的吸引、拥有和转化资源，争夺、占领和控制市场，创造价值，为其居民提供福利的能力。

在基础支撑体系等硬实力方面，城市竞争力评价模型的相关指标包括：基础支撑体系，技术性设施，社会设施，环境质量，绿化程度，风景名胜等反映设施水平与城市环境的指标。

4. 景观环境策划之花、果

（1）花

两江新区在发展过程中始终以智慧、生态为导向进行建设，努力在智慧城市、生态城市、形象风貌等方面建设具有影响力、辐射力的榜样性展示项目。

两江新区作为国家级开发区，得到国务院及重庆市委市政府重视，被批准为国家智慧城市、生态城市、海绵城市试点，为新区城市建设指引了方向。因此，两江新区在发展过程中始终以智慧、生态为导向进行建设，努力在智慧城市、生态城市、形象风貌等方面建设具有影响力、辐射力的榜样性展示项目。

在智慧城市建设方面，两江新区结合新区实际，编制了《两江新区智慧城市总体规划》，致力于提升政府管理及公共服务水平，缓解交通拥堵等大城市病，对信息基础设施、公共信息平台及智慧政务、智慧新城、智慧商圈等重点项目建设进行了规划，努力建设"智慧办公示范点"等具有示范及展示效果的项目。

在生态城市建设方面，作为内陆第一个国家级开放开发新区，两江新区成立之初便以科学生态为导向，确立了产城融合的发展模式，在走向现代化过程中，探索出一条内陆开发开放新路子。新区成立以来，积极探索发展循环经济、低碳经济、绿色经济，加强生态环境保护，致力于打造一座生态宜居、产城融合的山水新区。另外，包括"水土竹溪河流域综合整治及景观设计方案策划""龙盛御临河流域综合整治及景观设计方案策划""新区无干扰自行车道规划"和"新区景观大道策划"等在内的诸多景观、环保类策划陆续付诸实践，为新区进一步的人口导入创造了良好的环境吸引效用，也成为新区对外展示的特色窗口。

此外，两江新区作为重庆主城区的重要板块，关系到重庆的城市形象和风貌，必须切实提升新区城市品质，新区的"特色风貌街道策划"及"中新合作文化旅游项目策划"都是其城市形象的代表性项目。

举例说明如下：

①智慧办公示范点策划

两江新区致力于建设智慧城市，在公共服务方面策划实践智慧办公示范点，搭建基于云计算的电子政务公共平台，使各部门在构建各自业务应用时，如同在办公室用水用电一样便捷地共享信息化基础设施，有利于信息资源整合共享和统一管理。同时，通过机房、网络、灾备、运维等基础资源的共享，使信息化基础设施具备更高的稳定性和更强的容灾能力。平台还能提升信息资源共享应用和业务协同能力，为全市各部门提供全面的查询、统计、分析等数据服务，有利于更好地服务于领导决策和部门管理，提升城市监测的能力，提高政府部门的工作实效。

②新区无干扰自行车道策划

针对重庆山地城市的特点，适合在特定区域或线路布设自行车交通系统，两江新区考虑居民的自行车出行需求，结合地形条件，因地制宜设立了自行车道，并与机动车道分离，让市民出行便捷。根据功能不同将自行车网络分为区域性网络和自行车专线。区域性网络主要承担的是5 km以内的中短距离自行车道，主要用于通勤通学及与公交站点接驳等；自行车专线主要布置在公园、广场、景区、滨江岸线等城市游憩区域内，以休闲健身功能为主。

（2）果

两江新区策划树住区体系树干上结出的果实代表两江新区在住区建设过程中，实践新区居住体系、公共服务设施体系、生态景观体系及形象提升体系的各类策划所要收获的成果，详见表4-10。

表4-10　两江新区住区体系策划树果实列表

序号	策划树果实	相关部门
1	全国文明城市	中央精神文明建设指导委员会
2	海绵城市示范（试点）城市	住建部、财政部、水利部
3	建筑节能低碳示范工程	住建部
4	国家环境保护模范城市	环保部
5	国际大都市	—

政府所授予的荣誉或公众认可的国际大都市形象对于一个城市的意义来讲远远超乎于它物质的作用，更是一种精神的诉求，价值的认可。以两江新区入选海绵城市示范（试点）城市为例，两江新区是入围全国首批海绵城市建设试点的城市之一，为切实推进这个区域海绵城市建设工作，有关部门按照海绵城市指标体系要求，组织编制完善新区各层级、各专业规划，通过"渗、滞、蓄、净、用、排"等多种生态化技术，构建全城市的储水细胞，打造一座"会呼吸"的城市，解决城市缺水以及内涝等问题。

由于重庆地下是坚硬的岩石，渗透作用有一定局限，但雨水净化的意义重大，不仅能将净化达标的雨水再利用，用于冲洗地面和灌溉景观植物，更重要的是如果未来海绵城市试点能推广到全市，重庆作为长江上游重要城市，这将为长江中、下游流域诸多城市带来诸多裨益。

第五章　策划树体系运作保障和展望

第一节　策划树对传统策划管理理念及模式的优化

1. 管理思想的变化

（1）"由下及上"转变为"由上及下"

我国传统的管理理念是一种"由下及上"的模式，管理决策权大部分下放给中下层。中下层的管理决策能力直接决定整个企业的管理水平。相应的，在项目建设中，对项目管理的关键在于对节点工作的管理控制。传统的管理思想重点在于对关键节点、关键项目的管理，而各个节点、项目相互独立，难以做到资源整合、相互协调。

策划树的提出实际上是为两江新区的建设模式进行了一次顶层设计，促使由传统"由下及上"的管理模式逐渐向"由上及下"进行转变。相较于"由下及上"的管理理念，策划树体系的建立更多强调策划在整个建设过程中的重要作用，即对项目整体控制管理的重要性。策划树体系从整个建设项目着手，对项目建设进行分解，从而产生不同层次的策划方案。从整体到部分的策划过程，使得每一部分都存在一定的内在联系，能够从宏观层面把控项目的规划，进而使项目在实施过程中能够合理分配各项资源。

这种管理思想是一种"由上及下"的管理理念，更多地强调策划目标在整个规划建设过程中的指导作用。在策划实施的过程中，进一步形成"由下及上"的动态反馈，整个过程重点在于策划体系的构建，即项目建设目标的确立和分解。

两江新区的建设本就具有资源集中程度较高的特点，策划树"由上及下"的顶层设计模式能够最大限度地整合资源，通过目标导向对新区进行高效、科学的建设管理。

（2）需求牵引转变为目标牵引

需求，即需要与欲求，是指人们在一定的条件、资源下受欲望和利益最大化的驱使，对资源进行开发利用，以满足自身发展的需要，创造更多的收益。一般而言，需求增加可以带动市场的发展。

建设项目与其他项目相比，具有周期长、一次性的特点，以需求为导向的建设项目市场容易存在区域发展不协调、需求变化周期与项目实施周期不匹配等问题。以往传统的新区建设管理模式是以新区需求为导向，策划工作大多为招商引资服务。从新区长远发展的角度来看，这种需求导向的建设模式容易出现项目不适合新区定位、资源分配不合理等问题，进而加大新区整体规划的难度，影响区域后续发展。

策划树体系以新区建设的基本规律周期作为基础，从理论的角度为新区的不同功能提出了明确的建设目标，促使策划工作由以往的需求牵引转向目标牵引。以新区发展定位以及资源优势为依据，对新区的发展进行顶层设计，明确新区建设发展的总体目标。以目标为牵引的策划工作具有长远性、协调性、整体性的特点，有利于提高新区建设的科学性和效率。

（3）条块分割转变为系统整合

我国的规划设计思想是从苏联大尺度条块分割模式发展而来的，具有功能划分单一、规划方法简单、大体量开发的特点。这种规划方式操作简单，但缺少区域协调性。各个分区之间相互独立，各自发展，不仅容易使各个分区的发展偏离区域整体发展定位，还容易产生交通拥堵、睡城等"城市病"。

新区是一个复杂的巨系统，新区建设也是一项复杂的系统工程。单一的条块分割的规划方式没有考虑不同子系统之间的交互作用，简单地依据地理位置进行划分，不同分区之间相互独立，一些优势资源被强行分解，不利于新区的综合发展。

策划树体系以系统论的眼光看待新区的建设发展，将新区的建设管理模式从条块分割转为系统整合。整个新区的策划从根部（土地、投融资策划）开始，延伸生长出枝干（战略策划、产业体系策划、城市设施策划、景观环境策划），以树叶、花、果结束。对新区的策划，做到了从整体到局部，从控制到详细，不同层次之间的策划目标一致，相同层次之间的策划相互协调，进而使得新区的建设达到资源最优配置、规划合理的目标。同时，能够加强各部门之间的交流联系，程序化、规范化地对工作任务进行分配，避免出现部门沟通不畅、衔接不力继而造成资源浪费、管理重复、管理真空等问题，有利于新区的可持续健康发展。

（4）线性体系转变为网络体系

过去的管理运作体系是一种线性体系。以新区建设为例，单纯采取招商引资-策划-建设的模式，这种线性模式具有操作简单、流程清晰的特点，但不适用于新区建设这样复杂的系统工程。新区建设涉及要素众多，不同子系统之间相互联系、相互作用，采取单一的线性管理模式，容易忽略各子系统之间的内在联系，导致策划工作缺乏整体观。

策划树为两江新区提出了一个网络状的管理运行体系，建立起一个包含策划时间、目标、内容、效果、责任主体、后期评估等内容的立体管理架构，加强了各个策划之间的相互联系。

2. 管理体系的变化

传统的策划管理体系是一种扁平线性的管理体系（图5-1），策划工作与招商引资相互独立，各个阶段的管理相互独立，缺少沟通和反馈，对新区建设整体目标的把控容易出现偏差。

图5-1 扁平线性的策划管理体系

策划树对以往扁平线性的策划管理体系作出改进,将策划目标、时间节点、策划内容、策划效果、管理主体等维度贯穿于招商引资、规划设计和建设的各个阶段,为两江新区提供了一个立体式的管理体系(图5-2)。

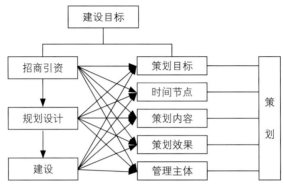

图5-2 策划树提出的立体管理体系

以新区建设总体定位为目标,依次推进招商引资、规划设计、建设等工作的开展,在每一个阶段都综合考量本阶段策划内容(包括策划目标、时间节点、策划内容、策划效果以及管理主体)是否合理。

这种立体式的管理体系,使得策划工作参与新区建设的全过程,有利于对新区建设目标的整体把握,同时能够激活各个阶段的反馈机制,促使新区策划不断完善。

第二节 两江新区工业开发区策划树的运作流程

1. 新区策划的管理原则和组织架构

(1)新区策划的提升原则

①城市管理品质化

一座高品质城市,不仅规划建设要搞好,管理水平也要跟上,否则,花再多的钱搞建设,城市档次也不会高。要严格行政执法,治理城市乱象,维护好公共空间,重点整治乱搭乱建、乱倾乱倒、乱贴乱画等违法违规行为,推进市容环境整治向规范化、精细化、常态化转变,打造干净整洁、清爽宜人的城市环境。要搞好设施维护,切实加强道路、景观、市政公用设施运维,推行标准化、网格化管理,做到"管理无盲区、维护无死角"。要注重超前谋划,充分总结吸取原北部新区城市建设的经验教训，高起点规划建设立交、道路，避免建成后因拥堵进行第二次改造；要在建设过程中统筹布局各类市政设施，防止道路建成后反复开挖，破坏城市形象；要加大物联网、云计算、大数据等新技术应用，完善城市地理信息、交通信息、社会治安、市容市貌等信息系统，实现城市的智慧管理。要做好应急响应，加强城市设施安全风险隐患排查，完善城市管理各项应急预案，提高突发事件处置能力。

②内部管理高效化

要围绕提高运行效能、推进集团内部管理信息化、制度化、程序化建设，不断增强发展的保障能力。要补齐制度短板，建立完善对外投资、招标投标、资本运作、风险防控等方面的制度，有效提高规范化管理水平。要完善工作流程，围绕值班、应急、财务、资产、建设、土地、人事等领域，梳理管理流程，编制工作流程图，明确责任分工，切实杜绝管理漏洞。要加快建设办公、财务、资产、工程四大信息系统，加强系统运用考核，切实把信息化系统运用起来，不断增强智能化管理能力。

（2）新区策划管理组织模式的设置原则

一是新区开发过程中市场与政府的"双赢原则"。在市场经济条件下，市场的作用主要在于合理配置资源，提供私人产品；而政府的作用主要在于弥补市场的不足，纠正市场失灵，提供诸如安全、秩序、基础设施、环境保护等公共产品。就新区的开发建设而言，政府的主要作用在于运用政策、法律，提供基础设施产品，营造良好的发展环境，包括招商引资、创业发展、生活改善的环境。如单纯强调政府主导开发，往往会出现"开而不发""有城无市"的尴尬局面。因此，新区的开发建设，要注意发挥市场和政府两个方面的作用。

二是包括投融资体制多元化等在内的"灵活运作原则"。随着市场经济体制的不断完善和商品经济的不断发展，城市新区开发建设的运作机制越来越灵活，这不仅体现在土地的开发运作上，还表现在城市新区基础设施建设、公共设施建设和社会事务管理等方面的投融资体制多元化，这些都为城市新区在局部采用企业主导型管理模式创造了条件。

（3）新区策划的管理组织模式构成

由于策划工作涉及面广、综合性强，为保证不同层次不同内容策划的延续性和不同专业间的协调性以及策划成果的质量，在明确了策划要素构成的前提下，建立一种好的策划工作组织管理模式是至关重要的。

新区策划工作按照"政府主导，市场化运作"的总体思路，通过整合政府的行政资源、利用市场机制、调动社会力量来开展。在策划规划管理的组织实施过程中主要包括政府方、管理咨询方以及市场方三个关系主体，三方根据具体任务和相应的合同贯穿项目实施过程，以政府方为核心控制策划合同，管理咨询方与市场方分别为政府方提供管理咨询和市场专项服务的作用，管理咨询方与市场方之间也有相互的合同约束与监督关系（图5-3）。

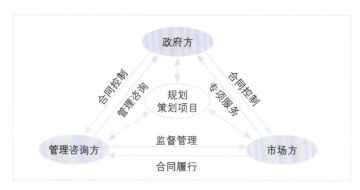

图5-3　策划工作管理模式关系图

（4）新区策划中三方工作组织设计

①政府方的工作组织设计

政府方是开发建设的主体，也是新区开发策划规划组织的主导方，在新区策划规划工作中起到明确战略方向、做出决策的作用。在新区建设的过程中，相关领导组织下设6个组，包括综合办公室、征地拆迁组、策划开发组、工程建设组、资金管理组、监督检查及环境保护组，分工负责土地征收、策划规划、村民安置与基础设施建设、土地出让、城市运营管理等各项工作。

②管理咨询方的工作组织设计

管理咨询方是新区策划具体工作的执行者，一方面对具体的工作任务开展组织、推进、审查、验收等管理工作，另一方面在项目推进过程中提供科学与有效的技术咨询。应由新区政府进行主要的组织工作，通过招投标的方式，整合本地技术资源，吸纳国内外高品质的智力资源，提出建设性意见，协助政府方科学有效地开展策划工作。

③市场方的工作组织设计

市场方主要是能够从事策划具体任务的国内外相关研究单位，也包括在项目推进过程中科学规范项目工作流程的招标代理单位，市场方负责发挥自身优势，承担具体的策划技术工作，保证策划工作的先进性、科学性和规范性，并降低策划成本。

（5）新区策划管理的职责分工

①政府的职责分工

a.综合办公室

综合办公室负责具体文件、通知、简报和会议纪要的起草引发，承担会议和接待活动；负责内外联系、组织协调、后勤保障、新闻宣传、信息收集、档案管理（规划、工程档案除外）；负责重点工作督查督办工作；负责协助有关业务组办理手续；负责协助接待来信来访工作。

b.征地拆迁组

征地拆迁组负责集体土地征收和国有土地收（回）购工作；负责军事用地整合及军事用房产的搬迁、重建等工作；负责项目建设设计的拆迁和安置补偿工作；负责解决项目建设用地有关问题、管理提地征收的文图声像档案和资料。

c.策划开发组

策划开发组负责区域性规划策划、大项目及单体项目设计方案、设计管理、设计跟踪和现场服务；负责施工图的审查、优化和设计技术交底工作；负责立项、规划等前期手续办理工作；负责统筹招商引资工作，协调解决招商引资重大问题；负责开发项目落地、手续办理、项目推进服务工作；负责开发项目土地出让工作。

d.工程建设组

工程建设组负责制订工作进度计划，控制工期、质量和安全生产工作；负责施工重大技术问题论证、工程招标投标、材料设备采购、建设手续办理工作；负责水电气暖市政等工程的协调工作；负责工程结算及各种工程资料的档案管理工作等。

e.资金管理组

资金管理组负责融资工作；负责工程建设、征地拆迁、军事用地整合、开发项目合作等资金支付工作；负责土地成本、配套费返还等资金管理和收取（代收）工作；负责按照指挥部的决策部署处理其他资金往来等。

f.监督检查及环境保护组

监督检查及环境保护组负责对建设全过程进行审计和监督；负责开展廉政教育、制定廉政制度、预防职务犯罪等工作；组织治安保卫、交通管制、打击阻工挠工行为，保证正常有序的施工环境负责，协调和处理应急突发事件，负责接待和处理群众来信来访等。

②管理咨询方的职责分工

a.设立管理总平台

通过信息技术建立两江新区规划策划管理的总平台，负责协助业主根据新区建设的需要全面组织推进各项规划策划工作，具体工作如下：

□根据新区建设实际，提出策划总体工作方案和计划。

□根据总体工作计划，跟踪管理、协调推进各项策划工作，及时进行总结和反馈。

□各专业策划平台的组织、协调、沟通及进度控制。

□策划基础资料及成果的汇总、整合、存档。

□策划平台各种会议的组织、记录并起草会议纪要。

□各专业策划平台合同的审核、修改、协助组织签订工作。

b.专业分平台

规划平台：主要负责两江新区战略规划、各片区的控制性详细规划整合、重点区域及廊道城市设计等相关工作。具体如下：

□提出两江新区各项规划工作方案和工作计划。

□按照确定的工作方案和计划，从任务书编制、方案审查、成果整合、合同管理、成果归档和使用等方面全过程组织、协调、推进各项规划工作。

□建立与其他相关平台、相关项目的衔接机制和程序，确保规划工作高效有序。

市政交通平台：主要负责新区综合交通、市政配套设施、地下空间等方面的相关规划及实施的技术服务工作，协助完成相关规划编制工作。具体工作如下：

□提出新区市政交通、地下空间相关的各项工作方案和工作计划。

□按照确定的工作方案和工作计划，从任务书编制、方案审查、成果整合、合同管理、成果归档和使用等方面全过程组织、协调、推进各项相关工作。

□建立与其他相关平台、项目管理、相关项目的衔接机制和程序，推进项目顺利落地实施。

综合景观平台：主要负责新区园林、绿地、水系、相关设施等综合景观方面的相关规划及实施的技术服务工作。具体工作如下：

□提出新区园林、绿地、水系、相关设施等综合景观相关的各项工作方案和工作计划。

□按照确定的工作方案和计划，从任务书编制、方案审查、成果整合、合同管理、成果归档和使用等方面全过程组织、协调、推进各项相关工作。

□建立与其他相关平台、项目管理、相关项目的衔接机制和程序，推进项目顺利落地实施。

建筑方案平台：主要负责总体规划实施、项目落地、建筑控制等方面的相关工作。具体工作如下：

□提出各自分工范围内的工作方案和工作计划。

□按照确定的工作方案和计划，从任务书编制、方案审查、成果整合、合同管理、成果归档和使用等方面全过程组织、协调、推进各项相关工作。

□负责建立与其他相关平台、项目管理、相关项目的衔接机制和程序，推进项目顺利落地实施。

③市场方的职责分工

a.招标代理单位

招标代理单位作为市场一方，是策划项目在采用委托、征集以及竞争性谈判等实施过程中重要的执行者，它以市场化、标准化、专业化的招标组织方式，专业、高效地协助政府方完成各项策划项目的组织程序。招标代理单位的主要职责：负责编制项目招标组织实施方案；负责项目招标备案；负责项目招标公告发布；负责项目开评标工作；负责项目招标档案整理工作。

b.专业咨询单位

专业咨询单位作为市场一方，是新区前期策划工作的主要研究者，以专业化的研究团队，从更为专业化的角度分析城市某个研究课题，来为城市的发展决策提供更为科学与合理依据。主要负责新区前期关于功能定位、发展战略、产业结构、区域交通、地理空间、房地产以及土地开发等专业化的咨询工作。

（6）策划项目管理架构的确认

在项目提出初期，应确定策划项目的管理架构。不同类型的策划，其管理架构也有所区别。根据各自发挥的作用，可以将新区建设活动的各方划分为新区开发项目的策划者、开发者、使用者。

2. 策划树体系运作的工作流程设计

策划树体系的工作流程主要包含三个阶段：第一个阶段是项目提出前期，需要进行项目的前期决策分析，以确定是否对项目进行立项以及选取项目的管理主体；第二个阶段是中期的项目策划编制工作；第三个阶段是在策划方案大体完成后，对方案进行的审批与优化（图5-4）。

（1）第一阶段：前期的项目决策

项目的前期决策需要进行立项评估和管理主体两个工作。立项评估是为了确定是否对策划项目进行立项，并确定策划项目的管理主体。这个阶段需要对策划项目的可行性、意向性和效益性进行评估，通过综合评审，决定是否对项目进行立项；立项之后应根据项目的规模、影响及层次在集团、各部门或者子公司中确定项目的管理主体。

（2）第二阶段：中期的策划编制

中期的策划编制工作一般由集团或者部门公司委托外部技术部门完成。这个阶段的主要工作是通过招投标寻求市场方作为适合的策划编制单位，再提供相关的策划资料，积极与市场方进行沟通和交流，督促其完成策划的编制工作。再进行方案的初核，若达到标准，便进入第三阶段。

（3）第三阶段：后期的方案优化与评审归档

根据策划方案完成的情况，通过多次"专家会—研讨—再修改"的形式完成后期的评审与方案优化工作，并在方案审批通过后进行归档处理，以对后续的项目起到指导作用。

图5-4 策划树运行流程设计

第三节 策划的运作机制

1. 策划的前期决策机制

（1）项目开展的可行性评估

策划是为了实现特定目标而进行的一系列分析和制定方案的行为，是具体开发实践的行动指南。面对一个规模庞大的系统工程，必须考虑实现目标所需的人力、物力、财力与相关的技术水平，以评估项目开展的可行性。

两江新区的建设项目具有周期长、规模大、耗资大的特点，应针对目标市场的需求，确定开发建设的成本，根据现实情况进行充分研究，保证项目切实可行。

规模较大、层次较高的开发项目的可行性研究可以分为项目的效益性研究、意向性研究、预可行性研究和详细可行性研究四个阶段，而规模一般或较小的项目直接开展可行性研究即可。

①项目效益性研究

新区建设中任何投资建设行为的最终目的都是为了实现一定的效益。对于两江新区而言，这种效益可以不仅表现为经济效益，还表现为社会效益和环境效益。因此，需要在确定项目的最终目标后对项目进行综合评价。

由于经济、土地等方面的限制，并非所有能够带来综合效益的项目都能立刻筹划上马，还应通过环境分析阶段的研究，确认项目开展的先后时序。因此，项目的效益性评估完成后，应进行多项目的比较，而非局限于项目本身。

②项目意向性研究

意向性研究包括一般投资意向研究和特点项目的意向性研究。前者以地区研究、部门研究以及资源研究为主，目的是明确具体的投资开发方向。后者是新区政府或开发机构在初步选定开发建设项目前，为了判断该项目是否具备投资建设机会而事先对项目的市场导航和社会需求、发展趋势、现状条件、国家产业政策导向等方面进行研究，以期鉴定项目建设的必要性和可行性。

意向性研究阶段的主要内容有地区情况、经济政策、资源条件、劳动力状况、社会条件、地理环境、国内外市场情况、工程项目建成后对社会的影响等。要根据新区社会经济发展战略以及总体规划、控制性详细规划的安排和要求，结合市场预测和开发设想提出意向性的投资开发建议，供决策者做出决策。还要编制项目的初步规划与设计以对项目投资进行初步估算。

③项目预可行性研究

预可行性研究也可称为初步可行性研究。在意向性研究形成的项目建议书基础上，可进一步对项目建设的可能性与潜在效益进行论证和分析。预可行性研究的工作内容与意向性研究基本一致，只是深度要求更为精确。预可行性研究要解决两方面的问题，即项目建设的必要性和可行性。必要性体现在：该项目对推动新区经济社会发展是否有利；对满足和提高居民生活条件是否有利；对新区可持续发展是否有利。可行性体现在：项目实施的经济效益如何；实施建设的人力、物力、技术条件是否可行；项目的否限是否可以预计和应对。对于一个新区项目来说，即使总体上是必要且可行的，在实施过程中仍会有许多问题需要专门研究解决，因此要深入地调查研究，取得充分的资料和较准确的数据后进行分析论证。

④项目详细可行性研究

项目在经过预可行性研究并通过后，还应进行详细可行性研究，使前期工作的各项调查资料和研究报告可以作为具体工程设计的基础资料和依据。详细可行性研究与预可行性研究阶段一样，研究结论可以推荐一个最佳方案；当存在两个以上可供选择的方案时，研究报告应分别说明不同方案各自的利弊和相应采取的措施。如果可行性研究得出了"不可行"的结论，也应及时对主管部门进行反馈，成为决策的依据。

（2）项目管理主体的确定

在通过项目开展的必要性评估后，应通过明确项目和策划的功能性质和管理层次，进而确定其管理主体。

①明确策划项目的功能性质

新区的建设活动本身是一个几乎涉及新区所有的科学的综合系统过程，其复杂性和困难性不仅表现在具体实施过程中，而且还表现在对现状的客观分析与对未来的准确预测上。这就要求在编制前明确策划的功能性质，以明确策划编制的领域范围。

策划树体系将两江新区的策划按照开发活动的功能门类分为六大类，分别是土地开发类、投融资管理类、发展战略类、基础设施类、产业功能类和住区功能类。根据策划内容，明确策划的功能门类，确定策划的专业领域，以此明确策划的管理部门。

②明确策划项目的管理层次

按照项目投资主体的性质和项目的组织形式，可以分为政府投资项目、私人投资项目以及公私合作投资项目。其中，私人投资的策划项目由开发商或者投资单位进行相应管理，政府和集团主要负责政府投资项目和公私合作投资项目的管理。

策划树体系将策划按照等级分为基础、框架、子系统和实操四个层次，分别对应策划树的树根、树干、树枝（次枝）以及树叶（花）四个要素。集团负责树根、树干以及花部分的项目策划管理，树枝以及树叶所对应的项目则由相应的子公司进行管理。

2. 策划中期的编制机制

策划是根据对项目开发机构开发意图的深入理解，对项目建设相关的宏观环境（包括经济形势、市场状况等多方面）以及项目设计的微观环境（如涉及区域及地块资料、建设条件）进行系统全面的调查和分析，结合新区总规、控规的要求，探寻项目建设的可行性、项目的构成、性质等多个方面的要素，为项目的规划和设计方案的制定提供依据，并制定方案实施的步骤。

具体来说，策划编制的内容大致可分为策划环境调查分析、目标体系设立、策划方案设计三个步骤。

（1）环境调查分析

前期环境调查分析是城市策划研究的基础，是策划案成败的关键。唯有对现有环境具有深入细致的了解，才能对项目远期发展愿景做出精彩的描述，在项目实施的过程中也足以保证每一步均是有的放矢。而且，除了在项目前期需要进行全面的环境调查分析外，随着策划方案的深入，还需根据方案进行数次环境调查，使得策划研究的可靠性得到保证。

策划树辅助下的环境调查可分为三个方面：一是宏观环境调查；二是微观环境调查；三是相关的策划分析。

①宏观环境调查

在整个新区系统中，对开发项目的目标、实施和运营产生影响的要素构成了项目的宏观环境，包括社会、经济、文化、政策、科技、生态环境等要素以及它们相互影响形成的交互关系。项目宏观环境要素与项目的影响是相互的，即这些环境项目自身也会受到项目实施的影响。

宏观环境调查一般包括政策环境、城市环境和市场环境三个方面。

政策环境：研究政策环境是通过分析国家及新区对项目可能涉及的政策与产业影响因素，通过参考借鉴国内外的相关经验、现状、发展阶段及发展趋势，了解城市产业的构成及各产业之见的联系和比例关系，分析项目设计产业与国家政策和新区资源与已有产业的契合度。探讨分析影响产业内部的竞争力，以及它们的各个影响因素，研究产品内容、类型，探讨产业发展中可能涉及的差异化、低成本、专门化的策略。

城市环境：城市环境是新区中与新区整体相互关联的人文条件和自然条件的总和，包括社会环境和自然环境。前者由新区经济、社会、文化、法规、科技等外部因素组成；后者包括地质、地貌、水温、气候、动植物、土壤等要素。新区的形成、发展和布局一方面得益于环境条件，另一方面也受地域环境的制约。

市场环境：市场环境研究包括项目建设的必要性、供求现状、未来需求趋势和竞争前景预测等。项目建设的必要性主要通过项目是否能够促进新区经济、社会发展；是否符合国家相关政策；是否能有效改善新区人民的物质文化生活条件；对新区当前正常运行和未来持续健康是否有利等方面来进行评估。

市场供求现状是分析项目立项建设的重要依据。有时不仅要看到当前的市场需求，还要把握未来的发展趋势。由于新区是一个复杂的动态发展系统，一些项目虽然当前并无迫切需要，但能对新区长远的经济社会发展起到促进作用，那么这些项目仍然有建设的必要。

②微观环境调查

微观环境由项目所需的资金、技术、材料、人力、信息等方面组成。根据项目的建设过程、管理方式和途径，可分为需求市场、工程技术、资金市场三个方面。

需求市场：需求市场是指对项目提供的产品及服务之供求关系的总和，是项目微观环境与宏观环境实现交换的主要途径。由于对项目建设投入的所有资源都应有相应的合理回报，所以市场的供求关系机制要求项目策划时积极拓展项目功能，使项目适应更多用户的需求。

工程技术：项目的工程技术包括项目的建设规模、选址、配套设施等。项目的建设规模主要取决于市场的需求，包括远期发展需求。需要强调的是如何将近期远期目标结合起来，从而提出项目开发的最合理时间空间序列计划，进而有效地实现项目的效益。项目选址研究主要是调查拟建设地区的交通条件是否能够满足项目正常运行，是否有足够的用地进行项目加速，用地的工程、水文地质条件是否良好等。根据这些因素对用地进行全面评价，以择优选取用地。配套设施研究的主要工作是对项目用地现有基础设施情况进行调查和评价，并结合远期计划建设的配套设施进行落实。任何项目都是与周围地区协调发展的，因此，配套设施的研究是影响项目选址的重要条件。

资金市场：资金市场因素是对自有资金、贷款资金、销售回款等资金来源以及资金成本的估算，对资金市场的供应情况做出全面评价，并在此基础上根据项目实施的资金需求，拟订资金筹集方案，进行多方面的评价，最后确定合理的资金筹集计划。

③相关策划的分析：

策划与策划之间存在包含、并列和被包含的关系，策划树的功能作用之一便是厘清了两江新区各个策划之间的逻辑包含关系。在一个新策划编制的前期，能够根据策划在策划树中所处的枝叶位置，清晰地寻找到它的上位策划和下位策划，并参考这些相关策划的内容，确定策划编制的目标、定位、内容和要求。

两江新区现存的问题和矛盾是催生优秀策划方案的最好触媒，因此对两江新区的环境调查分析尤为关键。在实践中，可以根据策划的需求，在策划树中寻求相关的策划，从交通资源、自然资源、土地资源、产业资源、教育资源、新区建设状况、历史文化资源等几个方面归纳总结，提炼新区最鲜明的矛盾点，以此作为策划研究的依据。

（2）目标体系设立

策划方案实为一个操作系统，通过此系统实现描绘中的新区愿景。然而愿景究竟为何，这就要追溯到策划目标的确定。策划目标由环境调查分析而来，是对现存主要矛盾的反映。

需要注意的是，现实中存在的城市矛盾往往并非单一。作为对城市矛盾的反映，策划目标的价值取向也绝非单一。如果把策划目标看作一个系统，那么这一系统的终极目的并非为寻求某一方的利益最大化。相反，这一系统由多个目标组成，包含经济、社会、文化等多方面因素的考量。

①目标体系的结构

在新区实际的项目中，通常会将总目标分解为多个字母表，并由总目标和各层次分目标组成目标体系，字母表会由多个指标来帮助实现。

策划的目标体系来源于管理学中的目标管理。人们发现目标对激发人的潜力有很大作用，而由项目实体到每个执行者的层级下降设置层层目标，有利于激励最大化。因此，在策划中引入目标体系的概念，也是为了实现目标成效的最大化。

目标体系通常通过目标体系图来体现，可以把总目标和各次级分目标的连接关系用组织图的形式表现出来（图5-5）。

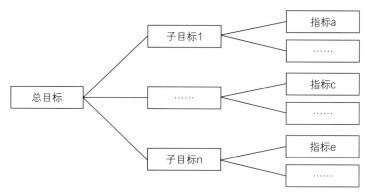

图5-5 目标体系分解示意图

通过此图，可以一目了然地看出所有层次目标的相互关系，能及时对目标设置中的问题进行讨论和调整，并从总目标到字母表，帮助各职能目标或各种子目标表明在整个目标体系中的作用，以此加强管理，提升效率。

②目标体系的内容

要解决定位的问题，我们通常要从策划的目标入手来进行系列工作的梳理。在策划过程中，往往都是从解读目标开始的，策划工作的目标体系可以基于策划树体系中上位策划来进行设立。上位策划中某一个或者几个方面具体的策划目标是下位策划目标的构成之一，当然上位策划的目标会较为宽泛和宏观。

不同规模、不同内容的开发活动在设置目标体系时会有不同的切入点。一般来说，在新区的开发项目中，目标体系主要从政策目标、环境目标、社会目标、市场目标、财务目标这几个方面来分解（图5-6）。

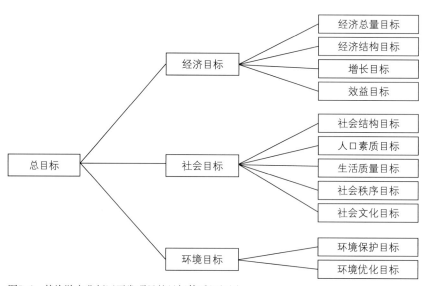

图5-6 某旅游产业新区开发项目的目标体系组织图

两江新区的策划分为四个层次：基础层次、框架层次、子系统层次和实操层次。这四个层次在制定目标体系时各有侧重。

基础层次和框架层次策划的目标体系：基础层次和框架层次的策划主要研究新区的发展方向、总体把控新区的空间结构、功能定位等重大方针问题，强调对全局的把握，是设计空间、经济、环境、生态乃至社会和文化等方面的综合性策划。可以分解为新区职能与性质目标、新区规模与用地构成目标、新区空间结构与功能布局目标、新区基础设施规划目标、新区产业发展目标、新区可持续人居环境营造目标等。

子系统层次策划的目标体系：这一层次的策划是以基础层次和框架层次的策划作为依据，强调管理和开发的衔接，以土地的使用与控制为重点，承上启下，为新区片区的规划和设计提供依据。这一层次的目标体系包括土地使用目标、环境容量目标、城市设计引导目标、配套设施目标和管理实施目标等。需要依照策划项目的具体情况，选取适当的切入点，对以上子目标进行重点选择和删除。

实操层次策划的目标体系：这一层次的策划是新区实际项目的策划，包括由开发商主导的房地产开发项目和政府主导的公建项目的策划。公建项目的策划是为了适应与推动新区经济的发展和功能结构的优化，满足人们不断提高的生活、工作、交通和文化娱乐的需求，以及出于政治、社会经济发展战略等方面因素的考虑作出的策划。这类项目在考虑经济效益的同时更注重项目的宏观经济效益、社会效益和环境效益。在制定目标体系时，主要分解为建设规模目标、市场目标、功能目标、宏观经济效益目标、社会效益目标和环境效益目标。

③目标体系的设立步骤

在整个策划过程中，首先会根据前期调研分析的内容，确定问题，根据问题来制定目标，然后进入设计方案、选择方案、实施方案阶段。而制定目标体系在整个策划过程中有着非常重要的地

专栏21

案例21-1：哈尔滨城市发展战略策划

哈尔滨是黑龙江省省会城市，是中国东北北部的政治、经济文化中心，也是中国省辖市中面积最大、人口第二的特大城市。全市土地面积5.31万km²，辖12区10县（市）。截至2012年末，户籍总人口993.5万。

2002年编制的城市发展战略规划中，分析了哈尔滨城市发展面临的问题：

体制转型缓慢，体制发展落后；产业结构不合理，工业总量不足；投资环境落后；环境质量恶化；绿色开敞空间不足；居住空间不适应生活水平提高的要求；区域竞争格局中面临边缘化的倾向。

针对这些问题，规划制订了哈尔滨城市发展战略目标体系图，如图5-7所示。

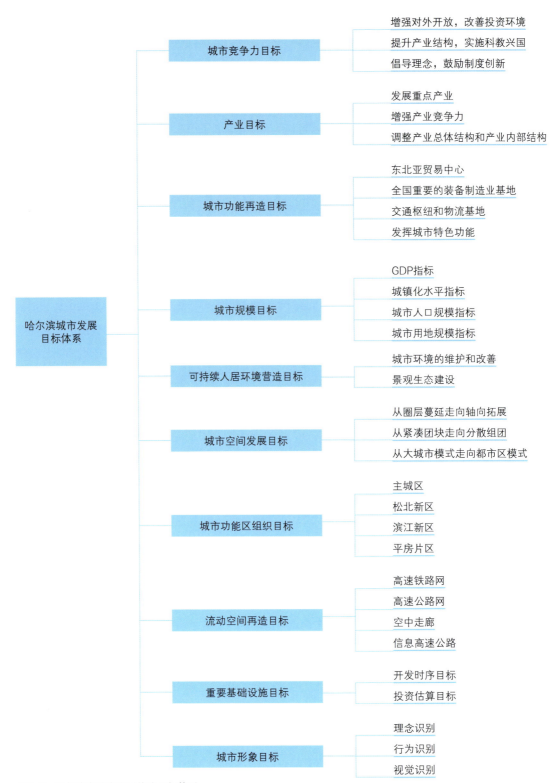

图5-7 哈尔滨市城市发展战略目标体系

位，它是对现有问题调查和分析后的理性总结，对策划方案起到指导作用，也是检验方案实施效果的重要依据。在方案设计、实施的过程中，还需要对目标体系进行动态评价和修订（图5-8、图5-9）。

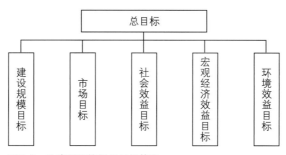

图5-8　公建项目策划的目标体系

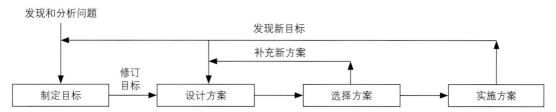

图5-9　目标体系形成的过程

（3）策划方案设计

按照营销观念的说法，一般消费型产品的设计与生产获得成功的关键在于正确确定目标市场的需要和欲望，并比竞争对手更有效、更有力地传送目标是所期望满足的东西。因此，策划方案的设计虽然主要是由市场方的设计单位完成，但是作为管理主体的部门也应明确目标、了解自身的优势和缺陷，并充分了解市场环境的需求，在方案设计的阶段与设计单位充分沟通交流，对策划项目的设计进行宏观把控，以确保策划方案满足市场环境的同时满足新区自身的需求，争取效益的最大化。

3. 策划的实施机制

（1）新区策划的开发模式类型

新区策划的开发模式类型主要包括政府主导开发模式、公私合作开发模式及市场主导（开发商）开发模式。

①政府主导开发模式

政府主导开发模式是指政府通过不同的管理手段控制整个策划实施的不同阶段。在土地运营阶段，政府主导进行规划设计并通过土地储备中心进行土地一级开发，政府控制土地开发的节奏，土地转让的收益完全归政府所有。在二级开发阶段，政府直接进行开发社会公益项目或通过规划审批等行为间接控制二级开发的成果。二级开发阶段政府仅通过相关税收获得收益，除了个别公共福利设施外，政府基本不参与项目运营管理的模式。政府主导的开发模式需要政府全权包揽一级开发、规划策划、征地、一级开发建设和土地流转上市等环节的工作。

②公私合作开发模式

公私合作开发模式是指由新区政府与一家或多家拥有合格资质和经验的企业进行合作开发，视其具体情况，既可与企业从一级开发到综合运营进行全程合作，也可在开发运营过程中与企业进行有保留的某一阶段的合作。这种模式可以从策划之初便介入开发工作，综合动态地考虑区域的发展步骤，政企双方约定好合作分成比例，在区域开发过程中分享收益。

③市场主导（开发商）开发模式

该模式即市场主导型城市新区开发建设模式，它以私人开发商为主体，政府提供政策倾斜。即企业唱"主角"，政府当"配角"，由政府统一规划，面向市场进行多元融资。除了极少数设施由政府投资新建外，其余由企业和民间资本开发或与政府进行合作开发。此种开发建设模式不但降低政府的开发成本，让企业分担了政府的开发风险，同时提高了社会资本的参与度。

但是在市场主导型城市新区开发建设中，政府仅仅处于配合企业的地位，且市场是一只无形的手，难以控制和琢磨，所以有可能导致政府的规划意图受到影响而得不到完全实现。市场主导型开发建设模式削弱了政府对城市建设的主动权和控制权，容易导致城市空间的无序发展和城市规模的不确定性，且商业资本可能导致开发目标过于短期化和盈利化，增加后来者的商务和生活成本。由市场主导型开发建设模式开发建设的新区规模一般较小，因而适合于工商业比较发达的资本主义国家。

（2）新区项目实施类别及其开发模式选择

①产业体系类项目（图5-10）

工业类项目是新区产业发展和实体经济发展的重要组成部分。工业用地分为一类、二类、三类用地。一类工业用地是指对居住和公共设施等环境基本无干扰和污染的工业用地；二类工业用地是指对居住和公共设施等环境有一定干扰和污染的工业用地；三类工业用地是指对居住和公共设施等

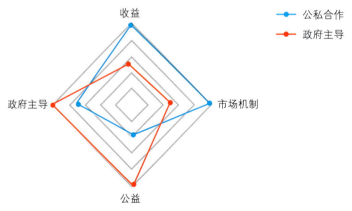

图5-10　产业体系类项目的"政府-市场"象限分析图

环境有严重干扰和污染的工业用地。工业性地产项目受城市的区位、经济、人口、资源、政策等多种要素影响，政府的决策和战略对其极为重要。对于工业类项目，政府应视具体情况适当介入。对于社会影响和外部负效应较小的项目（如创意园区等），可以选择以开发商为主的开发模式，而对于某些对社会与生态影响明显的项目，应在符合城市整体战略的前提下，以政府为主进行开发，在吸引投资和产业重心的同时必须做好相应的配套服务。

②城市设施体系类项目（图5-11）

城市设施体系类项目一般为城市运行的必需品，公益性极强，在各类项目中，是盈利能力最低的项目类型，需要依靠政府投资。因此，其开发模式以政府主导模式为主，可适当加以市场化运作，提高运行效率。

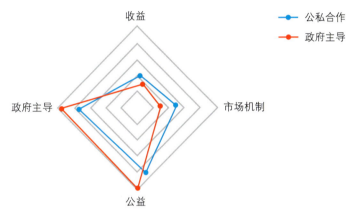

图5-11　基础设施体系类项目的"政府-市场"象限分析图

③景观环境体系类项目

景观环境体系类项目的构成较为特殊，其下包含两种不同类别的项目。一种是以开发商为主导的商业类项目，另一种则是由政府主导的公共服务类项目，两类项目的开发模式有所区别。

a.商业类项目（图5-12）

该类项目主要为商业性较强的地产类项目，拥有住宅、商业、酒店、办公等功能。其一般运营模式为政府出让土地，由开发商进行投资建设，依靠出售和出租经营来获取利润。此类项目的特征是盈利性强，通常由市场机制作为主导，适合于开发商开发模式。政府需对商业性地产做好合理的规划和管理，引导正当的市场竞争，防止恶意垄断以保障公共利益。

b.公共服务类项目（图5-13）

该类项目包括文化、教育、体育、宗教等公益性较强的项目，其主要功能是为城市居民服务，公益性较强，需要长期的财政投入，维护费用很高，在项目进行开发前需要合理策划。除宗教类项目外，其余项目融资渠道较窄，需要政府大量的投入。该类项目以政府主导开发模式为主，可以考虑更多地采用公私合作的开发模式，以拓宽资金来源，提高建设效率。

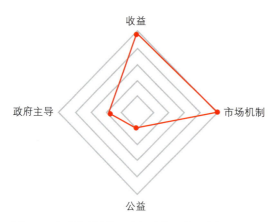

图5-12 商业类项目的"政府-市场"象限分析图

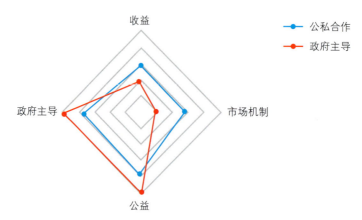

图5-13 公共服务类项目的"政府-市场"象限分析图

（3）公私合作模式的相关资料

①公私合作模式介绍

改革开放后，我国城市建设趋于市场化，因此投资渠道与运作方式也相应增加，公私合作的城市开发建设模式也有了立足之地。目前活跃的公私合作模式主要为借鉴外国已有的合作模式，举例如下：

BOT（Build-Own-Transfer）：建设、拥有、转让，私营部门的合作伙伴被授权在特定的时间内为基础设施项目融资并设计、建造和运营这些基础设施组件（和向用户收费），期满后，转交给公共部门的合作伙伴。

BOOT（Build-Own-Operate-Transfer）：建设、拥有、运营、转让，私营部门为设施项目进行融资并负责建设、拥有和经营这些设施，待期限届满，民营机构将该设施及其所有权移交给政府方。

BLT（Build-Lease-Transfer）：建设、租赁、转让，项目完工后一定期限内出租给第三者，以租赁分期付款方式收回工程投资和运营收益，以后再将所有权转让给政府。

BTO（Build-Transfer-Operate）：建设、转让、运营，民营机构为设施融资并负责其建设，完工后即将设施所有权移交给政府方；随后政府方再授予其经营该设施的长期合同。

ROT（Rehabilitate-Operate-Transfer）：重构、运营、转让，民营机构负责既有设施的运营管理以及扩建/改建项目的资金筹措、建设及其运营管理，期满将全部设施无偿移交给政府部门。

DBFO（Desing-Build-Finace-Operate）：由私营部门的合作伙伴设计，融资和构造一个新的基础设施组成部分，以长期租赁的形式运行和维护它。当租约到期时，私营部门的合作伙伴将基础设施部件转交给公共部门的合作伙伴。

②公私合作模式的实现基础

公私合作的开发方式涉及政府及公共机构、开发企业以及居民的三方利益，各自的利益目标并不总是一致。因此，需要综合考虑权衡策划的开发项目可能给各方面带来的社会经济影响，形成双方均可接受的合作基础。

要将私有资金吸引到城市的建设活动中来，必须彻底改变城市建设属于政府福利事业的供给体制，通过合作开发的途径，提供高质量高效率的城市公共服务。

根据各方利益目标，确定公私合作的基础为：

公共机构（政府）：促进城市建设的发展和实现城市建设资金的良性循环；

私营机构（开发商）：实现开发投资的经济回报以及树立企业良好的社会形象；

社会公众：接受项目由私营机构开发、管理的方式，并愿意为接受的服务而付费。

③公私合作模式的实现步骤

确认进行公私合作的必要性与可行性：要实现迅速改变城市面貌、提高城市运营效率的目标，当前的建设资金缺口无疑很大，因此需要吸引私有资金参与城市建设。随着改革开放的不断深入，政府对前来投资的私营业者的认识也有了不断改变，并逐渐采取措施实现三赢的局面。通过这一机制，政府在投入有限资金的情况下可以推动城市建设的有序运转，是公私合作模式的基础。

确定公司合作的目标及开发程序：确立公私合作的目标包括成立何种开发实体、其作用如何、应选择何种筹资方式、何时项目会有产出等。目标应根据新区目前的市场形势及项目条件进行合理制定。另外，项目谈判开始后应进行开发程序与方式的制定，确定谈判中哪些方面可以妥协，哪些方面不能妥协。

整理土地与地产资料，遴选适宜开发地块：土地资料中应包括地块的基本信息，如地块编号、土地利用现状、详细规划确定的土地用途、开发强度限制、地块大小、出入口以及市场价值等，对此进行合理筛选。筛选出合理的适宜地块后，需要规划师与地产评估机构进行深入评估，以确定地块的开发潜力。

制定适合市场需求的规划和包装策略：政府可根据开发制定的目标、地块评价和市场分析的结果来制定相关的规划及包装策划，以用于吸引开发商、赢得公众的支持以及确保项目的成功。

寻找合适的合作伙伴：通过小范围的定向协议或者大范围的招标来确认好的投资者。大多数项目招标的信息可刊登在报纸或网站上，同时可以邀请有开发意向的开发商参加为介绍项目而举行的新闻发布会。

与投资者谈判组成合作企业：公私双方应该制订一个双方均能接受的时间表，标明达成的初步意向，达成妥协以及签约的最后期限，以使项目按计划如期进行。

谈判的关键是达成各方均满意的条款，具体包括：地块出让条件、开发的强度和构成、开发商完成项目的承诺、基础设施配套的责任、项目收益中公众得益的形式、公共空间及宜人环境的设计、建设与维护、项目营销及租售控制、项目销售时或再次筹资时双方的参与方式、贷款偿还方式、违约补偿措施等。

监控项目运作及完成后的资产管理：政府必须密切监督项目的进展，保障项目按计划如期运作。

4. 策划运作过程中的风险管控

两江新区建设开发的周期长、投资大、环节众多等特点决定了它在实施时就蕴藏了一定的风险。城市策划的实施开发风险管理涉及的主体多，其所引起的社会关注和干预也较多，鉴于这种情况，其面临着生态、经济、社会、政治等多方面的风险威胁。

（1）新区策划运作的风险类别

此类风险主要包括策划设计风险、经济风险（市场供求风险、投融资风险）、社会风险（政策风险、技术风险及社会关系风险等）和生态风险（污染型风险、非污染型风险）。

①策划设计风险

一些大规模策划项目，需要决策新区或项目的发展定位、主导功能和各类开发强度，在策划过程中易出现偏差，导致相应的风险隐患，一旦策划本身出现错误，此后的一系列建设活动也将陷入误区，故而在策划设计阶段一定要考虑社会经济发展的弹性需要和土地利用配置的兼容性。

②经济风险

新区策划实质上是以预测为基础，必然存在诸多不确定性因素，势必会给城市社会经济带来威胁。新区策划运作中的经济风险主要是指与市场经济环境和未来经济发展相关的不确定因素，由社会和城市整体或局部利益发生折损所致的经济损失、效益低下和成本增加等，主要表现在以下两个方面：

市场供求风险：新的项目必定会在现状市场的基础上对供求关系有所改变，例如近年中国房地产业的巨额利润吸引一大批企业陆续迈进市场以求分一杯羹，投资过热导致许多城市的房地产市场都面临结构性的饱和，城镇住宅空置率超过国际警戒线。策划某个项目前一定要分析市场的现状和它未来的变化趋势，对市场需求做出科学合理的预测，选择最佳方案，作出最佳决策。

投融资风险：建设项目的融资风险主要体现在银行贷款融资风险、股票融资风险、债券融资风险、租赁融资风险、联营以及引进外交融资风险等，做融资计划前，需重点分析各融资渠道的稳定性，再考虑其有利因素和不利因素，最后选择资金成本低的融资途径。

③社会风险

社会风险是一种引发社会冲突、威胁社会稳定和社会秩序的不确定性因素，换句话说，一旦这些不确定因素变为现实，社会风险将立即转变成为社会危机，给社会稳定和社会秩序都将带来灾难性后果。社会风险包括两个方面：一项社会行为或运动能否成功是存在风险的；而其对社会运行的其他风险也会产生风险威胁。

政策风险：新区开发面临诸多新形势、新要求、新变化，往往需要相关政策予以支持或酌情倾斜，但国家和地方政策的制定谨慎而严肃，不允许频繁而随意地调整；同时，一项政策的制定或调整出发点不同，在落实过程中，尤其是在开发建设这种实施层面，往往会产生与预期不同的影响。例如《国务院办公厅关于清理整顿各类开发区加强建设用地管理的通知》中明确指出我国将对各种类型的城市开发区进行清理整顿，从宏观层面上来说可以有效地打击侵占和浪费土地资源的不良现象，然而站在地方政府的立场上，这种做法不仅会直接影响当地的经济发展，还会对政府信用造成一定的影响，特别是在以政府信用为担保筹集资金兴建的开发区中。

技术风险：主要是指科技工艺的创新、技术结构的变更以及相关变量的改动所导致开发运营者面临巨大损失的威胁。选择并应用合适的施工工艺和技术是决定项目能否成功实施的重要因素之一。一方面必须处理好技术的先进性与适用性的问题，另一方面要充分考虑技术的可行性。选择先进技术的同时应充分考虑国情，在政策和环境允许的条件下，与其配套能力相呼应，优先选用成熟的技术工艺；如果被迫选用初次应用于实践的技术工艺，在使用前需充分深入调查此项技术工艺在实施过程中可能面临的难题和风险，研究其利弊关系并做好风险防范计划，尽可能降低冒失使用造成的损害。

社会关系风险：新区开发项目尤其是旧城改造和城中村改造项目涉及旧城区和城中村的拆迁、土地开发性质的非法变更、各类违法违章城市建筑等问题，诱发各种利益相关群体间利益发生激烈冲突，甚至会引发局部地区的社会动荡；另外，各类新区开发项目建设中社会权利侵占的现象也十分突出，当城建中各种相关利益群体发生纠纷和冲突时，利益相关人群不可避免地将面临不同程度的风险损失，例如老城区拆建过程中公权与私权的对峙冲突极易引发社会动荡。

④生态风险

新区开发项目在推动人类文明和经济社会发展的同时，潜藏了对人类生存和城市生态系统结构、功能的极大威胁。首先表现在工厂有害物质的排放、城市建设中建材所含甲醛及其他致癌物质的扩散及城市交通量的增加导致汽车排放尾气中有害物质浓度的飙升等；其次表现在城市规模迅速扩张及人口密度急剧增长所导致的城市与周围自然环境的隔绝或城市热岛效应，促使城市局部气候发生变化，给城市发展和人类生存带来巨大而深远的负面影响；再者就是城市居民的生产生活以及城市老建筑与街区的拆除重建使得生物和城市多样性指数剧烈下滑。

污染型风险：这种风险指可能污染城市生态环境的风险，主要存在于对污染源的布局和防护措施不合理，对污染物排放和疏导的考虑不全面。

非污染型风险：是指由于人类的非污染活动所导致的生态系统的变化，此类风险带来的破坏通常具有潜伏性和累积性，往往容易被策划者所忽视。

（2）新区策划运行过程中的风险评价方法与流程

①风险评价方法

风险评价是指通过各种工程风险评价方法，用定性、定量或两者相结合的方式评估项目不确定因素的过程，是对项目可能存在的威胁、缺陷、负面影响以及三者协同作用导致风险事故发生的可能性的评估。在系统地识别工程项目风险因素后，它将风险事件的发生概率和威胁程度进行量化，以便制定出科学合理的应对策略处置风险，尽可能降低风险带来的损失。风险评价的方法有很多，主要分为两大类：定性分析法和定量分析法。主要如下：

专家打分法：根据风险识别结果设计出风险调查表，利用专家经验，由专家对各项风险发生的概率及其对项目风险管理目标的影响程度进行打分，将各风险发生概率与其威胁程度的权重数相乘并汇总，就可以得到项目的风险度。为尽量减小专家评分法的主观随意性，可根据其工作经验、对项目的熟悉程度、擅长的研究领域等，对各位专家评分的权威性设定不同的权重值。

层次分析法：是美国著名的运筹学家T.L.Satty等人在20世纪70年代提出的一种定性与定量分析相结合的多准则决策方法。它是根据需要分解某一复杂问题构造成递阶层次结构，再对分解后的简单问题逐步进行分析，用一定的标度客观地量化人的主观判断，处理可定量化和不易定量化的因素，此方法适用于难以定量化的风险评价。

蒙特卡罗模拟法：又被称为随机模拟或统计表试验方法，它是基于统计理论借助计算机工具对风险的发生概率或损失后果进行研究的数值计算方法。其基本原理是：假设一数学模型代表其目标变量，此模拟模型应尽可能多地包含影响该目标变量的主要风险变量；再将每个主要风险变量的结果用具体的概率分布来描述，随机抽取样本数，根据样本数在各个主要风险变量的概率分布中任意取一值；确定所有的风险变量取值后，就可以利用数学模型模拟计算得出目标变量，将上述步骤重复操作N次，就可以得到N组目标变量值，这种方法就被称为蒙特卡罗模拟法。

敏感性分析法：它是考察项目不确定因素变化对项目评价指标影响程度的一种分析方法，虽然不能将风险进行量化，反映出项目总的风险程度，但是可以通过计算项目决策评价提供可靠的依据，但单就方案评价而言，仅限于对项目本身在实施过程中的风险进行评价。

综合分析以上各种风险评价方法可以得知没有任何一种方法可以单独全面地对评价对象做出准确的风险评价，只有针对具体评价事物实现若干评价方法的综合利用才能真正满足评价方法的实用性和可靠性需要。

②风险评价流程（图5-14）

a.确定评价对象。

b.明确评价目标。根据评价目标的不同，选择不同的考虑因素。

c.组织评价小组。评价小组一般由评价所需的技术专家、管理专家和评价专家组成，要求专家资格、组成以及工作方式都满足评价目标的需求，确保评价结论的有效性和权威性。

d.确定评价指标体系。将总目标划分为若干子目标，再将子目标逐一进行划分，以此类推，最终确定各专项评价指标，构建项目评价指标体系。

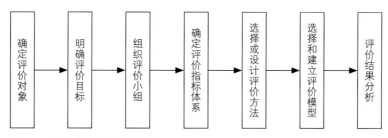

图5-14　新区建设的风险评价图

e.选择设计评价方法。评价方法的选择很大程度上决定了评价结果的可靠性，所以在选择或设计时一定要慎重对待，对评价对象做全面细致的分析，根据评价目标选择成熟的、公认的评价方法。

f.选择和建立评价模型。评价问题的关键在于从众多的评价模型中选择一种恰当的方法模型。任意一种综合评价方法都要根据一定的权重数对每个单项指标评判结果进行综合，权重数比例的变更将直接导致综合评价结果发生变化。

g.评价结果分析。由于综合评价过程中掺杂着众多主观因素，因此必须着眼于客观现实，尽可能提高评价方法的合理性，保证综合评价结论的科学性。综合评价方法的客观局限性，使其结果只能从一定程度上认识并分析事物本身，不能作为项目决策的唯一依据。

第四节　新区策划的评价机制

1.评价目的

（1）动态追踪策划，促进项目实施

两江新区策划过程需要综合考虑包括政治、经济、社会、技术等各类因素，通过合理把控资源、平衡各方利益，达到新区效益最大化的目标。动态追踪则需要将策划评价体制贯穿策划树体系，按照不同的评价标准对方案中的各项因素进行评价和反馈。在动态的策划评价中分辨出策划的优劣，并且将策划信息及时反馈给相关部门对策划进行调整和修订，保证策划的质量。健全的评价和反馈机制能够保障项目的顺利开展。

（2）完善策划体系，引领新区发展

策划评价机制的作用不应仅局限于项目本身，而是应当立足于两江新区未来的发展。评价机制主要进行评价数据搜集、评价报告撰写和按类别入库的工作，这一过程则在不断完善策划树体系。当再次遇到类似的项目时，策划者能够随时调取相关内容进行参考。每一次的策划评价都是知识和经验的沉淀，这对于两江新区的发展无疑是一笔宝贵的财富。

2. 评价原则

策划评价的原则主要包括客观性原则、系统性原则、规范化原则和科学性原则。

（1）客观性原则

在策划评价阶段过程中，评价人员需要根据评价标准进行评估，不带主观随意性和片面性，讲究评价的科学性。评价人员在评价过程中容易受到自身和外界的影响，例如决策者对策划内容不切实际的想法。因此，评价人员首先应当秉承实事求是的态度，坚持客观性原则，确保评价结果的准确公正；其次，评估的客观性需要评价人员进行一定规模的社会调查和研究，只有在可靠的数据资料基础上才能了解项目发展的客观规律，这是坚持客观性原则的基本要点。客观性原则对评价人员的工作能力、职业道德等方面提出了较高的要求。

（2）系统性原则

策划评价的执行贯穿于策划树整个运作流程，所以在评估过程中需要有系统的观念，每一阶段的评估应当充分考虑各项问题。用系统的观念对策划进行评价时，需要了解评价过程中各大要素的内在联系，从内在联系和外部联系的角度出发，通过分析论证判断策划是否具有价值。因此，评价人员在策划评价的过程中要杜绝用静止的、孤立的思想看待问题。

（3）规范化原则

策划评估的规范化构成了各阶段策划评价的主要内容和评价标准。规范化原则强调的是评估方法的规范化。评估人员可以采用定性或者定量的分析方法进行评估，评估人员在相应的标准下能减少主观随意性，评估内容更能体现事物的内在规律。此外，规范化原则还要求策划评估人员在学习规范化方法的同时，能正确处理好规范化和创造性之间的关系。

（4）科学性原则

科学评价的特点是严谨、客观和准确。策划评价的科学性原则主要体现在评价人员具有明确的目标导向，实施阶段的信息来源全面且准确；评价方法选取恰当，分析内容准确的体现策划；评价过程有条不紊，且每一环节都为下一环节奠定基础；评价工作分工明确，成员间责任明确，相互间的信息能够得到及时反馈。

3. 评价主体

策划评价的目的是为了平衡参与各方利益，保证策划方案的成功和项目的落实，策划评价应当保持相对独立性和公平性。因此，评价标准应当由策划过程中的第三方制定。策划第三方主要由三个部分组成：策划类专家，主要是在工程项目策划方面具有丰富经验的专家；社会学家、经济学家等与城市建设和社会发展相关的专家；两江新区部分市民和受众。

评价主体中的专家在整个评价过程中起了主导作用。两江新区使命和受众是对策划评价进行反馈，使其内容更具有价值和意义，评价结果也能充分反映社会大众的态度。三大主体相互联系，在评价中都起到了重要作用，保障了评价的公正性和全面性。

4.评价方法

评价人员在进行策划评价时需要遵循一定的方法，以此体现策划评价的科学性和规范性。在动态评价过程中，评价人员在不同阶段需要采用不同的评价方法，然后将调研结果与自身的专业实力相结合进行评价。策划评价的方法主要包括网络调查法、文献分析法、案例研究法和实地调查法。

（1）网络调查法

网络调查法是通过媒介平台调查两江新区的发展现状、发展需求、发展目标等内容。网络调查法是最基础的评价方法，评价人员能够及时迅速地了解相关信息，十分便利。然而，网络调查法搜集的信息具有滞后性，需要辅助其他评价方法进行数据修正。

（2）文献分析法

文献分析法是通过对两江新区发展内容、项目策划评价内容等相关文献进行采集、鉴识和整理，结合实际调研得到的结果，完善策划评价内容，保障策划评价的客观性和规范性。

（3）案例研究法

案例研究法是策划评价的另一种有效途径，通过对类似项目的策划内容和实际成果进行解读和剖析，起到良好的借鉴作用。案例研究能够有效避免研究人员的主观随意性，增加了评价结果的可信度。

（4）实地调查法

实地调查法是评价方法中用时最长、调查最为深入、花销最大的方法。实地调查法主要包括问卷调查、重点访谈、观察、民意调查等内容。评价人员虽然耗费的精力最多，但是得到的评价结果具有深远的价值，能够弥补其他方法的弊端。

在实际评价过程中，评价人员需要将多种方法组合运用，在一定时间、一定预算内得到最好的评价结果，为后续的评价奠定基础。

5.评价机制

策划评价是指采用系统、规范的方法对策划方案的执行进程、效益、作用和影响所进行的全过程分析，从而对策划内容作出总体判断。通过策划评价可以系统地了解策划方案是否合理有效，新区的发展建设是否都达到预期目标。同时，相关管理部门能减少策划过程中的盲目性和随意性，及时完善策划方案，提高策划方案的质量，保证策划内容的科学性。

策划评价开始前，需要明确评价目的、原则、对象等内容，此外，管理部门编制相关的评估计划，包括策划评价整体计划和具体实施方案。整体计划包括人员和时间的安排等，具体实施计划包括各阶段评估的内容、评估形式的安排等。

策划评价的执行应贯穿于策划树整个运作流程，其主要程序包括策前评估、策中管理、策后检验、策划实施后评估四个阶段，四个阶段具有不同的评价体系和评价标准。每一阶段的评价结果应对上一阶段策划进行反馈与动态调整，形成动态评价体系，以保证策划的质量。策划评价具有全过程性和动态性，具体的评价机制流程图如图5-15所示。

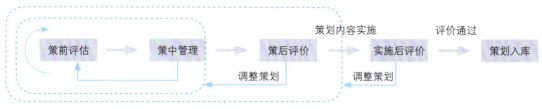

图5-15 评价机制流程图

（1）策前评估

策前评估是选择正确的内容加以支持，是保证策划方案实施的前提条件。其主要包括：策划工作范围定义，策划要求和成果定义，策划单位评估与选择。策划工作范围定义是基于自然环境和社会环境的调查和分析，解决"策划什么"的问题；策划要求和成果定义是基于业主和客户的需求，解决"怎么策划"的问题；策划单位评估与选择是基于前两者的定义内容，选择适合项目策划的单位。

策前评估的主要方法包括征询法和试验法。征询法是针对两江新区的政府、企业、市民等群体进行访谈，为得到一个相对理想的策划方案奠定基础。试验法是在时间、地点局限的情况下，对相关方案进行短期试验，现场记录和相关的数据信息对正式的策划内容具有指导意义。

（2）策中管理

策中管理是保证策划内容顺利实施的必要手段。一方面，策中管理可以有效地检验策划实施的成果，对效益甚好的项目可加大投入；另一方面，一些未被策前评估发现的问题能够被及时地修正，同时管理者能终止一些明显不能完成的内容，减少相应的损失。其主要包括的内容有策划阶段成果检验和策划问题修正。

（3）策后评价

策后评价是对完成的策划方案进行评估，全面客观地分析策划的信息、内容和结果等。策后评价能提高策划方案的客观性和公正性，一方面它能够及时调整策前评价和策中管理，另一方面它也是策划实施后评估的必要保障。

（4）策划实施后评估

策划实施后评估是在策划方案实施后，对项目的实际情况进行总体评估，通过了解总体情况，为今后的策划提供参考。策划实施后评估能提高策划水平、改进策划的内容、提高项目效益的需要，是对策前评估工作、策中管理和策后评价工作是否正确的检验。另外，它能提高项目策划的管理水平，实现管理的科学化。

在具体的操作中，评估人员需要进行现场调查，及时收集相关评估资料，同时对项目中策划方案的实施情况进行考核，必要时邀请行业专家陪同评估。

6. 评价结果与评价报告

策划评价是全过程的动态评价体系，因此在进行每个阶段的评估工作时，相应的评估制度需要保障策划具备完整的评价报告。评价报告的内容主要包括各阶段的评价结果与调整记录等，当评价报告通过后，评价报告与策划一起入库，不断充实和完善决策树理论。

7. 策划评价体系构建

策划评价体系是基于策划指标体系，结合评价阶段的特征，对策划过程和项目实施效果作出客观、正确、科学分析的依据。策划评价体系主要包括定性指标和定量指标，在策划评价的不同阶段应当采取不同的评价指标。

定量指标是以量化形式呈现的考核指标，是衡量该项指标是否符合基本要求的基准。策划评价的定量指标主要包括：定性指标是不能以量化形式呈现的考核指标，因此该项指标容易受评价人员主观性的影响，其可信度较低，容易影响策划评估的客观性。在策前评估过程中，主要的评价指标体系如表5-1所示：

表5-1　策前评估指标体系

评估对象	指标	指标描述
策划范围	客观度	策划范围的选取是否客观合理，策划树中不同体系的策划内容是否区分明确
	全面度	策划范围的选取是否较为全面，策划树中各类体系的策划是否基本包含项目的所有内容
策划要求和成果定义	客观度	策划要求和成果定义是否依据实际情况确定，不存在过高或过低的要求和成果，能体现策划的价值，激发项目开展的活力
	全面度	策划要求和成果定义是否涵盖各方需求，协调项目、生态、经济、社会等多个方面目标
策划单位（选择第三方策划）	经营状况	主要指企业的收益情况
	财务状况	主要指企业的盈利能力、资金运营能力、投融资能力
	人力资源	主要指企业人才组成和引进比例
	组织资源	主要指企业部门组成和管理模式

在策中管理过程中，主要的评价指标体系如表5-2所示：

表5-2　策中管理评价指标体系

评估对象	指标	指标描述
目标体系	价值度	策划体系的价值取向多元，目标系统是基于多方因素考量，是否对策划活动和策划内容具有良好的指导作用
	全面度	策划活动是否能全面体现目标体系的要求
策划内容	客观度	策划内容是否有理有据，逻辑性强，内容体现目标体系
	全面度	每一阶段的策划内容较为完整地达到项目定位要求，是否满足各方的需求
策划进度	进度监控指标	评估策划是否在相应节点完成相关内容

在策后评估过程中，主要的评价指标体系如表5-3所示：

表5-3　策后评估评价指标体系

评估对象	指标	指标描述
管理主体	层次度	项目策划是否注重管理层次，集团负责树根、树干以及花部分的项目策划管理，树枝以及树叶所对应的项目则由相应的子公司进行管理。
数据分析指标	可靠度	策划方案的数据来源是否可靠；策划过程中是否运用抽样、数据分析等方法
	客观度	数据分析是否基于客观事实，具有一定的逻辑性
	生动度	数据是否采用相应的图表来展示
策划内容指标	全面度	策划内容是否涵盖全面，对项目的实施具有较好的指导作用
	满意度	策划内容是否可以满足业主和客户们的需求，实现其目标
	可操作度	策划内容是否可操作性强，有强大的技术支持，能在相应的经费和时间范围内完成
策划结果指标	价值度	策划结果是否使项目实施者更好地理解策划事件的本质；策划在策划树中是否具有较大的作用和影响

在策划实施后评估过程中，强调实际效果和计划效果之间的差异，直接体现策划方案的价值。主要的评价指标体系如表5-4所示：

表5-4　策划实施后评估评价指标体系

评估对象	指标	指标描述
项目管理主体	管理能力	管理者是否根据不同项目的功能性质进行管理工作；在管理过程中，策划是否得到很好地落实
	管理制度	是否具备相应的管理制度保障策划方案的实施
策划方案	前瞻度	策划是否对项目实施过程中遇到的问题作出预测，并且提供了解决方案
	可操作度	策划内容在实践过程中是否存在诸多障碍点，落实情况如何
	价值度	策划结果是否让业主和客户的满意程度较高；策划结果是否使项目实施者更好地理解策划事件的本质
项目财务	成本监控指标	主要包括成本偏差指标和成本执行指标，用来评估项目是否在预算时间内完成
	盈利能力指标	主要包括投资报酬率、资本利润率、净资产收益率等，用来评估项目的盈利能力是否达到预期效果
	偿债能力指标	主要包括流动比率、速动比率、资本周转率等，用来评估项目的财务状况和经营能力是否在策划范围内
项目进度	进度监控指标	主要包括进度偏差指标和进度执行指标，用来评估项目是否在预算成本内完成
社会效益	就业效益指标	主要包括总就业效益、直接就业效益指标等，用来评估项目的建设为两江新区创造的就业机会
	收入分配效益指标	主要包括国家收益比重、地方收益比重、职工收益比重等，用来评估项目所创造的价值
生态效益	生物群落指标	主要包括生物量变化指数、物种多样性指数等，用来评估项目对生物群落的影响程度

续表

评估对象	指标	指标描述
生态效益	节约自然资源指标	主要包括项目综合能耗、用地面积和用水量等，用来评估项目节约自然资源的能力
	区域生态环境指标	包括绿地覆盖率等，用来评估项目对区域的环境影响情况
项目风险	环境风险指标	主要包括污染治理率、突发事故率等，用来评估项目在环境方面承受的不确定性
	社会风险指标	主要包括区域发展风险、技术分析、社会关系风险等，用来评估项目在社会方面承受的不确定性
项目风险	经济风险指标	主要包括市场供求风险、投融资风险等，用来评估项目在经济方面承受的不确定性
	政治风险指标	主要包括国家政策风险、土地政策风险、房地产市场风险等，用来评估项目在政治方面承受的不确定性

第五节　策划的主要保障手段

1. 领导人策划素质的基本保障手段

一份好的策划不仅源于策划工作组织有序，还需要领导人的判断、整理、把控与最终决策。在整个策划的过程中，领导人都参与或扮演着一个非常重要的角色，对策划的目标、方向以及具体制定都有着重要的影响力和决策力。因此，领导人具有充足的策划素质是策划最基本的保障手段。这就要求领导人具备相当的策划素质，拥有站在制高点去放眼全局的战略眼光，能够综合权衡策划的各方面利害关系，保证策划轨迹的正确坚定，经常使用策划手段，规避各项风险，以提高决策质量，更好地促进企业发展。

领导人的策划素质主要基于自身的学识、胆识和整合资源的能力。自身的学识为领导人的策划提供了决策的依据和基础，是策划素质最坚定的体现，为策划素质的其他因素提供了强有力的支撑。胆识是领导人在面对和考量风险因素时的决断能力，策划时所面临的问题和挑战不能通过策划完全消除影响，而作为策划的决策人，对于利害关系的把握权衡和取舍决断是领导人策划素质的重要体现。整合资源的能力是领导人策划素质的另一个重要体现，它代表了解决方法的数量和质量。整合资源能力强的领导人，对于问题解决途径的储备更加丰富，从中选择最佳方案的概率更大，对决策有利的可能性更大。

2. 人力资源的必要保障

企业发展到一定阶段后往往面临转型，一方面是为了面向未来、面对变化的形势所作出的被动应对，一方面是为了寻求企业发展增长点所作出的主动转变，无论是被动应对还是主动转变，这些都关系到一个企业的兴衰荣辱甚至生死存亡，这时便会自觉或不自觉地认识到策划的重要性。

人力资源是整个策划过程中的基本要素，是实施策划的必要保障。现代企业的管理与发展，离不开对企业中的人的管理。随着社会的发展，企业不再把人看作一种技术要素，而是把人看作具有内在建设性的潜力因素，是企业生存、发展所必要的活力源泉。在进行策划活动时，人力资源是必不可少的重要因素，所有围绕企业进行的策划活动都不可避免地落实到与企业息息相关、推动企业发展的人的身上。同样的，人力资源也不可避免地成为策划的必要保障。

3. 企划部门的组织保障

当企业发展到中型阶段，即竞争格局、企业策划相对稳定时，对于策划的需求和要求都会有进一步的提升以满足对企业进一步开拓发展的需求，这时的企业内部便会出现对专门从事企业策划工作部门的需求。一般就开始设立企划类部门，使企业策划能更具有专业性、针对性。企划类部门根据两江新区策划树体系制定不同阶段的策划，同时检查和监督方案的落实。

专业的企划部门的设定对企业策划本身提供了一份组织方面的保障。原先由企业发展和转型需要所组建的临时和变动的企业策划团队完成了他们的历史使命，而长期人员的不固定以及面对问题需要临时组建企划部门的方式不再适合企业的发展和稳定。及时组建企划部门可以保证企业发展的稳定性以及策划水平的专业性和针对性，新的企划部门跳出了原先的解决问题模式，从而有更加完整、系统的策划方案，可以站在一个更高的位置上为企业的发展出谋划策。

4. 专家系统的充分保障

企业发展过程中经常会出现非常规问题，或是由于商业环境的多样性和企业内部人员组成的单一性而导致的偶发性非专业问题发生时，企划部门通常因为部门人才储备或专业经验有所欠缺而难以解决，往往需要向相关领域专家进行咨询，以便使策划能及时且不出错地进行下去。此时，专家系统便成为弥补自身系统短板，解决企业策划特殊问题的充分保证。

专家系统作为企业策划的充分保障，独立于企业系统之外，而又凭借其专业方向的优势与企业系统形成互补，从而保障了在特殊问题时企业策划工作的顺利进行。专家系统相对于企划部门的互补优势也十分明显。一方面，专家系统与企业总体不具有利益关系，只是提供咨询服务，相当于提供给企业的一项产品，企业对专家系统服务可以进行挑选和比较，而不承担系统日常维护运营的风险。另一方面，专家系统需要提供给企业用户有别于企划部门的高质量服务，专家结合自身的知识储备和多年经验，能够准确把握方向，减少企业在人力物力财力等方面的损耗，及时解决问题，提高企业运行的效率。

5. 经营制度的完全保障

企划部门的组织建立和进一步的专家系统搭建又一次给了企业策划发展的空间，企划部门自身需要有一定的约束以保证企划部门的正常运行以及策划对企业的指导性。除此之外，企划部门的工作重要性也进一步要求了企业在制度上需要对企划策划工作有一定的明确，从工作内容到部门定位上需要套上一层制度的约束，共同保证策划工作在企业内能够顺利展开并发挥其应有的作用。大型企业都有企划制度，规定了把策划作为前置程序；项目预算也留出相应的费用比例，让策划成为企业必须的工作步骤。这些规定从制度层面上给策划提供了一层保障，经营制度可以完全保障企业策划应有的地位和作用。

6. 企业文化的系统保障

在企业中广泛持久地开展提合理化建议活动，奖励经营创新的职工，鼓励开拓思路。经常策划思维教育，形成全员创新的气氛，把企业打造成一个学习型组织系统、创新型文化载体、前瞻型发展队伍，这才是企业策划作用的最根本保障。企业发展到最后，在有了领导人、人力资源、企划部门、专家系统以及经营制度等因素作为策划的主要保障后，企业的策划活动得以在一个较为稳定的环境中进行，但企业发展的环节并没有全部结束。企业在一个长期发展完善的过程当中，会沉淀下领导者的理念和价值观指向，从而创造出和谐的人际关系氛围。企业文化会赋予员工使命感和责任感，与此同时，也给予了企业策划活动最后一项保障，从而使整个保障体系多了一份人文关怀，形成一套系统的策划保障体系。

第六节　重庆两江新区策划实施的主要保障手段

1. 组织保障

（1）加强组织领导

切实加强对规划实施的组织领导，规划提出的目标任务，要明确实施主体及责任，建立分类实施机制。各级各部门必须按照规划所确定的发展目标和发展重点，科学制定详细规划，严格推进相关项目的组织实施，切实维护规划的严肃性、权威性，有序推进规划实施。

（2）分级管理体系

建立分级管理体系，明确策划树中不同层级的策划实施的管理主体。集团对新区的战略性、框架性策划应进行宏观把控，主要包括根和干一级的策划；枝叶一级的策划主要由面向具体建设的项目构成，具有很强的实施性，应由项目所属的相应子公司进行直接管理；花一级的策划项目作为两江新区的重点项目，在必要时应由集团直接进行管理。

（3）强化策划管理

一要提高策划质量，把策划质量摆在更加突出的位置，修订完善策划单位选取办法，抓紧建立中介库，邀请一流设计单位和设计大师参与策划。坚持多方案比选，对重大工程特别是标志性项目，做到设计方案优中选优。强化策划成果评审，在区域规划、城市设计、项目方案等方面全面提高站位，以最优的策划水准引领新城建设。二要抓好战略策划，树立战略决定生死的意识，进一步完善发展定位、功能布局、投融平衡等战略性策划。三要突出重点项目，统筹抓好水电气信、交通体系、社会事业等专项规划，推进城市空间布局、重点区域规划、重大工程设计等项目策划，为高水平开发建设提供指导。

（4）健全规划评估

做好规划实施的中期评估和实施完成后的总结评估，年度计划要反映规划实施进展情况。建立"十三五"规划推进的信息反馈和跟踪分析机制建设，根据宏观环境变化，适时提出规划调整方案。

2. 程序保障

科学、简洁、明了的程序是确保策划顺利高效实施并取得预期成效的关键。

两江新区策划树为策划的运作设计了详细的运作流程，坚持"研究—立项—设计—实施"的基本程序，根据策划项目自身的特点，优化、提升运作程序和管理结构，为策划的实施提供有效的程序保障。

3. 要素保障

（1）强化资金保障

坚持"政府引导、多元投入、市场运作"原则，引导社会资本投入两江新区发展，积极吸引优质创业资本、项目、技术、人才集聚。积极争取中央财政专项资金，积极争取国家开发银行、中国进出口银行等政策性银行贷款、商业银行贷款、信托业务、政府债券等融资，加强重点基础设施和社会民生等项目建设。鼓励并引导社会资金以独资、合资、合作、联营、特许经营、项目融资等形式，推进产业发展载体和平台建设。发展多元化的金融服务，建立完善的支持中小企业等发展的专业性金融服务体系，满足产业发展对资金的需求。

（2）强化土地保障

制定土地节约、集约利用的价格调节机制，提高土地投入强度和产出强度，促进土地利用方式向集约型转变。严格建设项目用地预审，有序推进区域内土地资源的控制性开发，优先保障重点区域和重要产业平台建设的用地需求。结合产业发展现实和项目需求，以及远期结合建设用地供需缺口，提早做好土地规划调整，加强土地储备与用地指标的衔接。

（3）强化人才保障

发挥全市劳动力资源优势，重点围绕制造业转型升级和企业用工需求，建立人力资源储备与调度系统。加强企业与教育研究机构合作，提升企业人才队伍层次。构建并完善创新人才政策支持体系，营造政府、企业、社会共同参与和支持人才发展的良好环境。

4. 政策保障

（1）营造政策新环境

加强政策研究，探索新常态下政策的特点和规律，切实改变土地招商、财政补贴招商的政策路径，加快形成以知识产权保护、科技创新投入、公共服务为重点的政策新环境，维护市场公平竞争、打破地方保护和垄断等。

（2）促进政策导向转变

严格执行国家产业指导目录和重庆市城市发展新区产业负面清单，提高准入门槛；鼓励和引导社会资本的定位投资，全面放开法律法规未明确禁止进入的行业和领域。

第七节　两江新区工业开发区策划树的总结与展望

1. 系统创新的建设管理理念

系统是各部分相互作用、相互制衡的整体，系统具有特征集合性、关联性、环境适应性、节省性、有限性。两江新区建设过程中从宏观战略到微观项目的实施，所囊括的各方面都是系统，因此满足系统的基本特征。在新区建设过程中，要利用系统思想分析问题，用系统方法解决问题。在这之中，可能会运用运筹学、控制论、信息论、管理科学、社会学的相关知识，这些知识的交叉综合运用能够确保系统分析的思想拥有坚实的理论基础，然后将该思想运用于对发展战略或具体项目进行系统性分析，明确系统的组成要素、组织结构、拟实现的目标、所需的资源等，并进行长远与暂时、整体与局部、定性与定量的综合考虑。

2. 统筹建设—策划—管理的动态管理模式

两江新区在建设过程中需要树立系统思维，策划是推动发展的蓝图，是精准发力的目标，更是指引前进的方向。要充分认识策划的先导引领作用，坚持策划和规划先行，以建管并重的方式推进建设、策划和管理三大环节。策划树体系通过统筹新区的建设特征、策划内容和管理机制，构建出一种系统动态的建设管理模式，对新区的建设活动从前期决策到后期实施都进行系统性管理，能够充分满足新区建设管理的要求，避免了策划和规划仅仅作为研究成果而无法与实施相衔接的问题。

把策划质量摆在更加突出的位置，修订完善策划单位选取办法，抓紧建立中介库，邀请一流设计单位和设计大师参与策划。坚持多方案比选，对重大工程特别是标志性项目做到设计方案优中选优。强化策划成果评审，在区域规划、城市设计、项目方案等方面，全面提高站位，以最优的策划水准引领新城建设。

3. 切实规范的策划运作机制

策划学就是研究某项目有何计划，采取何种谋策，然后综合实施运行，使之达到较好效果的学科。而现代城乡规划学科是以城乡建成环境为研究对象，以城乡土地利用和城市物质空间规划为学科的核心，结合城乡发展政策、城乡规划理论、城乡建设管理等社会性问题所形成的综合研究内容。策划树体系通过对策划学、城乡规划学、管理学等学科的融合，梳理了新区策划的类型和层次关系，能够较为明确地表达出策划与策划之间的相互关系，并将策划树体系的理论运用于策划实践之中。整个流程涵盖前期的策划决策、中期的策划编制以及后期的策划审批归档等过程，为新区的策划管理提供科学的依据和意见，建立系统的策划管理运作模式。

4. 未来的展望

两江新区策划树体系基于新区实际的策划制定和开发建设状况建立，内容涵盖新区建设活动的各项策划活动，同时体系中各项策划科学分类，层次体系鲜明，便于各个主体开展管理活动。因此，策划树体系对于后进的国家级新区乃至一般新区的建设管理都具有很好的示范作用。

策划树体系的借鉴价值主要体现在三个方面：首先，共享体系推动新区建设。策划树理论体系是基于我国新区开发建设的普遍周期规律，秉承可推广性的原则构建的五大层次、六大类别、六大要素。因此，策划树体系的应用范围可以从两江新区映射到全国范围内的新区建设。共享策划树体系这一成果能有效减少其他新区发展阶段的迷茫期，推动全国新区建设的进程。其次，层次思维指导新区建设。新区建设的建设项目具有多而繁杂的特点，且发展策划间存在着必要性和先后顺序。策划树理论采用了横向分类的思维指导两江新区的建设，较好地推进项目纵向深入实施。因此，利用层次思维保障了新区建设在长期推进过程中的条理性和有序性。最后，效率机制保障新区建设。策划树体系中，根干一级的策划由集团把控，枝叶一级的策划由项目所属子公司管理，花果一级的项目必要时由集团直接管理，各项策划在策划树中的层级位置与保障机制的结合，达到了"权责一致，高效策划"的效果。此外，策划树评价机制的建立能够提高策划方案的质量，保证新区建设达到预期的效果。

新区建设已经成为国家对相对落后地区实现跨越式发展战略的重要环节。新区的建设与发展，对落实与贯彻国家区域发展总体战略，培育与打造新的区域发展增长节点，参与更高层次、更多国家之间的竞争，带动更大地域范围内城市快速发展具有重要意义。另一方面，随着我国经济进入新常态，国家和区域经济增长速度都逐年放缓，随之而来的是建设目标由增量导向转向质量导向，在当前和今后的时期，只有准确把握经济发展的大逻辑，努力做好区域经济的协调发展，统筹协调各经济区的区域发展战略，根据我国主体功能区规划统筹协调、分类指导各区域国土空间的开发方面工作，我国经济才能既继续保持中高速增长，又不断提高经济发展的整体质量和效益。这就对新区建设管理的理性程度、科学程度和精细程度都提出了更高的要求。而两江新区策划树无疑是一种突破性尝试，它在构建精细化、科学化、理性化的建设管理模式上有重大裨益，能够针对性解决建设问题，明确建设管理主体，优化建设流程，使建设问题简单化、建设任务清晰化、管理层次明确化、管理流程规范化，从理论至实践，为新区未来健康蓬勃发展提供科学指导。

后 记 | EPILOGUE

城市，是一个"复杂巨系统"，人们在城市发展的进程中不断认识城市、了解城市，又在实践中不断地总结经验和汲取教训并上升为理论来指导城市的发展，从而使城市发展由自发走向自觉，由盲目走向理性，从必然王国走向自由王国。因此，对城市发展规律的探究一直是广大城市管理者、建设者、研究者不断努力的领域。

2015年，习近平总书记在中央城市工作会议上指出："城市工作要树立系统思维，从构成城市诸多要素、结构、功能等方面入手，对事关城市发展的重大问题进行深入研究和周密部署，系统推进各方面工作"。这一重要指示为城市开发建设提出了更高的要求。而国家级新区是城市创新发展的试验田、协调发展的新样板，创新城市建设管理模式，按照新区开发建设客观规律建设新区，需要进行系统而科学的城市开发建设策划。

两江新区工业开发区在开发建设的实践中，系统总结经验，创造性地提出了"策划树"理论，根据国家级新区开发建设的客观规律，将纷繁复杂的城市开发建设策划体系按照"根""干""枝""叶""花""果"的逻辑框架系统整合，能够指导不同开发建设阶段、不同领域类型策划的实施。它既紧贴新区开发建设实际，又具有前瞻性；既能指导未来工作，又能对业已实施的策划进行评估；既体现新区建设的特殊性，又反映城市发展的普遍规律。

本书正是对上述"策划树"理论的系统梳理和总结，从理论层面构建了完整的"策划树"理论框架，从实践层面结合两江新区的实际情况探讨了该理论在实践中的应用范式。因此，本书不仅丰富完善了我国国家级新区建设发展的理论体系，而且对于指导两江新区未来的开发建设具有重要的实践意义，同时也可作为其他国家级新区策划管理工作的参考。

由于该理论尚待进一步完善和发展，本书难免存在一些疏漏乃至错误之处，恳请广大读者批评指正。